蘭臺出版社

臺灣史研究叢書 22

棲蘭草堂文稿

蔣夢龍署

唐 羽著

本稿經作者三校完成

唐羽

民國壬寅年臘月

推薦序

史家治史，輩出高賢，古如太史公史記，歷代名家纂修二十五史，迨至近世連橫之治臺灣通史，雖體例有殊，語法各異，率皆以江山變化、國朝遞嬗、英豪起落、宗族盛衰，列主要內涵；其間，縱已詳陳取材與論述所本。仍見述事之誤謬存疑，難卻世人爭議者，蓋未有確切證據故也。

況提前代統治者，常為朕躬利害，強迫更改，扭曲是非，致世之靡能得窺史實者，事且層出；斯以史書所載，其能盡信邪！事及今世，因拜科技、精具人工，得以蒐集各類事物，行其分析比較。唯獨前人之誤，既成後世憑依者，後世更難以明其真相矣。

蘭陽史氏唐羽先生，飽讀詩書典籍，深諳治史之法，不以浮誇用事，但尚敏捷才思，廣聞博識，精研北臺文史，遍考詳核，細述礦業人物家乘等。民國八十七年間，余二任雙溪鄉長之日，會浮雙溪古邑，靈山秀水，文風鼎盛，詩人輩出，奚能無史，藉志吾鄉之念油然，遂積極策劃後，延聘學者專家，議修鄉志，斯唐羽先生經評審得第，來主其筆，余始與先生結緣由起也。

夫雙溪一鄉，雖人口匪盛，唯論面積卻達一百四十六平方公里，其較縣治板橋六倍又餘之遼闊，貳稔之間，先生竟不辭勞苦，田野所至遍及僻幽，訪問耆老、調閱資料、鉅細靡遺，務求完備也。若論志書內容，悉與其他鄉鎮，殆多不同。若不置時人政要圖像，僅書年代過程名稱。依所義例，始大事紀要列首，繼之土地、開闢、住民、經濟、政治、教育、宗教、勝蹟、人物，至藝文、成斯全志；統十一卷、都九十餘萬言成巨著。例於每條記事後，均行標註資料來源，或依據，或存疑，詳備異說云，可謂治史典範。

余閱其稿後，極受感動，深慶委託得人，乃與先生結為忘年之交。其後，余任中華民國傳統詩學會理事長，於詩壇盛會，多次與先生同席，瞻其風采，仰聽咳唾，常覺受益無窮焉。

先生一向體健，雖居耄耋，未有老態，時與余等聚會，尚可舉觥數傾。前此，罹疾療癒，惟觀其精神體力，略不如昔已耳。歲初某日，嘗遇先生，先生語余曰：「近將編書，請為一序。」因心慰，其尚能編書立說，應是健康無虞矣。迨收到先生來文，署曰棲蘭草堂文稿，更感是書係概蒐其往日所纂遊記、人物事略行狀、氏族家乘或方志，書籍序跋、宮廟殿宇，勝景碑銘、產業會志提要、奠祭詩文等，篇篇錦繡、字字珠璣，悉可列學習國文章句圭臬，更得資研究近世社會活動教材用；實乃北臺灣史地與人物，極具參考價值重要文獻，信其必能藏諸名山、傳承後世也。

余以學淺識薄，著文拙劣，常為一字一詞，推敲斟酌、難有佳章者。惟先生大作付梓在即，既囑為序，何敢推辭，以斯不揣鄙陋，勉綴數言，至賦一詩以賀之云：

不尚浮名不自誇，棲蘭逸士富才華，草堂誰識雕龍手，便是方隅治史家。

以為賀。

中華民國傳統詩學會名譽理事長　簡華祥　謹序

民國一一三年五月二十日

棲蘭草堂文稿

總目

蘭陽史氏唐　羽著

卷之四

卷之五

卷之六

卷之十一

棲蘭草堂文稿

唐　羽著

卷之一

黃總大坪紀遊民國六十五年

翡翠谷資料—北勢溪彙編

翡翠谷，位處新店溪水系雙溪口；北勢溪下游。溪流之發源有二：一自北縣雙溪鄉與蘭縣頭城鎮交界，鶯子嶺之下；一自北縣坪林鄉南伸四堵山附近。二者俱滙雪山山脈西坡山水，東南運流。由此，流量豐沛，水質澄清，乃自民國六十九年由臺北市政府主持，於此興建大壩，命名翡翠水庫，藉以解決大臺北地區嚴重水荒。

唯此水系流路，皆處臺北市境外，故水系流域，向被目為都市人假日登遊勝地而外，其地之地理、歷史、風土以及先代墾民，「篳路藍縷、以啟山林」歷程，降及近年山區之興衰消長，所知實鮮。

筆者緣以「飲水思源」理念，將多年搜集資料所得，入「水庫」主要源流；北勢溪本支上游大坪林區，進行鄉野調查，攬其山川之勝、志其風物之美，成文饗于同好。亦備摭風問俗之擷採。況楚辭有云：「鳥次兮屋上，水周兮堂下。」吾人飲此「屋上」天水，寧毋視於「屋上」之事物變化？

嘗聞蘭原之北，北縣之界，有地名黃總大坪，間有青山翠谷、阡陌廣袤，獨踞於羣峰層巒幽境，外人罕至。地闢道光間，闢關之者黃千總，遂為命名由來。後索輿圖，知黃總大坪，則今之泰平，凡灣潭、坪溪、三分二、烏山、糞箕湖、大湖尾、保成坑、料角坑、芊蓁坑、溪尾寮、破仔寮、後寮子、竹子山諸庄悉隸之，泛稱大坪。其地西跨北勢溪上游，南望烏山鶯子嶺，北鄰雙溪、柑腳，與三貂大山對峙，東南遵海入蘭，標高五百餘公尺。心嚮往之，唯登臨終躊躇。迨丁巳仲夏，緣有烏山、坪溪之行，上溯淡江北支之源，由內大溪經三分二；觀其地田疇堦平，明山秀水，山村零落，郁有古人遺風，地通大坪，遂決意作斯地之行，訪其境焉。

是年九月十一日，余獨取道柑腳，棄車折南上山，涉數里，羊腸古道，分歧交錯，途幸得一山民陳氏同行，始免迷途。邊行邊談，語投意，頓消山行疲倦，且知今之山居，與古相去霄壤矣。

傍午，踰崙頂，為淡江河系與三貂溪流分水嶺，領上古道依稀，連岡疊嶂，緜亘磅礴，聞即遜清淡蘭捷徑，鳥道行迴。越嶺，屬大坪，村置警所、小學、山林工作站各一，處大坪與後寮丘陵間。下游溪尾寮，又有壽山宮古廟，坐高岡，建咸豐十年，祀天后；紅牆綠瓦，點綴輝映，村落分布，阡陌縱橫。加之氣候宜人，寒暄叶律，域固無玉韞山輝之寶藏，然亦殖焉貨財，生靈長養，桑麻雞犬，山產蕃滋。北勢溪右源經此匯出，中結虎豹潭之勝，二獸怒逼，攤開數丈，馳名遐邇。春秋假日，遊人結營露宿，勢以著；地靈人傑，為蓬島之仇池，桃源稱美，殊愜心懷。

黃總大坪，由此翻山，跋涉二里，則其故址也。晌后，盤迴履其披闢遺址，視其地，平疇十數公頃，峽延三山之間，黃氏故宅，今固蕩為水田，惟中畝獨留片丘，上長二杉木者，據云：「是則千總第旗桿遺跡。」嘆滄海之桑田，故家凋落，事本無常，令人感慨。地之右方，有民家二，一曹氏故居、一賴氏農户，皆佃人之裔。左後丘陵間，別有黃姓之舊居，然其先一自南靖、一自漳浦、非開山黃氏之後。開山之裔，今皆族分裔散，左山之鞍，孤遺千總故墓，蕪穢于荊棘叢中而已。

余曾獲斯地之沿革於〈噶瑪蘭廳輿圖冊〉，附載頭圍後山黃總大坪一則云：

噶瑪蘭廳未入版圖以前，為生番藪，設官定制後，又以地廣人稀，未能悉墾。邇來聖澤覃敷，番黎向化，人烟漸稠密，土地日漸開拓；凡遐陬僻壤之區，無不開闢周遍。如黃總大坪者，當人力未及之時，棄為荒埔。迨道光間，有黃千總始招佃入其地，除蕪穢、剪荊榛、堵截泉源、引流灌溉，墾得田地百數十畝，內皆農民耕作。路由頭圍北關內土名外澳仔，登山至外石硿嶺，轉北五里為內石硿嶺，越嶺東北支分小路一條，七里至烏山溪尾寮，則為黃總大坪矣。其間，土地平曠，田園溝渠流灌，阡陌交通。唯僻處偏隅，經由之路雜沓，蠶叢險偪，難容輿馬。

由此見之，昔黃總大坪，形勢獨立，誠造物者之所置，而待人經營者矣。道咸而後，臺之荒埔曠野，除卻番藪後山，墾耕八、九。後期移民，來此絕境，扶犁務農，男耕女織，獨成村落；重山嶮岨，隔絕外界，亦少往來，得其所焉。況乎，世及同治丙寅，英人杜德移茶入臺，臺茶五商競起。北臺丘陵，盡開茶圃，大坪與文山、坪林，溪流貫串，地復尺咫于火燒寮多雨帶，直線八公里耳，雨水豐沛，山坡勢陡，至是地亦以產茶著稱。

大坪之人，多漳籍後裔，黃、方、曹、簡，稱其大姓，地闢百年，其盛，戶三百八十，人口一千九百餘。曩日通蘭鐵路未開，茶商倚為淡蘭捷徑，路起頭圍後山，來往悉取崙頂。行旅必經，歇宿之地，成遺址猶留山間，述一時之盛。

惟自明治間，基隆金山地興以來，殆不然矣。先是採金既興，謀生容易，趨利以赴，肇其遠因：次則茶業中衰，農產物賤，物賤傷農，繼之農家子弟，傳衍既多，求食不易，迫而分伙他去，為人口外移之始。比及近年，工業勃興，經濟鼎盛，通都大邑，奢靡與浮華鬪艷，淫風披及，村姑運走，或入工廠，或登青樓。有女者頓成奇貨，歌臺舞榭，夕得千金，年可致富，其與桑麻，胼手胝足，獲利懸殊。至是去者既不復返，笄齡之女，結伴求去，留耕牧豎，成年而求偶不得；井臼乏人，勢倔棄農就工。膏腴之田，還諸蟲蛇結窩，荒田蕪畝，實出無奈。時下留耕者更以土壤日趨貧瘠，收穫日斂，外移子女，既稍成就，舉家踵而依附，逐年增加。殘留之人，户不滿八十，操耕盡皆老弱，壯不得一，其與昔日盛況，相去不可同日語矣。

荷鋤者云：「曩者山居之人，自相婚通，傳其家業，雖世務農，而耕織各有所司，山居固得其樂。今則納采無門，熊祥絕望。」蓋食色性也，聖人尚之；而有不孝有三，無後為大之語。況乎天地固萬物之本，夫婦則人倫之始，下延父子之情。故禮云：「君子之道，造端乎夫婦。」非惟先哲所重，男子二十而冠，冠則丈夫，三十而娶；女子十五而許嫁，二十而嫁，亦為婚之大概。獨今之耕者，三十而娶不得，鰥居遼廓，無室家相為娛，加之收成既歉；昔日瞨人之田，歲租二千五百斤，利猶可圖，其收穫往往在四五十石之間，今皆蠲租，而所得不及租穀之多，二十石尚稱豐收。耕食不易，大坪之人，雖不去，不可得矣。

余既歸自大坪，初悉此地肇闢中衰之由，不勝噓唏。然感於黃千總披關事蹟，不可無紀。惜乎其人生平事功，固付闕如，諱名且求之不可得，迺于是秋十月八日，再詣大坪。是日，细雨斜飛，三貂一地，陰霾密布。晨八時，取道循擬闢産業途徑，冒雨直上，路經連泰和祖居，小息再奔；午越大樟嶺，泰平之界山也。見斯地因上月十九日泛洪，路毀橋塌，舉步维艱。將晡，得國民小學教導方主任文章、篤農賴君之助，厲湍流，披荊斬闢一徑，除榛穢，求得千總墓塋，塋修造甚牢固，唯久無麥飯。碑題「蕉陽、皇清敕授武略騎尉蘭營守府官諱廷泰十七世大平開基祖藝闢輔堂黃公墓」，右銘「咸豐貳年陽月」、左銘「男定豐、定蘭、定桂、定穹、孫曾元等立」，始知千總其人，則噶瑪蘭廳頭圍守備黃廷泰，福建閩縣人，籍本廣東者。初由行伍出身，任艋舺營把總，嘉慶十五年，噶瑪蘭入版圖，頭圍設千總署，衛烏石港。二十年十月，廷泰拔補前署翁得魁之缺，以千總，守蘭廳門户。次年，見營署破舊，任內重修。道光四年，始招佃人墾大坪。敘其事功，亦吳沙之倫，功著闢疆拓土者也。

原載《臺北文獻》直字第七十五期

箕湖孤隱 民國六十五年

去泰平十里，沿溪下，有潭焉，名三水，水三道匯流，為名之由。波光鱗影，清碧映空，西流源出灣潭、坪溪，上溯蘭邑鶯子嶺，東流溯自泰平、烏山，匯出坪林。三峽屏迫，人煙稀渺，冲積田疇數頃，昔曰冀箕湖，世之桃源也。

丁巳歲，余去泰平之次日，涉其境焉。先是途次，村老云，冀箕湖曩有山家數十戶，今則棄耕他去，留惟一外省孤客耳。旁午，余將之三水潭，遙見竹山之麓，茅舍一椽，彷佛若有人，就潭畔為炊，飽後訪之，其人適出。余詢之途徑，客問所自來，笑延入其居，出茶待之，互通姓氏，相敍甚歡。且出自釀蛇酒招飲，情出於誠，知彼則村老所言孤客。

客云，初來此地，十年前事，地產毒虺，黑質而白章，俗呼半箕甲者是也。時，山耕之民未去，田疇多蛙，蛇以蛙食，相齊衡也，彼善捕，一夜曾捉百條，獲蛙百斤。獵獲物，悉僱人挑下坪林，日可獲利，黃金近兩焉。

次又有潭中巨鰻、魚、鼈之屬，不勝捕也。是居此十秋，腰纏不遜營商逐臭。今則，耕者荒田而去，地既荒，蛙絕跡，蛇乏食，失均衡，故棄田逐溪，覓食相走。況乎，邇來市肆，食館輒以山珍海錯，招來饕客，至是毒漁之徒，時侵其地，山貨之利以竭。

客因窮變，買牛放牧，養菇培蕈，數年有成。今幸，免於他徙。客，善經營者也。窮則變，變則通，理寓於此。余遙望隔岸山窪，羣牛盈谷，食草其間，數不下三十，此其多年業績也。

客云，彼之山居，日出而作，日沒而息，飲則斗酒，食有肥肉，煙則預藏，魚蝦自出，佐餐不盡。山中居，無甲子，既無燈紅之迷眼，復無酒綠之亂性，間數月，順游出山，醇酒佳肴，醉枕胭脂，興盡而歸，無家室之累，一擲數千，人其奈我何哉！子盡來遊，願供食宿。余慨然與之訂交。

夫斯客者，今之異隱也。無牽無掛，不患無後，吾人不及焉。客，異人也。不競於市井，獨悠悠於荒山，飽而作，疲而飲，醉而息，無視於名利，寄浮生於自然，何其超然之如是也。余甚羨之。是日也，未將盡，客送之嶺頂，揮而別去。將酉，抵濶瀨。客林其姓，與其名，貌痲而不揚，自云汕頭之人也，余尚懷之。

原載《臺北文獻》直字第七十五期

附唐羽與肇英先生論楹聯函 民國六十六年

明朝先生尊前：

上月十六日瓜山之行，荷蒙　先生允將瓜山鄉賢宿德遺事，詳為示教，俾來日為故園，下筆修志事，得以倚仗，衷心感激，謹此申謝。

返北后曾電仁祥先生之夫人陳蜂女史，通話徵其意，而為仁祥先生立碑一事，更詳詢問。忝為瓜山子弟，故園情深，其仰慕先賢碩德，情出至誠，故於此事，務盡大力以赴。並蒙陳夫人勉勵有加，囑宜早日動筆，是以現已著手，多方蒐集資料，俾以宿願早償，因期　先生亦資贊勵，是所至盼。

又上次，囑為參酌楹聯二對，後學於返北后，即披而再四推敲，綜後學愚見，中楹之聯，雖未十足臻為新顯意境，惟就廟聯論之，尚稱可用，無如句中之「著說文章」與對仗之「直誠步履」倘能再次佈局，或能更臻傳神化境。蓋「著說」與「文章」二句，其意義相同，故贅意未脫，而勸濟堂主祀「關聖帝君」，凡世為武雄，在天為武聖，故「著說」二字，猶待商榷。然此聯，事緣神道設教，勸化世人，非寫景寄意可比，未得先生意見之前，一時未敢任自動筆，尚祈　曲諒。

其次兩旁之聯，今亦斗膽越俎，提出若干意見如下：

「瓊宇瑤臺，金磬木鐸，聲催獅嶺月」實為大雅上乘之作。惟第三段之聲「催」獅嶺月。上句既為「木鐸」，則「催」字若據義改為「敲」字似乎更見傳神。蓋「敲」

字，義為：小擊。蘇東坡有詩云：「鏘然敲折青珊瑚」。賈島之詩則云：「未必不如吹竹彈絲，敲金擊石也」是以擬此「敲」字，要比原稿之「催」字，似見有力矣。

下聯之「靈峯勝景，暮鼓晨鐘，響徹雞籠山」。若就佈局而論，似允稱佳構。然上聯既為踏實之「瓊宇瑤臺」，指事，指物，指出景觀。則對仗之「靈峯勝景」似甚顯無力，而成庸對。蓋「靈峯勝景」係指籠統總括之寓景寫意。大凡「靈峯」、「勝景」二句，天下名山大川，到處可用。而「靈峯」二字，若從堪輿青烏之學以論，疑龍經有云：「正龍身上不生峯，有峯皆是枝葉送。」此謂無論廟地、墓地，陽宅等地，皆須就正脈幹龍之落胎處結穴，所謂「峯巒」只是作為正龍之迎送護從而已，屬枝腳砂體，絕不結出大地。而年來屢觀勸濟堂之廟地，後山小丘，呈現星體為結穴之佐證，故今若用此「靈峯」二字冠於楹聯，甚為不妥，而謹提「靈丘聖境」之句。若此，則不但與上聯之「瓊宇瑤臺」踏實遙對，抑且造句顯神，亦使巡禮者，一登殿宇肅然起敬，且知地非凡境耶。

複次，下聯之「響徹雞籠山」句，固意境甚佳，然上聯之尾句既為「獅嶺月」，「獅嶺」為地名、山名，「月」為天象之名詞。「獅嶺」托「月」實為絕妙之作。但遙對之「雞籠山」乃係地名。蓋「雞籠積雪」為臺灣八景之一，古人詠詩、著文，史籍可徵。

以此與寫景之「獅嶺月」對仗亦甚覺牽強。且「雞籠」絕難與「山」分段釋意，是愚意以為「雞籠」既為名山之固有名詞，不問可知，則「雞籠」瑞「雲」，亦景之常見，故今擬「雞籠雲」以與「獅嶺月」遙對，則成絕妙之對仗。從而，上句之「響徹」二字，亦併改為「韻遏」。蓋「鐘」「鼓」之餘音為「韻」，「遏」者，微止之意。列子一書有云：「聲振林木，響遏行雲」，而尚書（書經）亦云：「遏雲苗民」，上言謂聲至美，而使「行雲」「遏止」，而後言「遏雲」而「苗」秀「民」豐，義本「騰雲致雨」，使庶黎得享風調雨順之效，以達蘇民之功。

準此，則此一楹聯之句為：

瓊宇瑤臺，金磬木鐸，聲敲獅嶺月；

靈丘聖境，暮鼓晨鐘，韻遏雞籠雲。

蓋先生既不以菲才見棄，一旦受託，自不敢不以力赴，是以上月廿三日（星期日），為慎重起見，曾專程再訪瓜山，未料先生以雲遊南臺未歸。之后，本擬再乘月杪將到鼻頭角之便，順訪而面陳一切，豈知自瓜山返北後，以中暑不適，致本週未能遠出。然又恐久盼，故謹修此奉上，冒犯與失約之處，尚祈　鑒原。並頌道安！

君子漁 民國六十七年

古之漁，曰釣、曰射、曰羅、曰罩、曰䍅、曰罟、曰整罾、曰造桁，皆獲魚之方耶。釣、射，漁之風雅也；羅、罩，漁之解饞也；䍅、罟，漁之易貨也；整罾、造桁，漁之圖暴利也。大雅高士，非釣則射，餘不與焉。

今則非，有電而漁、有毒而漁，其法之害，甚乎竭澤，亟使魚盡而後歇手。是漁之大惡者，法所約禁，君子不取焉。

余友吳子善漁魚，其取也非釣、非射、非羅、非罩、非罟、非䍅、非整罾、非造桁，更不以電、毒而漁，而別樹一格，名之曰「逐」。視其具，網不過碗口粗大，細絲結之，口鉗銅環，柄以三尺之竹，運用輕便，操之靈活，俗云蝦網者是也。日暮，跣足臨溪，握燈沿岸，將子而歸，豐時，屢屢滿筐，斂亦一、二斤。多石斑、溪哥、苦花、石鮎、香魚之類。蓋藉一燈之光，逐魚淺瀨芹藻之澗，疾水湍流之灘，仗手足之敏，捷之於魚，翻網覆之，藝精取勝，碩大肥魚，亦為羅焉。

魚，水族之善泅者，湍瀧洶淵，躍則騰波，跳則翻澗，如鳶戾天，翺翔來去，射之且不得，況乎覆之。余數傚之，終無所得，而吳子漁之如此。尤以其子名健勝者，身手之矯健，青出於藍，而勝於藍，其漁，三不捕；棲魚不下網，鈍魚不追捕、蝦蟹不屑顧，必也游疾如矢，來去迅速，始列獵的。述而云：「子釣而不綱，弋不射宿。」此君子之漁獵。綱者，以大繩屬網，橫流斷漁；射宿者，矢飛鳥之夜棲也，夫子兩不取焉，是以君子尚之。然釣者，猶須香餌設陷，誘魚上鈎，從容釣之，亦以權術愚魚。棲魚，棲則瀨上；魚之棲，猶鳥之宿，吳子悉不與焉，擇善固執，漁必以逐，是余無以名之，乃曰：「君子漁」。

君子漁，世之圭臬也。世之人，若皆遵此圭臬，公平而漁，藝以勝之，則術數摒除，巧詐消迹，其爭也君子，取勝憑技，奪魁仗本，上下皆治，刑名，豈非束諸高閣而何。

然今之人，君子幾何，甘冒不韙，偽善充塞，巧言獲益，陷餌媚人，誘君入彀，上而為士、中而為商、下及販夫、走卒，奸佞當道，狐媚惑性，不同流，亦合污，大率尚焉。夫仲尼倡君子之道，相去二千年已耳，於史非遠。仲尼之倡，起自齊、魯之邦中國土產耳，何君子之式微如此。甚矣者，君子中之君子，騷人擊鉢、吟咏角逐，文藝競賽、雕蟲消遣之技，主評者，名次尚有內定云云，何君子之道，衰也若此。

吳子之漁，君子行也；見其行，窺知其性，余獨愛之。吳子邑之文山人，欽奉其名，有子三，長健勝，仲純堅、季宗龍，純堅亦君子捕之健者，業醫。吳子一家，善漁魚而不嗜魚，余嗜魚而不善漁，緣結忘年交，亦以吳子之長，補余之短歟。逐溪漁魚，相從行之，靡他，饞魚也。

原載《蘭陽雜誌》

青潭吳氏家乘序 民國六十七年

壬子之冬十一月，余率諸生遊大里龍山巖，將晡，點飢於野店，偶與遊人吳子欽奉者結識；子淡北文山之人，同行二少年，為純堅與宗龍，父子三人，固樂山者。斜陽下，互論登遊閱歷，旨趣橫生，時北角鼻頭一地，遊人罕至，而余歲必三涉其境，獨鍾斯地風光美景，質而不野，美而不華也。適余於報刋志之，遂袖報示吳子，且約同遊而別。

春節後佳日，吳子果踐約，遊其地焉。自是結忘年之交，友有李君、林君、形成登山小團體。歲餘，結伴登遊，翻山涉水，訪大小金瓜，越三貂古道，登柑平崙頂，遊大溪羣山，或冒雨入大坪，或順流出北勢，如形之與影，亦步亦隨。間論世道之滄桑，品評人事之浮沉，上自政經得失，下及俚俗存廢，靡所不談。其行止，或露宿荒山，或酌飲野店，樂不知今生何世耶，志同道合之如此。其後，吳子入北市健行會，而李、林二君亦以事業故，偕遊之事，乃稍斂。

歲及乙卯，余出為有心人修譜牒，亦為仁人君子尋根圖源也。至是，子以實事嚮應，委余纂修其開臺以來祖考事略。嗣以，渡臺前之譜系未明，遂改從個人回憶先書之，子以一週三次，來余旅寓，香茗一壺，滔滔不絕，述其所欲言，言其經歷之從事，而余且筆且記之，始自渡臺一世祖考而下，昭穆分衍，人事之紀，述之甚詳，為首列之。次章及子之出生、長大、成家、創業、興衰、恩怨、變遷、歸隱、現況、子裔，悉書之，迄六十六年，都十二章。

余以子之所述，固個人經歷，然其間所涉，即自乾嘉以來直迄于今，間二百年，渡臺移民血淚之奮鬪史也，曰墾荒、曰創業、曰置產、曰分爨、曰災害、曰植茶、曰經商、曰祖系、曰宗祧、曰信仰、曰幫會、曰教育，條陳歷歷，猶以所述日治下臺灣數章，更駭聽聞，而足資考鏡之林也。

子曰：「質勝文則野，文勝質則史。」吳子之述，余止於秉筆，其或有潤色，亦去俚俗從雅而已。子非善言之士，其腹稿祇止於繫年，是事或重見，文帶俚言，則為存真耶，間不免。吳子云：「此余個人之自述也，余要唐君如此書之，書或刁蠻之徒，亦祇為子孫留借鏡，質諸鬼神而無疑也，存真而已，毋求華麗。」誠哉！斯人之言也，其為人亦如其言焉。

明年之冬，記述既成，顏曰《家乘》，意者，青潭吳家之記實也！欲傳之永遠。余既書之，豈無隻字序其始末，俾具佐證之意乎！是為序。

民國六十七年戊午仲冬

頭城陳志謙先生事略民國六十七年

君諱志謙，字默虛，陳其姓，宜蘭頭圍人。其先潁水太丘之冑，系出閩之漳郡，世為漳浦赤湖望族。清乾嘉間，蘭邑闢疆，其高祖名丹者，飄海來臺，擇烏石港之濱，拓殖墾荒，肇其家業，未數年，蔚薈重鎮，族亦繁焉。丹生紅廣，廣生順水，傳業三世，勤勉有成，登邑素封。水以捐列監生，位孚眾望，縣拔為頭圍街總理，主庶政，護鄉里，亘數十年，公私皆著聲譽；至今，人猶以善人稱之。水有三子，季曰書，字子經，與仲兄贊堯，並登仕籍，為邑庠生，名重士林，為時所稱。

書德配吳氏，育四子，君其季也，幼而聰穎過人，具子經茂才之風，初啟蒙於頭圍公學，及束髮，咸認臺雖日據而重光有期，漢學之為重者，其基於此。遂以家學淵源，承庭訓，遍授六經，旁涉詩賦。惟君尚實用之務，不拘章句之學耳。

民國二十一年，以丁父憂，承家業。越二年，展露頭角，司頭圍庄信用組合度支職，處事踏實，尚大體，去冗煩，得上司倚重。旋去職從賈，且被推為組合理事，而君亦不負眾望，施以幹勁，於鄉黨金融事業之改進，獻策尤大。未幾，復膺選任街庄協議員，著力於桑梓興革，拓業海疆，設鰹魚桁於邑之沿岸，擴及花蓮水域，名曰臺灣海產物販賣人株式會社，任取締役，出為花蓮港廳水產組合理事。

二十八年，創設建泰株式會社於邑中，營建材販賣，任專務取締役。斯業於鄉里，非獨首創，其鼎盛，分號遍及邑中鐵路沿埠。

三十四年重光，旅寓北市，營滬式浴池曰小北投於西門町，兼事礦業，冷凍業經營；受聘為蘇澳泉盛冷凍業股份有限公司總經理，時僕僕風塵於臺北、蘇澳間，乃置產於北，作久居計。

六十三年，與蘭邑旅北人士，復興臺北市宜蘭縣同鄉會，意使遊子有家，流寓得會一堂，敘鄉情也。會就，為理事，越三載，兼總幹事。又事成伊始，會擬議團結同鄉情誼，發掘開蘭以來，公私文獻，其免代遠，先賢開拓事功之淪於無徵也，多方奔走；致力於襄組蘭陽雜誌社，禮聘旅北蘭陽文士，組編輯委員會，君荷總筆政，誌之名「蘭陽」者，得以季刊忝為文化界之列，於茲三年又半矣。其間，為會務而宣猷，為蒐瑣而奔馳，或運健筆，或校文稿，席不暇暖者，誠此之謂也。

歲戊午之春，君既喜年登大耄，而雜誌之發行，方亦三年有成矣。思傚考槃之澗，滌塵俗之煩，旋於三峽金敏之畔，買山備隱，置別業曰「曲澗」，何期天不假年，素雖偉壯，亦難以肉體之軀，朝夕與炎陽相頡頏，節仲夏，疾猝發，三日而遽捐舘。

君生前，魁梧奇偉，矍鑠異乎常人；其性，豪放天生，善言詞，聲亮若洪鐘；重然諾，濟人之急，尤重於己。文崇韓柳，見遇立筆，詩酒吟詠，有國士之風，自云「文章者，喜自出，樂甚者，一觴一詠，具此足矣。何須攀權貴之門，求諸文達乎？」淡泊明志，概見乎此。

君蘭之名士也，蘭之地，納土三百紀，文風振歟！科甲登歟！由來簪纓踵繼，何其盛矣。斯固人文薈萃，山川鐘秀，猶未聞以匹夫之勁，致力乎鄉邦文獻之維護，廣邀同好之士，集腋成裘，付諸梨棗，詩詞文賦，寓發揚之光大，傚鼓吹於中興者。斯刊之出，茲十有四期，君與有功焉。

君生於民前三年歲己酉四月廿二日，春秋七十。其卒，今夏七月十七，擇於九月十一日，將卜吉於淡北觀音山之原。配游氏，生男五，太岳、景瀚、漢復、天權、南強，具受高等教育，卓然有成，女七，亦然各適所宜，孫十餘，可云螽斯衍慶矣。爰述生平事略，其表哀思。

蘭陽張驚聲先生創辦淡江文理學院事略 民國六十八年

昔者滕文公為世子，將之楚，過宋而復見孟子，問為國之道。孟子曰：「設為庠序學校以教之；庠者，養也；校者，教也；序者射也。夏曰校、殷曰序、周曰庠，學則三代共之；皆所以明人倫也。」

臺本東南海島耳，然自鄭氏收歸版圖以來，沐浴涵濡，駸駸乎，已為海東鄒魯，化民成俗，造士興國，莫不以學為先。是臺之為學，迺中州之延長，中州之造士，固三代之遺風，原無軒輊也。

島夷率服之越四年己丑，華夏再禍，神州淪沉，中央播遷臺灣，時以戰禍蔓延，人心動盪，異說阻道，風雲日緊之際。吾蘭張公驚聲先生，獨以超人之見，認玆漢賊鬪爭，正邪不共戴天之秋，舉國思想之規正，非賴百年樹人大業者，實無以啟導乎常軌，是樹人尤以教育為先，而教之則非置黌，胡為乎！學子之育有歸？維環顧當時之臺省，雖中學林立，而避戰來臺失學青年且多，臺之大學，則僅臺灣大學一所，僧多而粥少。先生遂毅然立志，興辦大學，期在作育英才，造福乎國家社會，為其己任。

先生志既定，乃於翌三十九年初春，獨自典鬻家產，悉充創校基金。籌畫既具，於暮春四月十二日，邁開工作，以籌辦淡江大學為其最終目標，始以坐落北縣，屯山山麓之淡江中學為校址，遵部定，擬就「私立淡江大學董事會簡章」，組董事會，公推其泰岳，廣濟居覺生先生為董座，從事者，有鄒海濱、李文範、朱家驊、張知本、石志泉諸氏。書成表冊，呈主司當局備案。

越十三日，先生復邀淡中主座、馬偕與明有德二博士，議撥淡中校舍一部，試辦英語專科學校。二氏壯其志，慨然允之。顏曰「淡江英專」者，於焉問世，旨在培植英文專才，俾濟國家求士之需，肄業定為三年，再呈主司，准予備案。幷請民政當局，准在黌學生，予兵役緩征，歷三月，而蒙電告，緩征照准。

為擬辦淡大一事，迨五月十三日，奉教廳代電，略謂：臺之大學教育，既有國立臺大、省立農學院、工學院、師範學院、及臺北工專、行政專科之設，視實際，無需急於增置私大云云。所謂成立淡大之議，祇從緩而寢。

至此，先生乃專志於籌畫英專大務。同月十五日，淡江英專成立籌備委員會，假北市博愛路一號，綜擬校務。聘居覺生、朱家驊、鄒海濱、張知本，蘭陽藍蔭鼎、游祥耀，竹塹李克承、呂革令，臺中黃呈聰，臺北周燈貴諸氏，與先生德配居瀛玖女史，伉儷幷躋董事。再推祥耀氏為常董而成董事會。

經十日，開首次會議，組織章程三讀通過。先生乃捐華銀存款，時值念五萬，而瀛玖女史亦以坐落羅東所有田地二十甲之農穫，依年冬時值，悉捐為校之基金。會以先生之為興學毀家，厥功之偉之大，校之主座一職，若非先生者，將無以臻乎光大之境，躋身海內外一流名黌之列云；眾口一致，委以校長之座屬之。而先生亦不負眾望，行其抱負素志，著手致力校務之推行。未旬日，勤集會，擬規章，造表冊，細載基金、土地、動產目錄，悉遵部定，備報主司、廳、部，示其大公無私。主司亦遣大員，由先生賢郎建邦陪同，蒞蘭陽實地踏查。

七月朔，校既就緒，擬人事，乃聘林我將兼主校務、錢堯賢兼主訓導、董事祥耀兼主總務、李翊民為校長秘書、陳步雲代司會計。二十六日，奉准招生，首屆所錄學子，即達四百五十名，此悉英專初創之高材生也。

九月初，諸生入學，曰傳道、曰受業、曰解惑，學上軌道，化民成俗，於斯以始。念日，教廳復派專員來校視導。歲臘月十一日，董事會奉令正顏曰「私立淡江英語專科學校董事會」。並指示自行鏤刻校章鈐記啟用。十九日，董事會二次集會，遵部示訂定校名。越日，會始啟鈐記，合重擬組織規程，報部核備。

明年辛卯元月二日，正式呈文報備黌之立案。十日，舉開校務會議，通過決議五項云：一、以「樸實剛毅」為本校校訓；二、以居覺生先生誕辰十一月八日為本校校慶；三、定校徽顏色為紅、白二色；四、校歌特請董事鄒魯（海濱）先生撰製；五、校旗請本校校董藍蔭鼎先生設計。夫先生之素志，於斯粗具規模矣。

先生者，蘭邑名士，亦臺疆哲士也。方束髮，入淡江中學，學二年，潸然日據之奴化教育，飄海內渡，歷學鷺島集美中學、英華學院，再桴重洋，下星洲，立大志，寄湖海；經印度，習巫語、梵語，粗通大略。旋回國，獲見蔡元培，習世界語。越后，則畢生奔走於大江南北，或涉東洋，揭來中、日、韓、臺之間，奉三民主義，從事興國大業。至歲庚寅，有斯興學之舉，而竭獻數十年所積餘貲，耗靡所學所成；卒創英專於屯山之麓，用奠後日淡江文理學院盛基，亦開臺省私人捐資興學之濫觴也。

未期，以此方見手創黌宮，將趨向榮之日，以多年宿疾猝癘，竭盡智慮，務始典章制度大備，未三日，遽遭二豎之算，是月二十九日以四十六齡之天年，與世長辭。

孟子曰：「天將降大任於斯人也，必先苦其志，勞其筋骨。」苦之、勞之，斯其宜矣。既苦之、又勞之，斯不宜又絕之，而不為之壽，而為奪之壽也。惟於先生者，則惟奪之壽耳。天之報施哲人者，固亦過矣！幸其夫人瀛玖女史，課子有方，哲嗣建邦，能承其志，克紹箕裘。先生仙後七年六月，奉准改制登大專院校，更顏：「私立淡江文理學院」下設文、理、工、商四學部，外加夜間部嘉惠莘莘學子，稱國內一流學府之林。傳曰：「太上有立德、其次有立功、其次有立言。」若先生者，毀家興學，捐軀為教，用資輔世，其事功亦足矜式乎張氏後人，至於世垂不朽矣。是錄其事，志之以譜。

民國六十八年歲在丁未八月下浣

張氏族譜稿卷之八德業第八　原載《蘭陽雜誌》第十九期

呼蛇 民國六十九年

嘗讀說部逍遣之作，每言深山大澤，異人居之，潛修方術，一籥在握，能呼來羣蛇，驅之使之，惟君子不取焉。然世之大，方伎異傳，固具其倫也。

癸未之歲，東亞大戰方熾，後方食用俱缺。余年幼，寄食戚家，姨母丈，日麻布獸醫之出，營農莊于去金瓜石六里哩咾山上，開山墾耕，種豆、薯、瓜、蔬之屬，畜則猪、兔、雞、鴨成羣，佃工十餘，且有煤坑之利出焉。雖兵燹之秋，無斷糧之虞也。是莊上往來，多江湖異客，懷技無常之士，斗酒塊肉，一時猶樂土耳。

初，日人以軍需之急，倡植蕗藤，為染征衣必備。客有自後山「蕃地」至者，善植是草，乃與莊上約，得利均分，未及半載，賓主情趨傾蓋。客以山上鴨食甚多，如挖塘飼鴨，其占大利云云。議於父，父初甚疑。客復以鴨苗之資，若有下落，食則勿用慮也。附耳具言，如此如此。父始俯允，迅令開池引水，次令人急之蘭陽，孵小鴨數百，來莊飼之。

鴨苗初餵以蚯蚓，與日成長，及匝月，翅羽之初豐也，客則捕來蛇虺，斲而碎之，和糠為飼，鴨相競食，未月，而軀碩壯肥。

蛇，人忌之最也。偶遇山野，毛骨悚然，避之惟恐不及，而山區是物之窩，量稱盛，客捕之，源源不竭，法固外人不得而知也。但見朝出，及晡而歸，獨自來去，有毒、無毒、黑者、白者，雄雌不論，俱在羅之。成袋待宰，混結成堆，昂首而馴，信吐而不猛，悉如嘗催眠者。羣鴨以此腥葷為食，生長倍速，肥美可餐，輒令饕餮之徒，饞涎不已。

客之捕蛇，其法固密，而人越思窺之也。一日，父與客，宰鴨煮酒，酣飲之餘，父再纏求，乞開眼界。客難拗，允其請，惟嚴約者再，戒其覩不張聲，懼不得驚叫，匿不得走近，父一一遵之。至期，客攜父並出，途次，先擇濶大葉子，捲筒成笛，備二隻，形稍異。至山壑，擇一蔭蔽之處，遠有石岩。客先令父隱岩上，使不擾法，約可探頭窺覗而已。次取出預藏布袋，袋口繫有活結，人蹲地，左手向內彎弧，圍執袋口，如半月狀，袋成圓筒，利裝獵物也。右手持一鐵剪，口銜葉笛，備具始為吹，其聲淒厲，如鬼之泣，似魂之怨，刺人心脾。行有頃，前後左右，草叢微動，沙沙如有響。視之，則羣蛇踵至，競望笛聲發處，距尺咫，驟然而止，扭腰擺動，紅信頻吐，隨曲上下，如醉焉！如癡焉！薰薰然，陶陶然，曲左傾左，曲右向右，數其類，有赤、有黑、有灰、有花，惡者、善者、有杯口大者，有指股細者，類參差，而舞齊一耳。

倏而客動右剪，拑蛇七寸，攫之左袋，直至羣蛇已盡，擱剪抽繩，笛停，而羣蛇悉作囊中獵物。既畢，復移地，如法再施，換笛以吹，其聲稍異，聞卽雌雄以分也。

客之捕蛇，其法如此，而後悉碎之鴨腹，惟懷技不傳。然，時人保守，噁食長蟲，緣及羣鶩長成，或知之者裹足不前，其嗜蛇者，咸云物非凡品，泰然也。惟事聞之其太夫人，居家而持齋者，乃飭止殺。合夥之事，至此而止，客旋他去，不知所終。

客不知何許人也，其名吳香茹，聞傳技於異人，立有三誓，貧、殘、絕內占其一，是工輕易不得他授云。余及長，父屢為言當日之狀甚詳。余謂：客固哀矣，夫客處今日，蛇之毒者，往往非千金莫得，其馴善者，如錦、蚺之屬，亦斤稱百金，而求且不得，至若蝮虺之類，卽其價論萬，客不富亦奇矣。既富，卽何事不可迎刃而解也。諺云：時也，命也。而時為大，此客之云也。

黃公仁祥謳思碑 民國六十九年

昔在清康熙，臺灣雜記云：「金山在雞籠，三朝溪後山，土產金，有大如拳者，有長如尺者，番人拾金在手，則雷鳴於上。」金，天地之精也，其徵為革，其象主刑，為不祥之物。惟世人崇之，爭為利者，爭之為金。自是光緒己亥，斯地之金出土，披沙之徒麕集，競為趨利，以金為寶，四方之人至焉。

公字仁祥，諱查某，以字行，祖籍漳郡平和，其先於咸、同間，渡海來臺，居三貂堡大平溪尾寮，再遷牡丹坑，三遷金瓜石，闢山植茶，隱德營耕。裔有名勉者，妻周氏蚋娘，育五子，公其季也。癸未之夏，承積德之餘慶，膺山川之靈秀，誕於斯土。幼而慧敏，嶷然崢嶸，英姿磊落，蓋自天生。及束髮，從師習華學，聞一反三，旁通多藝，岐黃、樂理，罔不幽探。長兄從，初業販，行市邑中，以慷慨交游馳譽。會乙未，日軍侵臺，憲警護日商田中，來山採金，從為所役，用之招徠人伕。遂以苦力頭畀之，包辦採礦。數年，致富他遷，以事擬讓弟春，春有他就，亦積貲以去，事乃三傳於公。蓋公自弱冠，器宇宏通，風度軒昂，仁義根心，孝友率性。是以從、春二氏，均以弼輔左右，迺奠日後盛基也。

民國三年，公既承攬鑛山勞動請負，旋營商號曰金益昌，復營金、煤二鑛、水產、貿易諸業以起家。膺金山保正，瑞芳庄協議員，信用組合理事諸職，為桑梓獻身者，靡不竭力以赴。復以事神誠敬，二十六年，任主事，修建從、春二氏草創之勸濟堂，益使廟貌巍峨，著乎壯麗，為今所見規模。其於山城之繁榮，與有功焉。

初，日人之據臺，民生維艱，來山之人，數以逾萬，黃金固貴，寶藏有限，欲謀一工之位匪易。公之承攬採鑛，則門戶大啓，登其門者，多納之；有才幹者，力為提攜，使邑無凍餒之人，各安其家。鄉有小過為日吏拘者，挺身作保，未嘗退避。里有因事爭者，事無大小，化之使和；處世待人，量大而宏，施醫濟藥，凡諸善舉，均居首倡，至有令德之譽。未期二十九年，抗戰方熾，邑紳李氏昆仲，罹五二七大獄。越二年，日吏竟以公與李氏莫逆交，遂誣以產金區抗日魁首，私通祖國，與所隸數十人，悉陷寃獄。縲絏之中，二年又十月。以盟機施炸，殃死臺北監獄。春秋六十有三，時，三十四年四月廿八日事也。越二日，歸葬梓里，後遷基隆南榮墓園。

嗚呼，善而未有善報者，豈天妒之乎！以金刑之乎？公以令德之人，守斯土、護鄉里，欲致力於桑梓之更臻繁榮，招來日吏之忌，卒罹其害。有云：天道無常，豈此之謂呼。公有子六，具出身名黌，女五，亦各歸所宜。因余外王父呂公，昔與從論交，並為金山披關之人，稱通家。是余幼則聞公之為人稱道者如此，至茲且謳思弗替，而有立碑勸濟堂庭園之議，亦云人亡而道存，貽世作則也。是適其盛，因舉其要，志之以碑。

中華民國六十九年歲次庚申花月

頭城鎮志序稿 代　民國七十四年

頭城固海隅之一小鎮爾，域在蘭縣扼要，昔為後山門戶，北倚山而南有港，土田沃腴。始蘭之開闢，則以斯地而啟，設官以來，方百七十餘年。地既魚米之鄉，民物所萃，賢能輩出，雖在濱海，毋殊其他鎮邑焉。

惟開闢以來，人文初啓，規制始備，則隨甲午之戰，陷異族之統治，亘達五十年之久，此其文獻散佚，志失於修，致淪無徵云，遺憾之大者。歲至甲子之秋，鎮以明年既為臺員重光四十周慶，凡此四十年間，政叶而民和，穆清之治，澤流乎無窮；況鎮自建置於茲，志竟未修，今生計翕然；庶富民安，明德而不布聞，一旦無考，寧非民牧之過耶。迺議：鎮志之修，延聘莊英章、吳文星二教授為編纂。而余雖游子他鄉，卻以生於斯土而為斯人也；忝列纂修執事之一，固不自揣陋，預志之修，則義有毋容辭者。因條陳志之經緯，用訊後之覽者。

鎮之有官，初曰縣丞，上隸蘭廳，下則置堡，為清之制。嗣至日治而改辦務署，支廳，終庄治，變革不一。迨及光復，改易為鄉，後二年升格列鎮，是為今鎮之始。自茲以降，實施地方自治。初以措施伊始，諸事猶待興革，成其過渡時期。遂及民國卅八年，中樞遷臺，經建海島為匡復基地，並精心擘畫，舉凡幅員擴施，街衢規劃，庠序增設，農漁拓展，工商繁榮，文化水準提升，公共衛生施設，環境交通求善，獲長足改進與遷善，顯著成果於近年。悉其為稍堪與省內通都大邑，並臻於善而自告慰者。

志之修，經與會諸委員之屢次審議，援引古今志書之法，釐訂體例；次視本鎮之實際有無，求符於鎮所有者，列綱目而定之。局開以來，亘歷周歲，計分十二帙，附大事年表，統為十三部門，書則溯及開闢之始，下迄局開之甲子為止，間約二百秊。始山林之啓闢、設官置治、政經建設、教育沿革、民風興替、人事消長，莫不廣加搜抉，輯於一志，求縱橫兼顧，鉅細靡遺也。

緣就義例言之，採封域之納地理，政事、沿革於一門，具此卷秩，而鎮之規制時間，瞭然指掌。再就空間言，輯人文、事物歸一門，則由此秩，而地之盛衰消長，井然可觀矣。況鎮之始闢，本草萊之區，歷二百年于今，匪但民豐而物阜，人文之蔚煥，由志列上庠，碩學之士倍增，概見已登鄒魯之邦。餘或興或替，既詳於志，自毋庸贅。

唯斯志之修，前既乏舊志可循，又因滄桑之後，老成凋謝，凡諸採擷，雖近於濫觴，然皆信而有徵。志之纂修，資料之缺乏，時間之匆促，網羅雖廣，遺珠難免，問世而後，固知瑕疵之處參雜，然宋之戴侗有云：「欲有待，則書之成未有日也。」志之繼踵增華，則後之賢者是賴，此日躊躇者再，又何補焉。是為序。

中華民國七十四年秋節

棲蘭草堂文稿

唐　羽著

卷之二

廣平游氏族志序民國七十二年

瀛壖姓氏千六百九十四，大姓占巨百，而廣平之游與焉。游氏先代，渡海始於清初，其聚族固以蘭、北、桃三縣為首，陪都次之，餘如舟車所至，亦靡不有是姓宗人徙居，支裔蕃衍，此與地之巨姓，無分軒輊也。唯游之氏，殊異他姓者，他姓之先，既匪土著，則其上世，殆自閩粵郡縣，航海而來，姓氏書一而宗各異。獨於游之渡臺，概自漳之詔邑，曰二都秀篆、曰埔坪厚堂，曰磐石龍潭、曰東昇塘霞，其遷一本，悉由豫東東徙，開族閩西，禰遷汀、漳，根落是境者，為宋大儒廣平先生之胤也。

然詳究廣平之族，固統稱曰「游」，其書則貳，而有「游、斿」之別。攷之端緒，則曰：「祖有異姓蘭契，深逾骨肉之情，宗有撫孤恤幼，祧兼二姓之義，紀傳譜牒，志其本末，言之甚詳。」噫！此謳詠王祖念八，游祖信忠二公，交契美德，生死莫逆事，洵足稱焉。是後之子孫，合姓而宗，從「方」而游，從「才」為斿，明其由出，示不忘本也。況乎游氏之先，厲王庶子鄭伯之昭；王氏之祖，靈王太子諱晉之穆，二宗悉本姬周，淵源攸同，是統之曰：望出廣平，彰明不忘鞠養之恩，報德之大者，豈可喻為馬後之繼，世傳五百八十年矣。

誠然，瀛壖一地，通都大邑，僻鄉聚落，有是姓族人黨而營經者，則宗祠煥然，廟室巍峨，樽俎荔蕉，蒸嘗春秋，視他姓氏執禮尤勤。書云：「以禮制心，垂裕後昆」。游游一族，茲茲然，風貌昂昂；洋洋焉，魁梧而不掩斯文之質。其從業也，士、農、工、商、心存古道，行合時宜；至于嚳延遐邇，道合潮流，亦云盛矣。惜乎廣平之後，世代湮遠，庋藏譜牒，輾轉傳抄，或誤於書，或謬於紀，句讀不明，魯魚亥豕，是世之傳本，率多謬訛，魚目混珠，莫辨真譌，而久為識者垢病。何於斯姓之人，獨其不察，游游之譜，刋刻者再，而誤即誤矣，病之所在，未稱匡救。「或云：此譜家之失乎！主事宗人昧不知事之輕重歟！」亦為余一睒是譜，深為疾痛之耶。

游君象新者，余同郡鄉長，為忘年交，念有餘歲矣。君之為學，詩追二南，道遵薦山，復為今之非常士也。歲壬戌之夏，君云：「將治廣平族乘，糾正坊本之失，浚其源，『明祖德之厚薄』，以為後之族人，備以正確稿本。」余聞之，前所病者霍然而紓曰：「諾！為訂體例。」君欣然。至是顏曰《廣平游氏族志》者，迺開其局。初就游君多年蒐羅筆記，益為增訂，余為之纂譔，集注、校勘、分次卷帙，並增以源流、封爵、科名、藝文、年譜成書，俾傳實於久遠，作族乘之輔翼也。明年癸亥稿成，將付剞劂焉。

有云：「刊先人遺著，孝而神聖也。」然則保存先人之作，糾正傳訛，完璧存真，復發潛德幽光者，豈非神聖倫儔歟；是志之脩，游君傾力以赴，志求完善，近將壽諸梨棗焉，游君非神聖之倫儔而何。是為序。

民國七十二年二月穀旦

蘭陽福成楊氏族譜序民國七十二年

吾蘭開闢二百紀，其境羣山峇嶢，迤邐環抱，地平土沃，是昔墾民，視為海外樂土，肩鋤荷犁來赴。至茲為姓四百七十，而楊居第八；舉其望出，則以弘農為最。至乎禰遷之地，卽漳之龍溪、漳浦、平和、南靖、海澄、詔安、長泰等七邑俱佔。七邑之中，尤以漳浦之楊為族最盛，分佈縣下各鄉鎮，率多聚族而成居，從農、服賈，至有數世未嘗言分；緦服同爨，今世不可多見也。

頭圍福成楊氏，此中翹楚也。楊氏世居福德坑溪之畔，宅屏鳳頭、連峰鶯嶺、戶當龜嶼、貂角，瞰碧波，眺大海，鍾靈毓秀，人文蔚薈之地耳。族之先，遷自浦邑佛潭橋，為浦重鎮。當炎宋之末，會陸君實、張世傑二忠，扶少帝於福州，曰觀察使亮節者，楊氏開宗浦邑始遷祖也。祥興二年，行朝之亡，觀察使抱亡國沉痛，遁跡海島浯州，有子三，季曰世隆，傳子裔浦邑佛潭橋，衍為巨族。自茲而下，雲礽相繼，嗣十六世，族衍佛潭一地。福成楊氏，卽浦邑十六世廣字行三生其人也。嘉慶末年，浮海來臺，至今世傳九代，蓊然一方望族矣。

福成人物之傑出者，先有成仁、金連昆仲，拓殖著於鄉，次有傳、源榮，以文顯於世；復次，金連與子阿獅、旺樹，喬梓善賈，創企業馳譽北臺。邇來，工商發展，經濟躍登上國之列，則有獅翁之後塘海氏，以商起家，歷漁、工、礦，而奠盛業之基，直營、連鎖，都達十餘家，成一系列，躋身有數企業家之林也。至乎，其餘族人之從公、從商，事業之顯，經營之榮，猶不及計耶。或云：此楊氏累世潛德，於此窺其大成矣。

誠然，楊氏之經營，非一朝一夕而成耶。蓋百紀之經營，數世代之開拓，胼手胝足，備嚐艱礙，迺見其成果者也。百代之紀，世謂之史，域謂之志，家謂之乘；邦家之興盛，推及典章文物，非紀之於史，無以傳乎永遠；地方之因革，間涉風土人物，非脩之於志，無以存其眞實；氏族之消長，家境之變遷，繫其閱世薪傳，其匪譜之於乘，又何能留於冑裔者哉？遑論明始末，裨風教，勵後進，有益乎補敝起廢，發潛德之幽光耶。

塘海氏者，是族明智士也，多年以來，其獻身事業之餘，復基於睦宗族，揚祖德為己任，虞代遠而失統緒焉，而有志其譜之纂脩。壬戌之冬，遂以譜局，委之於某，是某感其人之明，今世不可多得士也。乃不自揣陋，出荷譜局，局之開，始於癸亥端月，旋擬體例為八門十卷、外首尾各一，都十二卷。歷八閱月，初告蕆事。其間，三開脩譜會議，集楊氏族人以及邑之聞達、耆宿，審定體裁，詳評稿本，正譜名，定範圍。並獲海內外名家，提供家傳寶貴資料，國學文獻館允借微粒古譜膠卷，校讐、定譌，去蕪就菁。秋九月，稿定；復匝月，付諸剞劂焉。

夫！譜之脩，脩身之上者，齊家之大本，通乎治國庭教也。況乎處今之世，生活異式，其與古之聚居同閭，耕讀傳家，牽車服賈，相去不可同日語矣。時人遷徙之莚，分衍之廣，時勢使然。然徙之，衍之，及三代之後，猶能述祖德，浚其源流者，將歸式微矣！是衛道之士，力疾呼籲；曰尋根、曰圖源、曰敦宗、曰睦族，臻於收族云，聲嘶力竭之不絕也。傳世之事，去祖愈遠，代遠而湮，世德淪泯，流衍難考。究竟大過，過在今人，不在來者；今人之愆戾，戾遺於後人，為過之大者。惟楊氏者，今既有是譜之脩，其遷、其衍，將以是譜是賴，源流可得而圖也。是譜之脩，雖云：完善猶待。倘百十年而後，其族之賢子孫或有心君子，復將恢張而光大之，補其完善，則本譜未始不為濫觴；豈惟示子孫，修其慎行，明著來者，使不墮乎先業，流芳於百世云耳，是為序。

中華民國七十二年歲在昭陽大淵獻八月穀旦

金浦楊氏渡臺祖楊三生家傳 民國七十二年

福成楊氏，蘭邑大族也，其先系出弘農本支，漢太尉震公之冑。自清中葉，渡臺開基，為世九代，為丁三百有餘，為族五百餘口。此蓋初一人之身，而分數子孫之身，復衍數十曾玄，數百來𣑥仍雲之身也。曰：「此一人之身者阿誰？」曰：「宗三生公其人之身也！」

君諱三生，字行廣三，清漳郡漳浦佛潭橋人氏，宗漳浯開基祖宋福州觀察使亮節十七世廣字輩裔孫也。自宋以降，世居佛潭鎮。乾隆壬寅之春，生於鎮下林地社之故居。幼有大志，勇於進取。及長，以漳邑故土，人貧地瘠，所居位在瀕海，所耕又多磽确，營生維艱。時，臺之後山：噶瑪蘭初置官守，荊棘始闢，延宗立業新天地也，可為子孫圖久之計。遂於嘉慶末年，攜眷藍氏夫人與諸丈夫子浮海來臺，甫由三貂沿海之福隆棄舟，即因所攜川資告罄，而人地生疏。會有地之同宗某，富而無子者，求乞嗣之。君因勢蹙，遂將幼子某，鬻於同宗，即外隆㘈㘈楊氏其後也。

之後，攜餘子，越嶺入蘭，初居頭圍堡金面庄崩山坑之麓，拓地墾耕，勤勉以營。無奈，蘭自設置以來，譽為海外樂土，三籍流民，接踵競登，膏腴之地，悉為劃界以田。是君之始耕於此，皆屬荒埔，胼手胝足，食且不得一飽者，自可概見。會遭歉冬，勤無所穫，而食口又多，坐以待斃，實非計耶！至是四子某，復為地之豪族劉氏，乞為螟蛉以去，即今，福成劉氏之先也。

餘三子，長曰永顏，次曰子郎，三曰德祿。後數年，家計稍寬，而永顏以宿疾，營生中，猝逝雞栖中。仲子子郎，定居頭圍街，業商。三德祿，即傳福成本宗之高祖也。

三生之其餘事跡，今因代遠，所知者鮮，口碑相傳，所得惟此。是謹就知者志之，使後世子孫，勿負爾祖，經營苦心，勿忘先德，衍宗之難，並待後之賢者，亦譔者存真意也。

君生於乾隆四十七年二月二十九日巳時，其卒道光十六年七月初四日申時，享年五十有四。夫人藍氏諱雅娘，出浦邑望族。其生乾隆五十一年五月二十四日辰時，其卒道光十九年十二月初一日亥時，享年五十有四，竝塋頂埔墓園。

原文載《蘭陽福成楊氏族譜》

福成開基祖楊德祿家傳 民國七十二年

君諱竹爐，諡德祿，清漳郡漳浦人，福成楊氏渡臺祖三生公之三子也。嘉慶甲戌之春，生於林地社之祖居。越七年庚辰，隨父兄渡臺，定居蘭邑頭圍堡。齠齔之年，而從諸兄歷涉山川，備嚐辛苦，復以家計，數遭幼弟生離創傷，寡歡言笑，其情可見。稍長，而大兄永顏以疾遽凋。次兄子郎，別業以去；遂上奉父母，肩負一家生計，耕植未嘗喘息也。然家綦貧，終難見寬。君年二十三，以父見背，明年，子成仁生。又二年，母藍太孺人棄養。又次而二、三子來成、金連，相繼生。迨及道、咸之交，有黃阿鳳者，往墾岐萊後山，其地荒野遼廣，土地膏腴。地卻蠻貊，瘴癘肆虐，墾民之涉其境者，靡以瘴亡，終亦病退。惟君為舉家生計，冒死渡之，閱半年，終以病返，則所謂「岐萊病」也。自後，病稍愈，復率諸子，舉家遷於福德坑溪之礁溪仔，墾殖溪流之畔，耘地為田，引水灌溉。經數年，遂成阡陌，是為福成之肇基也。

家傳：君之墾于福成，農閑以上山挑炭，換取微薄工資，彌補家計。惟君自岐萊以來，體力大不如前，致下肢乏力，不耐翻山涉水。遂一日謂其妻曰：「余日須上山幹活，而二肢消瘦，力不如從前甚。嘗聞豚蹄可以補筋骨，汝何不買一豚蹄，為余燉食之。」夫人曰：「家無餘資，待我於明日摘取地瓜葉，市於街上，得資為爾沽蹄燉之。」

翌日，夫人果以市葉所得，沽一豚蹄，文火燉之，啟蓋而肉香四溢，撲鼻口饞。夫人陰挾一小段試嚐之，其味之佳，無以言喻。遂再挾，而三挾，終挾之盡。及夜，君返，詢蹄之事？夫人吱唔答曰：「備固備矣！奈經不起香誘，試食之空矣！明日重為備。」君自苦笑。嗚噱！豚蹄之事，瑣事而已。然，後之聞者，由事之始末度之，窺見君之伉儷，舉家奠基於斯，其困如此，其窮如斯，能不令後為子孫者，聞而淒然以傷。

君生于嘉慶十九年正月十九日午時，卒于光緒七年九月初二日子時，年六十有八。晚年，家境稍裕。夫人陳氏，諱粮，謚閨娘，頭圍堡人氏。其生嘉慶十五年四月二十一日酉時，其卒，同治三年十二月初五日子時，年五十五。子三：成仁、來成、金連。伉儷並祔於頂埔墓塋。

福成明字輩大府君楊成仁家傳 民國七十二年

君諱成仁，諡□□，明字輩行一，清噶瑪蘭廳頭圍堡福成庄人氏。祖諱三生，嘉慶末年，始自漳浦佛潭橋林地社浮海來臺，考諱竹爐，於咸豐初葉，移墾福德坑溪之畔，有子三：君其冢子也。幼以家窮，雖未嘗入學，然秉性聰穎，出言往往能使聽者驚愕，竝與弟來成、又弟金連，昆仲三人，皆以純孝聞。

咸豐二年，君年十六，來成甫九歲，金連七歲，以父德祿，為謀家計，遠至岐萊，昆仲奉母守家。時，父失音信，而食糧告罄，稻穗雖稔，米穀未登，母令持褶裙一條，質典斗米於庄豪農林同家，約以穀登為期，約十餘日。同曰：「典固典矣！唯須斗米斗利！」君以貸息奇高，童言諷譏之，同汗顏轉怒，而無可奈何。昆仲饑甚，母教以木梳梳稻穗，聚穀磨漿，濾漿為粿，乃得度日。

家無鹽資，昆仲則相與下田，撿拾螺獅上街換鹽。食盡，會鄰居有醃腐鹽菜，掩入田中充為肥者，俟及日落，闃無人知，起而煮食之以解饑餓，困且如此，然未嘗怨尤。

君稍長，隨父墾于福成，歷數年，荒埔轉成良田，家計稍裕。及高堂先後棄養，諸昆仲亦俱成家，為地小富，然昆仲相處，一如兒時，和睦友愛，聚族以居。並築第置產，號曰「楊乾記」，登素封。

日人據臺之六年，頭圍堡改曰支廳，廳下置區庄，君以得人望，被舉庄總理，歷數任。其後，以族衍愈盛，聚居四世，而昆仲俱登甲，始相分爨。復歷二十年，傳家冢子有傳，息隱以養。

君之處世，秉性篤厚，忠於人事，恂恂有君子之風。敬畏吏人，素少與來往。家初興時，有衙役某，欺其忠厚，欲索賄而不得其門，會臺北府有楊姓人持械殺人，而後潛逃。府令畫影通緝，遂與衙役某，可乘之機，陰登門質於君云：「汝家楊姓者殺人，汝將何以處之，須交待。」公口訥，期艾無以答。畏官召，竟逃山中。藏於樹穴數日，其憨厚如此。

君生于道光十七年十二月初一日。卒于民國十三年元月二十一日，年登九十，當其殯也，執紼者遠自三貂等地來會，滿山縞素云。

夫人林氏諱心婦，同堡南門街人氏。生于道光十九年五月二十一日，年十八，于歸于君，育二子：有傳、源榮。目睹楊氏三代力田耘耕之苦，遂亟課二子以讀，期以仕進。其卒，光緒三十四年七月二十五日，享壽七十。

處士楊三府君金連家傳民國七十二年

君諱金連，謚□□，噶瑪蘭廳頭圍堡福成庄人氏。庄總理成仁季弟也。生於金面崩山坑之故居，齠齔時，以父德祿遠渡岐萊。君與諸兄奉母守家，年最幼，然純孝不讓諸兄。諸兄下田，弟亦從之，共維家計，未以幼逸。

咸豐初葉，君隨父兄耕於福德坑溪之畔，甘苦與俱，家貧，食不得飽。一日，田歸，饑甚！索食於母，母命取粥充饑。粥稀甚，不見米粒，卻見己影倒照其中，少不更事，以為粥藏鬼物，驚呼疾走。母悟而笑解之，始釋然。

後數年，勤耕有成，昆仲得田七甲有餘，家亦漸裕，然未以寬而奢，仍農事不懈。及父棄養，其事諸兄與嫂，一如父母，雖瑣事，必獲諸兄首肯曰「可」，而後行之。是自祖先渡臺以來，至君諸子姪，俱各持家，五世同居，未嘗言分，而有乃宗乃祖，弘農播、椿兄弟，緦服同爨，昆仲讓食，起居相問之遺風，邑里稱之。

光緒二十七年間，君因三子旺樹，坐賈頭圍街，營楊福成商號，而福成舉家丁口，亦遽增至半百，始以事業故，與諸兄相為讓產，移住本街，年近花甲矣。其後，君與諸子，或居福成，或居本街，子孫日盛，而業與榮。大正三年，拓業及於邑之大溪庄，設釀酒廠，所產佳釀之美，為蘭邑之冠。奈及耄耋之年，事業頓挫。十一年，因日人收禁全臺釀酒業，數十年經營，遽遭巨變，復自九年以降，瀕嚐喪子失孫之痛，後三年，卒告不起。

君之平生，執業至誠，凡街坊邑里，有諸公益事，必首倡之，傾力助成，待人寬，督諸子以慈。當其事業顛峰，則預感來日之挫折，然未能及時挽救，議者謂：「時運使然耶。」

君生于道光二十年三月二十三日，同治三年娶四圍堡盧目之女公子茶。卒于大正十三年三月二十一日，享壽七十有九；夫人盧氏諱茶，生于道光二十九年七月初二日。年十六，于歸金連。伉儷相敬如賓，舉案齊眉。育子四：火傳、阿獅、旺樹、清源。卒于大正五年十月二十三日。享壽六十有八。昭和九年甲戌，竝塋頂埔墓園。

原文載《蘭陽福成楊氏族譜》

福成楊長府君有傳家傳 民國七十二年

君諱有傳，謚□□，允字輩行一。清宜蘭縣頭圍堡福成庄人氏，庄總理成仁之長子也。幼即聰慧，宅心仁厚，有書生氣質。然家自伊祖德祿，來此墾耕以來，歷三世，漸致素封，世皆農家子，未嘗入學。迨君幼年，其母林氏乃曰：「望子孫有日以勤讀詩書，莫代為農家子以文盲終。」稍長，遂令與弟源榮，同至本街，從師習學。君亦深知伊母苦心，勤讀不懈，並期以舉子業求進取。

光緒甲午間，君為學有成。遂同弟赴考，途取道坪林，遇兇蕃出擊路人，兄弟幾死者再，逃抵臺北府，而心猶悸。由此，及將進場，竟以風寒疾作，咯咳帶血，考事作罷，期明年再至。

其後，昆仲取三貂嶺道返邑，君且病甚，不堪步行。轎夫見其咯咳厲甚，教以處方，及抵家，依法治之，病果愈。明年乙未，日人據臺，科舉遂廢，君昆仲，志竟不售。自後，日人圖禁漢學，行其日式教育。遂設帳里邑，課同堡子弟，學之者眾。並與同宗進士士芳，同堡俞舉人等，結莫逆交，以布衣終。

君平居，兄弟友愛，甘苦與共。當清治之末，地方治安不靖，聚族者，習置槍械以防匪類，君堂兄弟七人，亦儲備之。所居，墻列三重，遠近山賊匪寇，雖聞楊氏素封，而不敢冒然犯之。一日，有林某為首者，匪盜一夥，令人揚言來犯，君一笑置之。及期，果率盜黨，翻墻攻入，搶綁柵中，巨豬以去，將近山麓。君得報，昆仲自田中趕回，並聯繫他姓族人，七槍齊出，抄近徑，追至山麓，群匪首魁者，自山上瞥見，急率其盜黨，捨豬以遁。自此，無敢再犯者，庄賴以安。至今，父老猶傳其事。

大正十年，以父成仁息隱，承嗣家督，治家有成，家道再興。君生於同治四年元月初五日，卒于昭和六年十月初一日，年六十有七。夫人諱菊，林氏，同堡下埔庄俞榮之女，生于同治五年七月二十四日，十三年，以童養歸本家，光緒九年與君成婚。卒於民國五十二年六月二十四日，享壽七十有八。子三：振基、振福、振泰。女三：鮂、鐃、員。

原文載《蘭陽福成楊氏族譜》

福成楊源榮君家傳 民國七十二年

君諱源榮，字□□，清噶瑪蘭廳頭圍堡人氏。氏出閩之漳浦，為楊氏渡臺二世祖德祿直裔，楊成仁之次子也。同治戊辰之春，生於福成楊氏之祖居焉。幼而聰慧，嶷然拔秀，及啟蒙，喜與詩書為伍，從師數年，非但詩、書、琴、藝，俱與皆精，且尚武技，期以文武自許。及長，會與其兄有傳同赴府考，數試，名皆前茅。奈以清吏汚瀆，陰索禮金，源榮拒與賄賂。榜揭，而名竟不錄。

自後，遂更發奮於制藝，期以東山再起。明年將赴，惜以乙未割臺之議定，試務乃寢，斯榮以志未得售，為其終身憾事。

日人據臺之後，其主臺政者，圖滅漢學，俾便認同東洋思想，次第施行日式奴化教育。斯君迺以復興漢學為己任，即於頭圍堡設置私塾，教育同邑子弟，而造就後進飽學之士，為數匪尠。

君於絳帳之餘，復善經營，大正十年間，與長兄有傳別立家業，勤加運營，非獨能守祖遺，且廣置良田第宅，俾家道再現隆興，位登一邑素封。至今，仍列鎮之大族者，實亦二君善自治家之遺澤也。

源榮處世治事，素尚敦親睦鄰，並以明哲為其守身。是時之日吏，政雖苛厲，亦無可施酷暴於福成楊氏。其平居，自奉勤儉，處事剛正不阿，是閤族子弟，皆望而敬畏之。晚年，息隱故居，貸地營生，課教子弟。嗣於古稀之年，罹風濕宿疾，時際大戰末期，醫藥奇缺，遂告失治。

君生於同治七年三月二十七日亥時，其卒民國三十三年農曆十月廿一日卯時，享年七十有七，葬於頭城之頂埔墓園。先配陳氏，生于同治八年十月二十六日，卒于民國十五年三月十六日，年五十八。二配江氏，生于光緒二十二年五月十三日，卒于民國五十四年農曆二月初八日，享年七十。陳夫人育子五：紹宗、紹廉、紹忠、紹全、亮采。紹全早殤。二夫人育有延齡、延熹昆仲，服職郵政，俱至局長。

篤農楊二府君阿獅暨李太夫人家傳 民國七十二年

君諱阿獅，謚□□。清宜蘭縣頭圍堡福成庄人氏。處士金連之次子，篤農也。幼而純孝，知孝悌之義，昆仲相處，能讓不競，議者謂：溫厚篤實，具父祖之風。當光緒辛丑間，以父與諸伯別業後，遇長兄火傳早故，君代長兄奉母居福成祖居，嗣嫡業，親自力田，持家務，陰助三弟旺樹學商，學有成，復出資使能坐賈。己雖終年，力耕不息，亦不以諸弟之棄農從賈，稍出怨言。年節時，諸弟返居，預祭祀，待亦必誠。大正六年，伊父金連息隱。代嗣家督，始遷本街南門，預楊福成商號業務。然及議事，又必以弟旺樹，久司家業，熟於事務云，三讓之，事始行，昆仲友愛如此。九年，君以家業大溪釀酒廠，乏人董事，遂將楊福成事務，悉委諸昆弟旺樹、清源等，移家大溪，督營釀造，晨夕不懈，未幾因以積癆遽逝。

君生于光緒二年七月初十日。卒于大正九年九月初四日，年四十五。先配張氏，諱鳳娘，早卒，未育，續娶二配李夫人。

李氏太夫人諱蜂，宜蘭街本城堡人氏，出詔邑望族李氏後。曾祖諱聲文，始從邑之二都秀篆來臺。祖諱春山，定居廳治本街。考諱榮喜，以捐列監生，妣林氏，育二子一女，太夫人則其女公子也。幼承庭訓，勤習女紅，年十三，以童養歸于楊氏。年十九，因府君先配卒，奉翁姑命，與府君成婚。後三年，生長子塘波，又三年，生次子塘池，又六年，生三子塘海。上奉翁姑，並以孝聞，妯娌相處，和洽相讓，其事府君，伉儷舉案齊眉，而得族人稱譽。

大正九年，府君之棄養，太夫人母兼父職，井臼之餘，課教三子。及十一年，金連一系，內外瀕遭變故，生計日非。太夫人備嘗辛苦，節食哺子，誓志撫孤，受良好教育，遂傾所餘，送長郎塘波，內渡學醫。及餘二子塘池、塘海，漸更人事，又時以「一勤天下無難事」，誡勵二子，立處世之道。諸兒亦能奉行實踐之，蓋其課教之有方也。民國二十八年，以諸子悉成家，而塘波行醫海上，遂內渡居滬，三十五年返臺，從幼子塘海居基。後十二年卒。

太夫人生于光緒三年二月十二日寅時。其卒民國四十六年五月初六日申時。享壽八十有二。五十九年庚戌，並祔府君，先配張氏，合塋三峽磺溪墓園。

原文載《蘭陽福成楊氏族譜》

頭圍楊旺樹先生家傳

先生諱旺樹，又諱亞醜，清宜蘭縣頭圍堡福成庄人氏，篤農阿獅之三弟也。雖世務農，未嘗入學，然少負奇氣，慧敏銳利。年十餘，見頭圍港內，帆船、垵邊載重百石之小型帆船聚集：來往內陸沿岸貿易。巨賈出入，出手千金，其與福成族人，力耕終日，辛勤不過一飽，不可同日語。因自忖云：欲成家何業不行，豈獨守稼穡，以莊稼漢了一生耶?奮然立志，從賈易耘，覓光大家業以為己任。遂徵得次兄亞獅贊同，私濟之，陰學賈於本街，結交諸商賈，而父不知也。

後數年，耳濡目染，遂精於經紀，營米牙於本街，有成就。父始知其才，而喜從之。及光緒辛丑，會父與諸伯讓產，先生乃奉父至本街，斥家資，廣拓貿易，號曰：「楊福成」。置燃糠蒸汽動力碾米、精米之新穎米廠，達三墩三米三座脫殼，三座精米也。設施，專司米穀買賣，招徠漳、泉、廈、福等地貿易，或運銷平原蓬萊米，轉口基隆，至日本諸港埠，而登邑中有數大糧戶之列。若於公，亦被舉頭圍庄協議員，雖諮詢亦著力焉。

先生既富，復築樓房巨第，宅院相連，頭圍南門，兄弟諸姪，均列合營，共操事務，而不居功獨擁；且擬闢其他事業。大正三年間，臺之釀酒業，陰傳日人為謀搾取殖民地之利，議將酒類收禁列督府專賣，由官釀製。事極密，而預知者，競將所設酒廠，設法出讓，期避損失。會有九份人蘇登賢者，從採金致富，有酒廠於邑之大溪。所釀酒類，泉清質美，風行蘭陽。賢遂使人遊說，謀讓酒廠於先生，先生雖善經營，惟疏機謀者，且所營米穀，為釀酒材料，自昧于日人預計。卒以價沽大溪酒廠，全部設施，力加拓展，更名「大溪製酒公司」，列楊福成家族事業之一。未幾，果以所產「巖泉老紅酒」，享譽蘭陽，遠至花蓮後山。其間，酒之專賣事，亦因部分日人反對，議亦告寢。

然先生之志，素自豪放不羈，且創業雖勤，而不拘泥守成者。時，日方之巨商如三井諸財閥，為窺殖民地之利，陽與臺人之富戶或好賭者，行期米買賣，陰實據價之漲跌為賭局，動輒輸贏巨萬，使預賭者往往致傷破產，勿論身敗名裂。先生既為大戶糧商，以牙業致富，遂亦與之，輸贏不定。

十年，大溪酒廠業務，由於信譽素著，年營業額已達八萬餘金矣。豈知，是年七月，日督以專賣局長賀來佐賀太郎，陞任總督府總務長官，酒之專賣與收禁民間釀造酒類事，舊議復起，並付實施，而於次年公布施行；民間釀酒業，遂自十一年七月初一日起，為督府以法收禁。設施則由官方，搭配大量公債方式，價估以去。大溪酒廠，自是被禁歇業。

大溪酒廠被禁之後，前未收回帳務，高達數萬，亦隨諸出品遽斷，至無法回收，悉成呆賬。而同年，先生以營期米，亦屢告挫跌，漸致債台高築。十二年，糧號倉儲，以夥計聚賭失火，焚燬殆盡。先生遭此重大變故，事後，固欲重自振作，唯終未得如願，悒憶益甚。遂於十四年，賚志以歿。

先生處事，性倜儻，廣交遊。睦宗族，恤孤寡。其待人極尚厚道，人有負於己者，諒之，人有恩於己者，必報之。街莊有事，事無不預，凡諸公益事，必列董事，使其有成。然及事業一挫，變故瀕至。先是九年，長兄逝，先生二子煥文、登科，先後以幼殤。十三年，父棄養。十四年，先生以歿。歿後，所餘家產，復為前邀其預期米買賣之同邑楊浮海者，訴於法，提請處分。是議者哀之。

先生生于光緒七年十二月十六日。卒于大正十四年六月二十二日，年四十有四。德配林氏夫人諱鸞娘，同堡金面庄人氏，林緩女公子。生于光緒九年元月十五日，年十九歸于先生，子復初、其昌、煥堂、煥文、登科。煥堂畢業宜蘭農林，家挫之後，服職頭圍庄役場，年二十五以病歿。餘四子，俱幼殤。煥堂子一，名逢甲，幼殤，遂失祀。一女名阿栖，嫁宜蘭林登波。養女一，名秀，嫁方氏，生一女碧雲嗣其祀，招同街林氏名新土，有子慶賢歸楊氏。又嗣養子焰本，林氏夫人晚年乞養者，並祧其祀。

原文載《蘭陽福成楊氏族譜》並《頭城鎮志》

明逸士丹山二老傳略　附子士楷 民國七十四年

易云：「遯之時義大矣哉！」又曰：「不仕王侯，高尚其事。」昔者逸時之士，鐘鼎山林，各務其旨，是以堯稱則天，不屈潁陽之高；武盡美矣，終全孤竹之絜。自茲三代以來，風流彌繁，長往之軌未殊，而感致之數匪一。隱求其志，避以全道，靜己鎮躁，去危圖安，垢俗動槩，疵物激清，觀其甘心畎畝之中，憔悴乎江海之上，豈必親魚鳥，樂林草哉！亦云性分所至而已。至若夷齊恥食周粟，採薇首陽，卒以餓歿，亦豈以義稱而已，志高尚也。荀子云：「志意脩則驕富貴，道義重則輕王公。」而愚以時雖不同，行固有異，維志之倫者，後亦有其人矣，其何人耶，則曰：「明之逸士，丹山二老，其人是耶！」

二老，明之逸士，張其姓，蘭邑鄉長建邦氏八世祖也。兄諱若化，字雨玉，號蒼巒，其先望出清河，系傳八閩，世居漳浦丹山，弱冠，師事黃石齋，得聞「明誠」之學；

旁及律曆，經綸諸務，靡不淹貫。石齋嘗稱其才足具百人。崇禎丙子，舉於鄉，其后，兩上公車，不第。而弟若仲，則以庚辰四月，捷報南宮，因留京師。

時，石齋以言事忤上，貶六秩，為江西按察司照磨，巡撫解學龍重之，而薦所部官推獎石齋備至。故事：「但下所司，上不覆閱。」惟內閣魏照乘者，素惡石齋甚，則擬旨責學龍濫薦，上至發怒，立削二人職，罪以黨衿亂政，並受廷杖下北寺獄，究黨羽，欲置之死；若化冒死，微服雜廝役中，時時進獄問起居，相左右之。及十四年歲月，石齋謫戍辰陽，乃還籍。

崇禎十七年，燕都陷，唐王入閩。王以石齋為武英殿大學士，若化徵拜御史，數月乞歸，事父母，以志養，食貧茹苦，嘗搗柏葉以代園蔬。諸孫嘗之，喀喀不下嚥，而若化茹而甘焉。

鼎革之初，八閩因鄭氏匡復之基，清人攻防繼之，兵荒相連，盜賊蜂起，然一入斯境，則羣相戒曰：「此間高人世居也，慎勿犯張公廬！」終其一生，盜不敢入境，而鄉人亦多依以避難。

永曆八年，劉國軒以漳歸鄭藩，時漳宦無出任清朝者；鄭藩乃欲邀出之佐復明而未果，遂遣官問候餽贈。二十八年，嗣王鄭經再復漳浦，慕其賢，繼入漳，即命侍衛馮錫範賫書幣，親造丹山之廬，欲聘其出山，共襄大業。書略曰：

天地閉而賢人隱，時固當然；龍彲絀而太公興，會亦無失。二位先生，強不變塞，智足周身。避亂何須遼東，養晦無煩土屋。先王雅相慕尚，不佞猶深景仰！紫色蛙聲相對，寧免窮民之哭；雲收霧罷乍開，應啟洛陽之顏。請同鴻冥以翩來，得就龍光而乞言。昔段干偃息，猶輔魏主；子房留侯，尚扶漢嗣。小子雖臧否之未知，先生其教誨之不倦可也。

然，兄弟終以老辭不至，送錫範下山。

丹山者，在羣山之中，其地巉巖阻絕，日夕雲霧相往來，若化居其間，茅茨數椽，豺狼交橫，時曳杖蓑衣，孤往獨來，登陟羣峭，徜徉泉石，嘯歌自得。山居四十年，足不及城市，耳不聞喜摶之聲，更未嘗以姓名通有司，勵志獨行，不標講學名。惟疾惡守義，懍不可犯，雖骨肉至親，不少假，至若惻隱所周，鄉里有冤無告者，多方營捄之，迨網解，其人勿知也。其志於人者不靳。年八十八，一夜正襟危坐，無疾而終。遺著有《磊庵存草》。

若仲字聲玉，又字吉友，號次巒，與兄同事石齋，嚬笑不苟，讀書明理，以不欺為本。丙子，兄弟同居於鄉。十三年，成進士，石齋陷獄之歲也。初選知州，以性廉靜，不願任煩劇，改授益府長史。王，憲宗第六子祐檳之後也，名由本，時以國變移府閩中。若仲既就任，以禮匡宗藩，請崇寬大，戒嚴切。王不納，既以去就理爭，王為之改容，益敬之，居官清儉簡實。嗣以母病，乞休歸，母既歿，為土室處其旁，聞狐兔嗥嘯，輒泣下嗚嗚，守三年。

紹宗蒙難，與兄若化，窮耕丹山，清脩獨善，藝圃一區，草蔬、薯蕷度給賓祭，餘悉種柏竹，栽拾灌溉，身自為之。時簑笠牽犢，飯于隴畝，與野夫雜處。晚歲，益務敦篤，飲人以和；遇鄉里有爭訟，悉勸之以誠。不聽者，強揖之，聽者亦揖致謝。清鎮帥某，雅慕其為人，願一望見顏色，固拒之。既而念老父在堂，懼且齮齕，不獲已，野服徒步，從一奚奴往具賓主，徑去。帥武人也，雖不知書，然顧愈重之，不稍異。

漳之邑，地瀕海，有蝗起，觸禾稼，草木葉，噉立盡。災至，民多聚泣，或泥首禳之，獨若仲所居，數里外無蝗患，里賴以安。此康熙二十九年事也。

是年丁卯秋夜，忽風雨大作，所居屋盡拔，若仲獨坐樓上，黎明，人視之，毛髮為竦，年八十四，以壽終。鄉人稱其昆仲為丹山二先生而不名。康熙三十七年，縣侯陳汝咸詳請，同祀鄉賢祠。若仲遺著有《梅花草稾》。

士楷，字端卿，若化子。幼穎異，稍長，即就外傳，為學詩、歌、古文詞，超然獨往，下筆立就。會逢鼎革之初，父與季父偕隱丹山，士楷方弱冠，自以先代遺臣子，思惟承歡膝下，克世忠孝，以養親志，乃一意屏棄舉子業，潛心性命之學，旨以「主敬」為根本，嘗謂：精一之傳，九思盡之，作〈九思注錄〉、〈太極圖說〉、〈定性書〉、〈西銘敬齋箴〉，各分別為題詞，參曲禮內則、小學諸書，為其敬學教條，務學天則，而不苦於居攣，以授從學之者，且為言行準則。

于時，漳南學者爭師之，顧亦留心時事，每見海波騰沸，梓里流亡輾轉，輒形諸詠嘆。其於經濟之學，亦精心鑽研之，言其經濟之本，必在存養之熟，而後從性命中起經濟，還從經濟中求性命，斯為內聖外王之學也。

平生踐履，端重溫克，望之如泥塑，接之而和氣藹然！若義之所至，又剛介不撓，雖妻孥不以情恕，千駟萬鍾，不以為易也。嘗託買小遊郡市中，意有所觸，亟還山居，遂杜門不出。晚歲，不屑屑文藝，然文益深造，為詩直逼少陵，凡天文地輿，歷象律呂，無不洞覽。年四十有七卒。論者以士楷方之漢汝南黃憲，然憲好臧否人物，時露圭角中，涵養所得，未知於楷何如耳。清中葉，以郡侯請，與同邑蔡而烷、林履、黃性震、陳天達、蔡祚週、蔡壁等七人，並入祀鄉賢祠。遺著有《淮鉛山人集、》〈談學錄〉、〈明儒列傳〉、〈士室庸言〉、〈藝苑提宗〉，〈敬學論〉等書。

論曰：二張當易代之時，年未強仕，蔬食敝廬以終，其身志亦苦矣！家門穆穆，兄弟相師，疾惡守義，纖微不苟，至於盜不入鄉，蝗不犯境，純孝孤忠，天人鑑之。黃石齋以忠烈顯天下，二張苦節情操，步其後塵，論者方之古夷齊，夫豈過哉！士楷喜承親義，彌遞家學，澄之不清，淆之不濁，擬之叔度，庶乎近之矣。

原載《蘭陽雜誌》第十八期

棲蘭草堂文稿

唐　羽著

卷之三

雙泰公路闢建懷祖頌德碑 民國七十四年

北勢溪溯坪林匯二流，西支曰鰱魚窟、東支為本流。本流溯源糞箕湖，復分數脈流。流所經曰保生坑，曰料角坑，澗水灣環，昔名大平莊，有簡氏聚族居焉，則大平簡氏。氏之先，肇族于范陽，出別支德潤十四世孫悅使，漳郡南靖人也。道光之初，梯航來臺，洎登烏石港，披荊於野，潛德營家，地即保生坑。至茲百五十星霜，茂於厥後，尊為簡氏肇興之祖；族衍通都大邑，亦云盛矣。

然大平雖處北勢上游，界在淡蘭偏隅，地卻隸三貂，即今雙溪泰平村也。自道光間，移民招佃入墾，除蕪穢、剪荊棘，截源灌溉，迺成阡陌交通，如世外之桃源者。奈其地以大樟、崙頂、鶯嶺連峰，疊嶂阻絕，跼躅叢山大澤之境，蠶叢險偪，通往之路雜沓；致民之外游者，游則不歸。至于蒸嘗淪廢，祖塋蕪穢；餘之留耕者，務穡雖勤，豐登之季，收穫無從易之以無；肩挑跋涉，又以瘴癘外侵，三者為病。大平因此，山藪藏疾，人視為畏途，棄耕他遷，田園廢置，桃源殆其名耳。

民國六十八年，簡氏賢裔文發，慮代遠而疾積長，斯戾終無可改，乃有祖塋之營窆，改葬渡臺宗祖遺蛻，祔于一塋，塋在料角坑之原。匪獨族之子孫，寢薦有所，與祭之時，序次昭穆，親睦可敦也。後六年，執政當局，周延電化設施，闢產業道路，經此蕪穢之區。自茲以降，三病盡除，民之生計，改善可期矣。或云：「此誠孝之心，達乎治道也。」期年路通，氏曰：「夫當局之澤及山居，吾山居之人，可無隻字誌其盛德乎？」爰乃屬碑於余，竝示子孫毋忘爾祖，聿修厥德焉。余徇氏之屬，譔為文之。氏為悅使公之來孫，高祖忠信、曾祖一超、祖振祈、考諱亮，以耕相守。氏曾膺制憲國代，有心人也。

中華民國七十四年十月二十五日穀旦

原載《臺北文獻》直字第七十五期

臺灣採金七百年序一代　民國七十四年

臺灣之有歷史記述，因始明天啓間；顏思齊、鄭芝龍入臺建業與荷蘭、西班牙之相繼割據；由此，後之學者著述臺灣時，咸以有史三百年云，為治史年代。但臺灣之有鑛藏，尤以黃金採冶，應由先住民時代啓其濫觴，則由學者之考證遺物，可溯及千餘年前，凱達格蘭族之始居島上，勾出端倪。緣以鑛業之為專史，非但可溯及千年之前，再據古人記載，採金之事，亦可由宋、元之世，誌古代臺灣「琉求國」之事者，可探出概略。

黃金為貴金屬之王，復為人類通用貨幣，暢行無分畛域。臺灣之有鑛藏，自泰西殖民勢力東漸而後，並列強權國家之窺伺，成俎上之肉者，半由金之富藏，為引彼東西霸者覬覦與釁端最大原因。甚至，於近世之臺灣，率島陷入雲霧晦蒙之異國統治，竟達半世紀之久。

余家顏氏一族，自先世玉蘭公、玉賜昆仲移住臺灣以來，將近二百年。奠基于今瑞芳之鰈魚坑，兼司鑛業，已閱六世。其預採金亦紀四世。先王父雲年公曾著述採金之艱辛云：「探取有無不可知之鑛物於懸崖峭壁之間者，蓋半為地方公益起見。」金既為人類通用貨幣，金之能為地方帶來繁榮，金之能為社會帶來經濟之滋盛，至於四民生活之改善，由先生父之言可以看出。

先王父不屈不撓精神，在其後匪獨首創一族興盛之基，而北臺諸鑛業之繁榮，地方之發展，誠亦先王父畢生事功與有力者。乃蒙世之君子，畀先王父以「鑛業鉅子」

之美譽，亦忝為後人，與有榮者焉。余承先代庭訓，秉先伯父學淵公、先府君德潤公諄諄之誨，朝夕莫不惟勤惟慎，亦期能以先代之德範而自勵，以一己之所能盡反哺之私也。

先伯父在世，興復臺灣鑛業會，曾完成《臺灣鑛業史》巨著，出書二大冊，都二百餘萬言。後十五年，余拜命繼長會務，復有《續臺灣鑛業史》之賡出，臺灣有關鑛業之史，由初創而興盛，消長靡常，迨及近歲之藏量枯竭，悉已備載二史矣。惟此二史之卷帙浩瀚，包羅範圍，涵蓋及於諸鑛類，非專於某一鑛屬之著也。由此，捧讀匪易且不論，欲索採金一史之全豹，洵亦艱巨耳。

唐羽氏，臺灣蘭陽人。幼長於基隆金山之金瓜石鑛山，學而後專治臺灣史。民國六十八年間，療養於金瓜石，猶手不釋卷，積其多年蒐羅資料，治其業績為採金之專史，名曰：《臺灣採金七百年》。紀始宋、元之世，迄民國七十年，都二十三萬言，以通史體述各斷代採金之消長，稿成分篇連載於臺灣日報。

余閱氏之著述，考證精緻，搜羅淵博，遍及先賢遺文、箚記，靡不鉤摭盡致，以窺全貌。兼以深入淺出筆調，秉筆直書，削繁就簡。至其所述範圍，亦普及全臺金鑛業，靡偈促於基隆金山為難得者。蓋筆者之論點，認為投身於萬山叢嶺之區，闢榛狉、開草莽，置生死於危境，卒得金藏而興業者，固必書之；然終無所獲致傾家蕩產，或抱一攫千金之夢，鬱鬱以終之士，亦不應遺漏之，並傳於世，備後來之師，免蹈覆轍云。余至亦認為投身於鑛業者，其精神與先王父前引之言，精神所在殆相義同。誠足留諸殷鑑，告諸來者也。

迺經鑛業協進會黃添進兄之介，咸認為斯書若由「錦綿助學基金會」協助出版，行之於世，義尤深厚也。因取得氏之同意，而付剞劂焉。斯書之內容，固云：「採金人之歷史」。然余一族上自曾王父以上，歷司鑛業，迨先王父於光緒二十三年投身瑞芳鑛山，漸奠家業之礎石，至今將屆九十星霜矣。此書於王父、叔王父、先伯父三世經營金鑛之艱辛，躍然紙上。或云：「斯書，猶顏家之左史也。」況乎昔金山之興盛，已成歷史陳跡。基金會之持印此書，意在與眾多採金先輩之賢裔，共讀此一歷史記述之餘，進而瞭解先人篳路藍縷經營之歷程，用勵後昆，意在於此，是為序焉。

中華民國七十四年五月五日端午

臺灣採金七百年序二 民國七十四年

民國六十八年間，由於國際油價之影響，黃金價格開始以倍數漲停。時臺灣之鑛業界與部分關心黃金人士，經此外來刺激，再次掀起重新恢復廢棄鑛山，或招股投資，開發分布於臺灣脊梁山脈各地金鑛，以及立霧溪流域河成砂金之議。之後，大眾傳播媒體復由各種不同方式，競相作臺灣黃金寶藏之探討與報導，興起鼓舞作用，「金」之問題，非但成為一時焦點。國際上著名金礦、地質專家，亦相繼受聘來臺，對於報導中之金鑛，進行探勘與評估，考慮技術之合作，攜手開採。應為二次世界大戰以來，最大之黃金狂熱（gold rush）。誠然，臺灣在其後未及半年之間，即有十數單位業者，獲主司當局准許，各獲預期中之鑛區探鑛權，分別進行金之探勘，並見所受影響之一斑。

當時，筆者正以多年積勞，療養於金瓜石礦山之一廟宇中，寄情山水，期能回復健康。金鑛之事，對於筆者而言，雖非在行，亦為素則關心問題。蓋鑛山為第二之故鄉，童年歲月，即在山城度過。其間，由於先代歷事金鑛與煤鑛之開採或經營，大戰方殷時，復營農場於山區深處，徂來求學，須徒步穿梭幽暗險奧之採鑛隧道，去今數十年矣。然而，此一鑛山之全盛景況，舊憶尚存。餘如採金人生涯，以及早期徠山「華工」；若溫州籍鑿鑛夫，身罹矽肺，相繼客死異鄉之淒涼下場；日軍從南洋擄來盟軍戰俘，加入鑛山之生產過程；光復後金山之姑息繁榮等，歷歷如繪。迨及近年，繁榮固成歷史陳跡。當年曾為金都巨大聚落之數處山村，亦因鑛利已盡，居民外移，村舍淪為廢墟。其昔日起家採金，富稱一方之數大家族，亦殆已家道中落，子孫星散，令人頓興：堂前燕子，遠去王謝之感。

筆者為習治臺灣史者，史之使命，古人史遷於自序中，匪獨敘述已備。並引孔子之言曰；「我欲載之空言，不如見之於行事者之深切著明也。」由此，臺灣之鑛藏，是否如競傳中之豐富，持之開採，能否收回應得之投資，獻益於國家社會，仍為一須慎重作計之問題。迺自是年冬，病稍瘥，則倚杖上山，一一重履舊遊之地，窮涉基隆火山羣諸鑛山，次溯基隆河砂金區。明年春，詣東海岸，歷訪競傳中之產金地。返北後，即整理庋藏資料，以及出入於公私書庫，力加蒐集。分篇為臺灣之披沙事業作成專史，顏曰「臺灣採金七百年」，首篇於六十九年夏，獲臺灣日報之採登。後二年全稿殺青，迨七十二年春，刊畢全文。計得古代，荷據、明鄭、清代、日據、現代等六篇，都二十餘萬言。劃之可為斷代，串之而成通史，敘述之範圍，普及全臺金鑛業，成敗與否，悉並書之。有關歷代之採鑛紀實，經營消長，人事之紀，務求翔實，意在存真而已。蓋筆者所得之資料，除首次二秩，日學人中村孝志之業績，使予有力之助以外，餘或為未發表之文字，或為採金機構之珍藏文件，探鑛報告，坊間不易獲得者亦在匪尠。書之成，毋非盡一己之微力，提供業界為瞭解之資助，俾益事業。亦為臺灣史之研究，開拓另一領域，邁入嶄新之範疇而作。

因臺灣之有鑛藏，形成時代且不贅述，鑛藏之開採，其由近年發掘先住民遺跡，驗其出土物證之，島上非但富於金砂，土著之從事淘金，更可溯及千年以前，凱達格蘭土著之始居島上。其後，產金外傳，更招日人之睞，荷、西二國之相繼占據，先後曾致力於採金事業。次及鄭氏開府東寧，採金之事，雖未及有成，即隨匡復大業以終，清人之領臺，又鑛禁屢施。惟及末年亦揭開金藏之鑰，肇始基隆金山之採冶。惜及中東之戰，清廷求和，日人乃執馬關之約，逐利南下。臺灣成彼南伸領土，亘達五十年歲月，鑛業茂盛，利卻盡彼日人搜刮而去。最後，其人以窮兵黷武，戰敗投降，臺灣復歸吾人版圖。斯以，金銀鑛業於一國之經濟，影響如何，經之、營之，盛衰靡常，持之成一專史；其意義豈非見「行事者之深切著明」而何耶。

惟愧對讀者者，即本書之成，因人猶在病困中，執筆為文，端賴湯藥支持。初從事著述時，但願早見稿之完成，求免中途與草木同腐；含恨以終而已。遂未及詳核後出之資料，即遽下匆促判斷者，亦間自不免；至今，慙疚無已。故書雖問世，尤盼，讀者諸君與鑛業先進，直言鞭撻，期待他日再求完善，是片言之錫，亦感幸焉。

復次，稾本之得以完成，除對於允予出入各書庫，自由翻閱典藏資料與圖書之公私單位，致謝意以外，對于屢貺祝福之臺大地質學系圖書室林秋芳女士，鑛業協進會執事諸君；允以通話方式討論或訪問之林朝棨、楊金章、呂學俊、簡芳欽、以及抱病接受訪問之顏欽賢氏，致最大敬意。遺憾者，即顏欽賢、林朝棨二先進，今已形解而去，在此謹藉盥手，默禱冥福之具而已。次則，鑛業協進會黃添進先生與錦綿助學基金會，於出版方面，提供最大之協助。但曩日文稿之初得與讀者見面，若靡臺灣日報副刊編輯室之陳篤弘主編，重大之鼓勵，本稿之成亦恐難期焉，更為感荷之無涯者。弁言之為首云。

中華民國七十四年中秋之辰

蓮谿葉氏家譜序

民國七十四年

臺員葉氏分二宗，一出閩東興化之古瀨，一宗閩南同安之蓮谿。古瀨之族，其先遷自河南光州，隨宋南渡者；蓮谿之族，其祖世居河北河間府，避女真之入侵，南遷入閩者，支裔分衍，遂為同安之巨姓。是以渡臺之葉氏，亦以蓮谿之後，為族最巨，臺之淡北，且有宗祠之建，合古瀨之葉，序次大姓二十二，竝見斯姓之為族，之蓄之盛。

歲甲子復始之夏六月，余在稻江旅寓，有葉子金全懷其祖譜乙帙，來寓示欲以是譜重為纂輯。余覽其譜，蓮谿葉氏之譜也，譜經歲久傳抄，稿本疏於重校，魯魚帝虎，文字之誤抄大且不論，至于世系之紊亂，亦久失條列，某出於某，雜亂而缺系絡，使閱譜不能辨識。然詳圖其源，上溯乘志始祖，則廟遷於二宋之交，南衍同安，再傳六支，厥為閩臺蓮谿一族之發祥，為紀八百餘載，瓜瓞緜緜，禰遷廟繼，而首志蓮谿葉氏源流、蓮谿地誌各乙帙，敍事簡潔，樸實無華，譜中之佳構也。迺徇葉子之託，以其舊抄為之底本，旁採蓮谿支裔之譜，重為纂輯之。

夫蓮谿之譜，淡北葉氏一族之譜也；清俞曲園云：「同姓非族不稱宗。」故重纂之譜，譜不及異宗葉氏。唯考之姓源，葉氏之先，出于姬周，為文王子，武王同母弟聃季之後，沈侯諸梁之禰；楚封葉公其人。是譜之重纂，乃益為三秩，首曰源流，明得姓也；二曰世系，別宗支也；三曰世譜，志行實也；末增附錄數篇，即採自蓮谿同族之旁支，是為之殿，使明先芬之遺德，亦詔餘緒於後昆意耳。

當秋之十月，重纂稿成，葉子捧譜復徵序於余，余曰：「此前人纂修之志也，今復重纂，余雖忝理全局，亦僅止於詳覈世系，疏其源流，採擷增豐而已，本無用贅。」

然葉子之求善是譜，言出於衷，筆削之際，頻來余寓參與校訂，黽勉從事，之慇之勤，誠可感也。豈濁世之數典忘祖之徒，可同日語耶，是敍崖略，誌數語，以告後之賢者，迺弁言之，是為首云。

民國七十四年十月雙十

居士顏德潤翁伉儷傳贊 民國七十四年

臺灣之有鑛藏，土著傳之，荷西探之，歷明清肇開採，迨移日據而業大盛，于茲七百餘紀矣。力斯業者，賢能踵繼，盛衰靡常。然世守其業，以地之利，以物之用，獻益于社會，復能持之發揚光大，紹隆前緒者，惟其淡北顏氏乎。觀諸顏氏之族，匪獨寶藏興焉，且能以繩德厚，克紹箕裘，裕其後昆，益於眾焉，猗歟盛哉。

居士顏其姓，諱德潤，淡北鰈魚坑人。祖籍閩之安溪，其先兗公顏子之後胤，系本魯國，世序鵷鷺，著在典冊，代有公忠，匡國滅身。元之盛世，有官尚書榮公者，居安溪，為顏氏南衍之祖。自茲以降，源分冑纂，奕葉蕃衍，蔚爾而為漳泉之茂族。清嘉慶中，裔諱玉蘭者偕弟玉賜，梯航來臺，初居中部濱海，以漁為生。會遭漳泉械鬪，迺避地淡北東石碇堡之碇內開基，即居士之高祖也。玉蘭生三子，季諱斗猛，是為曾祖。壯時與兄斗雙並諸從兄弟，闢草萊、鑿山田，衣食漸豐。因卜居內港北溪之鰈魚坑。臨溪築第，兼司採煤，是奠盛德之基也。猛仲子諱尋芳，並承祖業，是為祖考。考諱燦慶，字雲年。起家採金，創基臺陽鑛業，業冠瀛壖，世稱一代巨擘，著譽東亞。是顏氏世治鑛業，著貨殖，復為臺人從斯業之濫觴耶。居士為雲年之次子，光緒乙巳之春，生於鰈魚坑之居第焉。

居士自幼，嚴受庭訓，孝友天生。髫齡時，即負笈東瀛，由小學而中學，蘊蓄才華，歷立命館大學預科、進法學科，專攻法律，稟質英奇，學優見重儕輩。

民國二十年，學成返臺，因承先人基業，從事鑛冶。入雲泉商會服職，旋兼合名會社義和商行監查役。後三年，被推為株式會社雲泉商會常務取締役，暨臺灣興業信託株式會社監查役，力襄季父國年與兄欽賢，經理家業，一門友愛。二十四年，竝兼基隆炭鑛株式會社暨臺陽礦業株式會社取締役。明年，因雲泉商會併入臺陽經營而膺臺陽礦業常務取締役，暨義和商行執行社員，昭陽鑛業株式會社、金包里開發株式會社監查役諸職。以其所學，獻諸業界。

二十六年，季父捐館，長兄繼主家業，居士亦傾才智，協障狂瀾，輔佐乃兄，籌策擘畫。出長經理部門。期年，而臺陽資金倍增為千萬日圓，社務益趨穩定。同年，因臺陽承受中臺商事所屬基隆山區八堵煤礦，納入經營。次年七月，秉受兄命，出主中臺商事取締役社長，以弟德修、德馨並任取締役。屢益資金，革進致榮，先後擴至萬里、八堵、樹林、山子腳、鶯歌之五礦業所，煤產遽增，卒創中臺開礦以來高峰，量居基煤與臺陽之次列第三。復三年，榜登巨型礦業之一，正名中臺鑛業株式會社。其從商也，亦自二十九年歷常務取締役而社長，長臺灣興業信託。餘復事交通，於三十年投資基隆輕鐵株式會社任監查役，明年二月，更名南邦交通株式會社，由德修任社長，已則仍居監查；身歷日閥侵迫之下，慘澹經營，共渡難關。

臺灣光復之初，兵燹之餘，煤礦經營；勞資兩務並陷癱瘓不振。居士為遵中樞興闢富源，安定民業意旨，力排一切艱難，迅使屬下各礦恢復產煤，安頓員工。繼則重整社務，成立「中臺礦業股份有限公司」，再益資金任董事長。其於本家臺陽，則退居董事，期臻恢宏。

三十六年六月，出任華南銀行常務董事，繼晏志超缺。連任四屆，至五十一年轉司監察。又，三十九年元月，出任臺北區合會儲蓄公司董事，晉常務董事。至六十七年，改制為「臺北區中小企業銀行」，並司其職。匪維獻替於金融、儲蓄之發展。其於工業也，自四十八年，歷中國電器股份有限公司監察人、董事，至五十四年舉常務董事，並致繁榮焉。

至于家業，先是四十七年十月，創立「隆德工業股份有限公司」。四十八年緣中部發生八七水災，災區以南用煤中斷，而開創接駁運輸，急濟燃煤。期年，為銷售網之擴大，設「信宏企業股份有限公司」。五十三年，創「大德建設股份有限公司」。五十五年，成立「龍德貿易股份有限公司」，鼎立系統企業之外。於公職則自三十六年參預臺灣煤礦工會之改組，歷任理事、常務理事等，於近年經濟之滋榮，與有力耳。

居士體素清健，雖年邁古稀而神明矍鑠，親朋好友咸以為耄耋可期矣。不意於六十七年八月，為二豎所纏，翌年五月十日，與世長辭。春秋七十有六。其平生，奉佛篤誠，慈悲為懷，熱心公益，凡遇周急恤貧，輒傾囊以出，不欲人知。處世待人，則胸襟豁達，雖見多識廣而謙光懋績，不自矜伐。初自弱冠，即嗜讀書、趣茶道、棋藝。治事之明，務事之勤，亦非常人所及云。

德夫人諱錦綿，姓藍氏，釋號慧柔。清康雍間循吏藍鹿洲之後，評議員高川之長女。系出清漳名門，世為里港望族。書香之第，嫻內則、耽漢學；能書道、插花、茶藝。年十九，于歸居士，珠聯璧合，時有才人淑女之譽。伉儷結縭五十載，育有六男一女，曰惠霖、瑞霖、祥霖、吉霖、甘霖、新霖，女曰恭。庭教以嚴，慈訓以柔。諸子女秉承訓誨，悉受國內外上庠之教，能克振家聲。夫人一生，並隨居士篤奉佛教，深諳禪理，年五十五皈依釋氏，錫法號。樂善好施，尤出至誠。處宗族戚黨，和睦無間，是家業之興盛，內襄之功大焉。夫人生於宣統元年夏曆十一月十二日，歿於民國六十六年夏曆八月八日，世壽六十有九。

羽聞之：居士伉儷怛化後五年，諸子斥鉅資成立「錦綿助學基金會」，置獎學金，以利上庠中礦工子弟，治學術論文獎助云。喜見居士之後，興於礦利、精於貨殖，復能捐其息利，嘉惠學子，貢獻於世，為世稱之。贊曰

平谿浩浩、鱳水洋洋，蛟龍盤窟、瑞氣繞堂，維嶽神降、惟族是昌。漁濱海、耕溝畻，司鑛業、寶藏興，隆前緒、世纂承。於戲！居士潤身兼潤屋，斯贊於文，又壽於櫝。

中華民國七十四年歲在乙丑四月上浣

原載《臺北文獻》

重修基隆市志人物傳稿 民國七十五年

謝貫一傳

謝貫一，名國瑛，以字行，湖南新化人，祖輩以耕讀傳家，累世不替。父蔭槐，始登茂才，誠實篤厚，樂善好施，素著於鄉。當清末葉，西潮之東來，亦以倡議創建平新學校，主男女教育均等，為開風氣之先。妻羅氏，典型內助也，有子三人，貫一序仲，年一十三失怙，長兄幹青，負笈日本早稻田大學，回國後，甘不與官祿，為湖南社會賢達之一；斯貫一實賴母與幹青，為之教養焉。

初，貫一畢業長沙雅禮大學，旋以自費留學美國，入密歇根大學專攻市政，獲碩士學位。既歸，任教中央政治學校，及警官高等學校。民國二十二年，轉任漢口市府秘書，學始致用；二十三年，調軍事委員會委員長南昌行營公路監理處，任上校科長。二十五年，重慶行營成立，入渝，遷第二廳少將組長。明年因抗戰軍興，旋除授參議，出為鄉政學院副院長，兼主貴州定番縣政。三十二年，黔省增設第六行政區，簡派首任行政督察專員，兼保安司令。

勝利次年，徵為委員長西昌行轅第二處中將處長。會以淮河流域水災，貫一昔在桂中時，曾施賑濟事務，成績卓著，遂調救濟總署安徽分署副署長，司皖北救濟工作。期年，告竣，調行政院輸出入管理委員會。三十八年六月，陳辭修出主臺政，求才孔急，貫一受召來臺，主持基隆市政。

奈其初履基津，為去臺灣受創兵燹之後四年，舉臺元氣受損，經濟蕭條，悉未稍復。況基津為全臺首要港埠，市容與地方，嚮受二戰破壞最烈：若道路之失修，橋樑傾圮，頹垣敗壁，觸目凄涼。唯地方財政，原衹恃行商營業稅乙項，勉為維持。未期時遇淞滬撤守，海上貿易遽斷，行商絕跡，稅收驟減。既而，匪但地方整建，無法着手，則員工薪貲，亦無法按時核發云，財政之困拮，于此可見。

其次，又有教育問題，因校舍倒塌，教育事業，幾陷於停頓，例若，基本之小學教育，亦慘澹維持而已；凡此際遇，俱成施政暗礁。唯貫一之蒞任，固此艱難局面，事從未為之稍餒。既而針對當面環境，外除爭取港埠工捐，附加分配額；內則切實整頓稅收，終以一月收入，則足抵勝以往半年徵收，市庫轉盈。次則，多方羅致專才，進行各項建設。始自增建校舍，擴充班級，並發節食建校運動。推選地方人士，出董其事，昭示大公。己則首先捐其一月所得，為之首倡。未數月，募得十五萬元，此於比例當時生活指數，實為可觀數額，悉獲預期成果。

餘如市政建設，亦由財政收入，歲有增盈，迺則着手，逐步進行。舉其大者，若市郊道路翻修，戰備道路開闢，橋樑改建，校舍復修，乃及街衢照明，均能依次就班。此外，又完成第二水源送水工程，市立醫院創設，市場、商場增建，平民住宅興築，漁業貸款之辦理等，悉能全力以赴，至臻績效。

貫一之主政基隆，初由簡派。至四十年元月，實行民選，旋則高票當選，蟬連二屆。四十九年六月任滿，先後主政亘達十一年。任內，並與黃樹水，聘壽縣朱仲西主志局，集省內外通儒、學人以及地方宿學，為市志纂脩，都二十種，蕆事四十八年。任滿後，嗣受中國國民黨中央委員會聘，徵為設計考核委員會委員，並兼行政院美援運用會工業發展投資研究小組顧問。

五十二年，會改組，復奉派除參事，協助全省工業區規畫，多達五十九處。五十四年，出主籌備高雄加工出口區之設置，精心擘畫，亦不遺餘力。明年，首任加工出口區管理處處長。時，加工出口設置，為國內首創，一切規章，悉自濫觴而乏例可循。貫一既受命，則抱篳路藍縷，披關山林精神，矻矻孜孜，於短期內，樹立規模。□□□年，會奉派赴美，考察自由貿易區、自由港經營事業，藉為借鏡。旅次，宿疾突發，歿於彼邦。年□□□，妻蕭雲英，育有子女七人，長、次子，陷大陸。

貫一之立身處世，素志一秉於至誠，當其治事，無不悉盡其所當為，從不作鰓鰓之過慮，成敗得失，更不以煩之於心。累歷公職，更能清廉自持，絲毫不苟。一生身後，頗為蕭條云。

林番王傳

林番王，字德尊，祖籍漳州南靖。清嘉慶間，遷臺噶瑪蘭，居淇武蘭堡。祖五品，徙家來基，改行坐賈，始為基隆人。品子天賜，繼承家業，誠實見著商界，即番王之父也。番王自幼聰穎，崢嶸拔羣，及就學，出語往往驚人。稍長，負笈福州三一學校，每試列前茅，尤以西文造詣為最，學二年，父卒，回籍；肆力經營父遺振利商行。律己嚴而待人寬，夥友樂為之用焉，業因大盛。

既而，以發展商務計，舉家移寓福州，己則入上海復旦大學深造。學成，與臺之鑛界鉅子顏雲年、顏欽賢，喬梓反契，營鑛產經紀于榕城；番王揭來臺、閩間。歷數年，累貲逾萬，登闤闠巨擘之列，復反基定居。

番王固一行賈中人，然素負辯才，志切用世，因自中樞遷臺，實行地方自治後，則繫心地方政事；始民國四十三年，膺選二屆市議員，凡地方興革大計，悉能針對時弊，多所建言。四十九年四月，以囑民望，舉為市長；履任，則施其抱負，崇法務實，振興教育，擴建黌舍；先後增置中學三所，小學八所，嘉惠學子者，可云：匪淺。至於市政建設，殫精擘畫，尤注重交通發展，促進工商繁榮；若市區諸運河、橋樑之架設，郊區瑪陵道路與戰備道路之開闢，街衢整修，為其彰著。復次，麥克阿瑟公路及六堵工業示範區之闢拓，亦鼎力襄助，促其完成者。

五十三年，續以高票連任，主市政，閲約五年，會疾發，入院治療；醫斷為肺癌。病中，猶撐而招待輿論界，宣布發展市政教育新計畫，槩及中心工作二十一項，俱處公忠務任，從未嘗懈。稍瘥，又躬親視事，孜孜不稍弛。渠及翌年夏七月十一日，病因轉革，齎志卒於任上，年六十七，葬於中正公園之陽。子七，文宗、文龍等，文龍，法學博士。

番王基埠之闤闠中人也。其主市政前，兼營中南攝影社，並任基隆第一信用合作社理事、林姓宗親會會長諸榮譽職。其平生，學問淵博，見識超凡，人亦謙遜，處世和藹。雖登花甲，素稱矍鑠環壯，若其甘自隱德為養，應可樂其天年矣。然一登市座，則公私煩擾竝至，至于席不暇煖。況乎！二次蟬連後，抱病猶主市政，不稍負桑梓所寄，志切慮純，槩可見矣。惜乎大志未彰，已遭二豎之算，是基埠之人，念而哀之，云失良棟材也。

張振生傳

張振生，字贊育，其先晉江鑑湖鄉人。當明鄭之際，九世祖克強，加入匡復大業，隨鄭成功渡臺，賫志以歿。其裔，遂衍於臺灣，有移北部雞籠者，則其支裔也。祖傳基，死於割臺之役，父水旺，振生即其長子也。振生自幼，上承伊祖遺傳，俠骨懷壯，外忿日人壓迫臺胞，不甘異族之統治。初從李碩卿為學，則深受祖國文化薰陶，漸萌民族大義。及其弱冠，因見日吏之苛刻逆行，國恨家仇，憤然加入臺人蔣渭水之爭取民權運動。

民國十五年，年十九，相與創設復旦吟社，寓吟咏，以倡愛國思想。時適中原北伐之歲，振生固居臺基，亦力為贊揚，竝以「虎穴」為題，詠以明志曰：「咆哮洞裡氣冲霄，寄語山君且莫囂，疊險休言難下手，豈無再世漢班超。」明年，日軍出兵山東，又公開反對。致數與日警衝突，被列通緝。遂於十七年，買棹潛返祖國，始於廈門結交同志，任臺灣反日同志會委員，倡行收復臺灣運動，與參加革命。其慷慨悲吟臺灣淪陷三十七周年詩于泉城，有「謾言倭禍如洪水，不復蓬萊誓不休」句，亦著於當時。

其后，振生以學識豐富，英敏果敢，被舉臺灣反日復土同盟會執行委員，兼組訓工作，暨歷抗日救國會偵查隊隊長、縣黨部幹事、保衛團團長、防赤自衛隊長，以及推行地方自治，指導戶口編查，辦理合作事業，至兼任晉江、蚶江、錦江諸公學校長。居閩亘一十八載，間歷剿匪、抗日諸役，直至臺灣光復。

民國三十六年，振生返臺。初出任基隆市黨部主任委員，奠定本市黨務基礎。先後受訓中央訓練團、革命實踐研究院、黨政軍聯戰幹訓班；嘗數蒙　總統召見。

三十七年，任首屆省議會參議員，四十三年登二屆臨時省議會議員，連任二屆。後改民選省議會，復膺連四屆。其間，並兼基隆市農會總幹事、理事長，同市第一住宅公用合作社監事主席、第一信用合作社監事、臺灣省聯合社理事、省黨部民眾動員委員會委員、中央改造委員會農運會委員、中國社工協會理事、三一聯誼社常務理事；並投身礦業，營永良煤礦。凡為改善農、漁、工及軍、公、教人員生活，兼保障工商利益，繁榮社會經濟者，俱致力焉。

振生素志端正，秉公無私，處事踏實。其列議壇期間，屢提有關人民福利、教育、經建、交通議案，靡不以市政建設之改善，備受選民愛戴，至屢獲連任。五十九年元月四日，因公赴省垣途中，疾發車上，竟以身故。年六十四。妻吳氏，子六，長建華。

黃樹水傳

黃樹水，字任強，其先福建漳浦人也，道光間，祖文騫，渡臺居三貂堡隩區，曰黃總大坪，以課蒙童為生。父鄉崗，年十八，移家，採金九份，得十三鑛之豐藏，遂起家。既富，徙家基隆街，營金崇德行，貿遷山海雜貨；擴及加工業，設海產食品廠於日、韓等國。樹水初畢業基隆商業專修學校，嫌不足為用，因赴東瀛，再深造，賡修經營之學；學成，於吾民國四年返臺，任職基隆水產會社。九年，改入雲泉商會，主庶務。旋去職，襄助家業，為父鄉齒左右手。

樹水以學有特長，計術精湛幹練，聲譽日隆。遂自立創設製冰、製汽水諸輕型工廠，名曰「崇德號」，任負責人。因受日吏委托，指定為陸海軍食御用達，專供糧秣。竝設立轉運公司，展其抱負。未數年，遂執基埠工商界牛耳。然其於促進改善日據下臺胞生計，及以營商為途徑，增高臺人地位，獻替亦數匪尠也。

臺之光復次年，基隆市成立參議會，樹水膺選參議員，旋舉首任議長，兼警民、兵役二協會主任委員。三十六年，奉派為全國對外貿易會議代表，及對日貿易商務代表，贊襄當局闢畫在日商務、僑務，頗不遺餘力焉。迺受聘為我國駐日代表團顧問。任內，襄輔團長何世禮，宣慰僑胞，闡揚國策，亦悉盡力以赴；曾蒙　總統蔣召見嘉勉。

三十九年十月，臺灣實施地方自治，樹水因孚眾望，高票出任首屆議長。其主議座，公正認真，秉法負責，始終一貫，不負市民代議士之首座，亦未嘗一日稍懈；間以協助市政當局，奠定自治丕基，用推地方建設，績效尤著。其餘，並任基隆市總商會會長、市消防協助委員會主任委員、臺灣省商業聯合會監事、軍人之友社基隆分社理事長、省警民協會理事、基隆市反共保民動員委員會副主任委員、臺灣省青果商業同業公會常務理事、臺灣省製冰工業同業公會常務理事諸榮譽職。

四十一年十二月，自樹水主持議壇，亘達七年，且首屆任期，亦將告滿，遂自讓賢，坦表不出，意為後賢預留席位云；虛懷若谷，時譽稱之。明年二月，行政院延為參議。其后，基埠每行地方自治選舉，市選務所主座一職，亘以樹水屬之，並見倚重。

□□□年卒，子四。

或云：樹水昔為日御用達，受其吏見重，大戰之末，且拆其姓為二字，是以衛道者非之。然，李相輸臺，民刼強倭，生死分秒，任爾去留，或毀或譽，明哲而功於桑梓者若是，餘又何論焉。

謝清雲傳

謝清雲，字雲耕，祖籍福建同安，道光間，避亂來臺，定居新竹，世以耕傳。清雲自幼秉質穎悟，頗受知於鄉賢，母葉氏，飭其入學，得畢業州立新竹中學。繼渡東瀛，入其國長崎大學，主修藥學，旁及政經；蓋志欲以藥學濟人，兼及政經濟世，顯其抱負也。

清雲既歸自日，即移籍基隆市，娶望族杜潭中長女，深得內助之賢，始營東生藥局於愛三路，繼創三光西藥行於孝三路。迨及臺省光復，則拓業貿遷，從進口經紀，未數年而關係企業遍及：曰日星化工、曰鹽野義製藥、曰中義貿易、曰統一及啓時二倉儲公司等，俱以信譽著中外，概及業績馳聞當世也。

清雲既富，以望重，歷任市商會、藥劑師公會、省商聯會、省藥劑師公會諸理事長職。凡所主座，領導羣倫，策進會務，踵臻穆和，協助政府，推展對外貿易與建立藥政制度，有裨時政焉。

民國四十一年，以膺選基埠第二屆市議員，登議座，蟬連三屆。至四十九年，轉省議員，亦蟬連三屆。並任民政、財政二組召集人。自市而省，廁身議壇，亘二十餘年。輔政導民，振蔽起廢，諸多獻替。其間，若建議舉辦漁民、勞工二保險，提高港埠工人裝卸工資，爭闢北基二路，開發社區，興建國宅及軍公教住宅，建議修改稅法、簡化納稅及查賬手續。且及學校之增建，漁港之擴建，如八斗子、外木山、長潭諸港灣之開築，即其著者。

五十五年間，顏氏所主導，基隆市第二信用合作社危機，青雲受命於危，被推理事主席，致力整頓，重建信譽。融轉資金支援中小企業，其於工商之繁榮，悉傾其力焉。

六十年，退出議壇。明年五月，受聘省府委員，並兼中國醫藥學院、臺北醫學院教授，正冀更展所學於醫藥界，未料突患重疾；療養中，復力勉從公，遂致不起。於夏七月二十八日卒，年五十七。子三，長修平，曾任省議員。青雲遺著有《中華藥事大法》、《藥事行政學》等。

汪榮振傳

汪榮振，以字行，其先福建同安人，百餘年前，梯航雞籠，遂占籍焉。父福蔭，日據時，曾任新店街保正，以急公好義，見重鄉里。母劉氏，有子七，榮振序仲，自幼敏而好學；始畢業於臺北成淵中學，則以成績拔羣，旋入大有物產株式會社，任會計役，時為日大正十五年事也。蓋榮振非獨風貌瓌秀，始自立身社會，即已嶄露頭角，每擅於稠人廣衆中，語驚四座，使宿儒為之避席，惟識者以為大器目之。

明年，振去大有，自營德和行，為肥料、煤炭經紀。會以父卒，振承其志，任保正，舉保甲協會會長，再而為該市旭高區區長。昭和六年，出為臺灣海陸物產株式會社常務監查役、基隆商工信用組合評定員、真宗會理事長、基隆市總商會監事等。十四年，遂參與協議員選舉，獲高票登民意代表。

光復伊始，加入國民黨，先後參加石牌訓練班、革命實踐研究院，及地方自治研究班結業，深研三民主義思想，出為市議員，蟬連五屆，達二十五年。並兼義勇消防隊隊長、警民協會理事長、兵役協會主任委員。一至四屆市黨部委員諸職。

初，振於三十九年，擔任基隆市軍民合作總站站長，辦理軍民合作業務時，曾以成績，榮獲　總統頒賜海陸空軍獎狀。至其後將別議壇，議會亦頒贈「榮譽市民」之章與之。蓋振之志業、立身、行事，悉重於實踐，概見非徒有民意代表銜，以為自重者，亦為時論之所與。

□□□年，振以年登花甲，度應獎掖後進，遂脫離政治生涯。惟黨政當局仍倚重其在地方聲望，畀以評議委員會召集人，及公職人員選舉監察小組委員等職，為時借重之。

振之為人，美豐姿，擅辭令，豪邁善與人交。其於家，則事母至孝，又念伯兄蚤世，代盡其職。待諸弟妹，友愛表於天姿。妻黃氏、側室王氏，皆以善理家稱，先後膺基市模範母親。嗣於□□□年，以胃病卒。子六，女三，悉受高等教育。

或云，振於日據時期，歷任公職，辭多傾日，是以議者非之。或云：日閥治下，苛迫事仇，臺乃陷區，覆巢之下，豈得完卵耶。若然，其于桑梓之功，胡可以前事淹焉。

李清波傳

李清波，祖出漳州詔安，移臺世居北縣金山礦港，為金山鄉豪族。清波初畢業於淡水中學，時際日據中葉，目睹臺胞，飽受日吏，苛刻統治，遂萌反抗殖民地，暴政之治，隻身潛返祖國，參與抗日衛國行列。入中央軍校正科八期畢業及第二軍委會珞珈山軍官團一期畢業，旋參與歷次戰役，轉戰南北。

抗戰方熾時，清波以丁母憂，得電而移孝作忠，曾受長官袍澤推崇，譽為軍人楷模。後及臺既光復，迺以福建省保安處少校組長位，奉派返臺，任三民主義青年團基隆分團主任。民國三十六年，遷為臺灣區團部視導。旋以參與制憲出席南京。是年，行首屆國民大會代表選舉，清波參與競選，復高票脫穎而出，列第一屆國大代表。其後，更以參與基隆地區合作事業之奠定，著有成就，膺該市合作社聯合社理事，第一住宅公用合作社理事諸職，為基埠之合作事業，俱見致力焉。

三十九年，以操勞過度，致罹奇疾卒，年三十九。

林太郎傳

林太郎，祖籍福建德化，後遷臺，定居基隆廳，斯其占籍焉。父巍，忠厚傳家；太郎行四，自少任俠，不拘小節，慷慨善交遊，至有古豪士之風，遂為同輩所推。

光復次年，基埠碼頭工會成立，太郎歷班長、隊長；至民國三十六年，為同輩所推，出為總工會監事，嗣改理事，蟬連五屆。入革命實踐研究院、省訓練團人民團體幹部講習班、石牌保防幹訓班，先後結業。四十七年，以最高票膺第四屆市議員。翌年，任碼頭工會常務理事、總工會常務理事，蟬連二任，第八屆，登主座。四十九年，膺市議會副議長。五十二年，至主正座，亘蟬連二屆。

其於工會方面，則領導勞工，改進港埠裝卸業務，加強福利，辛勤擘劃。於總工會主持任內，籌建總工會大廈，倡導全市勞工，增產報國。主議座期間，亘達九年，悉能採多數議員意見，配合各方建設，決議政策性議案，達成重要措施。又以自謙早年，學之不足，凡待人，悉虛心而受教，若處事，必先行協調。斯其在任，深受基津數千勞工擁戴，選民支持，並迭蒙上級嘉許。

五十六年，以績優，膺選國民黨基隆市委員會委員，兼消防大隊隊長諸榮譽職。六十二年五月，以健康欠佳，退出議壇。

六十四年二月十六日，時際春節後六日，正與家人團聚中，溘然長逝。有子三，慶雲等。

原載《臺北文獻》直字第七十期〈北臺人物傳/附碑傳資料〉

棲蘭草堂文稿

唐 羽著

卷之四

臺北覺修宮重建殿宇碑稿 代 民國七十七年

觀廟貌之肯構，由興必始前善，瓦垣圮桷，聿修齊賴後賢，遑論神苑之境壞易次，毗鄰之街衢變遷，瞻觀盱礙，丹臺湫隘，沐恩善信，胡能坐視不為更新之哉。

覺修宮在舊大龍峒街，右襟保安宮、文廟，地畔淡河，依大屯若其天柱焉，誠儒道淨境；曩日人文首善之區也。宮之始創，光緒念八年，分靈淡水行忠堂於本街吳家頂樓，奉祀孚佑帝君，闡教揚善，曰樂善社。由是神威丕顯，聖德宏開。宣統元年，移建淨舍於港仔墘陳內翰花苑，名更覺修堂，飛鸞濟世，恩賜丹丸，禳祛疫癘，普施及眾焉。於時，神恩浩蕩，遐邇士庶，惠澤所及，轂擊摩肩，仕女詣拜，於斯為盛，堂益湫隘。

迺於民國三年甲寅，增拓規模，奉諭　正名覺修宮。七年戊午，著愛行。十一年壬戌，賡造續篇，竝行于世。二十五年丙子，以宮殿久霜風雨，浸搖刮刷，丹雘剝蝕，就舊規模，僉謀更新，堂皇廟貌也。竝從祀關、張、王、岳四聖恩主。

爾後，二十七年戊寅，復造覺修錄暨鸞稿拾遺。三十年辛巳，刊闡妙蘭因果錄。三十三年甲申，刻樂道詩集前篇與驗方靈籤。三十四年乙酉，續刊樂道詩集後篇，而臺疆嚮為東洋割據，斯於斯年，重光漢土。

此誠前碑所云：「帝恩之浩蕩罔極，與夫列聖諸真之眷顧提攜者。」薄海歡騰，應期昭代，日宣重光焉。

越二年丁亥，因復為殿宇之重修，後二年告竣，主殿、花苑，都三百八十餘坪，基址悉出陳悅記捐讓，至是觀瞻稍具矣。

然自中樞都臺以來，體國經野，交通務在扼要；富邑安民，工商興其當前，陪都市區之擴拓，捷及郊坰。五十六年丁未，有宮側通衢之拓寬，踵則七十年辛酉，宮後慶昌津樑，飛簷而造。斯以苑圃境壤，屢遭徵用，牆垣易次，主廡配殿，堂構迭更，殘存百餘坪已耳。

夫神所憑依者，維在寧宇，寧宇未備，聖澤欲施，又曷從妥其靈焉。況宮觀之建，在天成象，在地成形；元命苞曰：「宮之為言宣也，宣氣立精為神垣。」此匪維觀瞻，竝重規模，茂盛萬物，寓理一也，諸鸞咸議更建。緣此，價沽鄰地五十餘坪，改由財團法人後首任董事長陳子子從，暨全體董監從事，組改建委員會，諸方善德，眾檠共氣。或錙銖布施，或鉅貲捐獻，擇六十九年庚申相月，折舊殿，易向土木，築殿高七十餘尺；凌虛三重，下地一層，堂構北式，氣勢磅礴。飾以雕梁畫棟，山節藻梲，壯麗兼具焉。工出蔡子水碧之匠心運鉞也。

七十四年乙丑，工事及半，由後任賴子長生，接長成之。迨今秋工程告竣，視工程，耗資六千餘萬圓，建坪四百七十四。誠眾志合一，集腋成裘者也。至於諸方善德，則別自有碑，誌慨捐金額，銘其芳名。今以工程告竣，因敘端末，勒石用告後之賢者云，於是以誌。

民國七十七年二月上浣

王祁民新廈落成暨長公子敬仁新婚序 民國七十八年

「雞籠山在彭湖嶼東北；雞籠山在大海中，一望巍然；而大雞籠乃郡治之祖山，為全臺之北戶。」—斯前代史家所志，雞籠之居扼要，著在典冊，名著宇內也。夫大雞籠即地指雞籠，亦今之基隆，名正光緒元年。至若雞籠積雪，奎山聚雨，景觀之美，尤為文人膾炙，雅號雨港，發於題咏，自開埠以來，人文蔚薈，詩社林立，由來尚矣。

吾友王前，字祁民，雞籠之產也，亦雞籠詩苑聞達。余慕其名在己未、庚申間，雅以騷壇五虎將譽之。迨甲子仲冬，余為纂鄉紳楊氏金婚集，柬邀諸友題詠，始識荊于北市珍寶酒樓吟讌。祁民氣格軒翥，丰采拔萃，爾後論交，或飛觴而醉月；或刻燭而催詩，胸懷豪放，談吐風流。其為誦，即卓然清新，用詞俊逸，韻味之溫潤，又直追乎盛唐餘音；時以什一之作，獨占魁元。五虎將！洵匪褒美也。

祁民固服職碼頭工會已耳，其公餘卻提倡詩教，並膺詩學研究會總幹事位，凡十餘載，為歷任會座倚重。其於風教之導善，斯文之延續，竝致力焉。乙丑間，逢其高堂　李太夫人八秩又五，曾獲市黨務當局，舉為齊家報國楷模勵之；鷗鷺之盟，迺以前題步韻誌盛，傳一時佳話也。

祁民長公子敬仁，學出上庠，供職鉅眾實業，年二十有八；俊逸超羣，翩翩風度，青出於藍，亦大有為青年也。詩學會有柬來邀云：「敬仁將於臘月初四日良辰，迎娶木柵胡家長媛孝儀，結秦晉之好。」緣雨港鷗盟更和以珠玉，藉申賀忱，概見又一番盛事也。

余以祁民上有　高堂，壽迎九帙，蔗境彌甘。次而祁民周甲初度，益以佳婦為媳，向平之願償矣。所謂積善之家，慶有餘者，誠斯之謂歟。況值祁民所構德安路新廈，甫告落成。一時輝生樑棟，猶若鳳凰營築新巢，其占叶吉焉。因就詩而賀之曰：「詩云：樂只君子，福履將之」。又云：「樂只君子，福履成之」。蓋祁民兼而可得矣。螽斯之慶，桂馥蘭馨，王氏之興，可拭目而待之矣。

歲在民國第二己巳之臘月

林肇英遺詠序 民國七十九年

老友肇英先生捐館舍之明年，其長君青雲命弟政雄，捧父詩稿來寓，示欲以鋟梓行世，免遭絕響；先生有子六人。惟余以生也晚，未稔其生平，然別有君子述之，已詳於事略。今於此，復見治家之有風範，匪惟徒出傳聞外，更喜其箕裘之多紹也。

先生為金瓜石山城之耆宿，林其姓，梓里恆呼為「英仙」而不以名。仙，「先」也，為先生之意，世俗尊德高之長者也。蓋余之出生，緣與彼同里，稍長而遠遊。迨次壬子、癸丑間，始與論交于返山城途次，因忝為忘年交。又次己未仲夏間，以文事積勞，復返山城，於其所執事勸濟堂，僻靜養痾，寂寞之境，堪巖之下，過從遂密；互為論文事，既出至誠，間或下問，亦謙恭自處，未嘗以齒德固執，洵君子儒也。若先生之與余，迴紅塵，出市廛，如友漁樵，志在高山，志在流水，匪尋常之誼也。

先生處世，恬澹名利，光明磊落，忠其所司，勤其所務。夫勸濟堂剏建山城產金時；其后，鑛藏既竭，居民徙移，堂之內外，經歲月侵蝕，瓦垣圮裂，丹雘削落，漸不可支矣。及其主事，奔走籌募，善信競為輸將，迺修葺一新，至登名山古剎之林；蜚聲遐邇，里閭之人，有口皆碑焉。

彼之平生，舊學綦深，喜為詩詞，晚年入貂山吟社，締交鷗鷺，寄情山水；遨遊湖海之間，見志吟哦，亦多時事興替之作。喜、怒、哀、懼、愛、惡、欲，統乎性情，發而形諸言，詠歌嗟嘆，藉以諷世，寓乎教化也。若指為文，雖含苞不吐，所遺數篇，亦見觀俗樹教，牖世立言。道及山城因革，瓜山消長者，可比於文獻，足列考鏡之林。然則，先生之遺稿，詩則紀事，文則志實，壽諸梨棗，奚啻雍容揄揚，著於後嗣也。

由此，余之受寄，亦思以報知己也。卷之首，諸序以次，首列先生遺容、事略。次羅諸稿，曰：〈詩苑題詠〉，集丙寅歲，先生伉儷金婚，河洲重詠，君子之和韻也。次曰：〈寰宇遊蹤〉，南遊、美洲遊、歐陸遊、故國遊之吟草也。次曰：〈肇英吟草〉，集時事、史事、感懷之章也。次曰：〈翰苑酬唱〉，凡鷗盟唱和之詩也。次曰：〈詩鐘零縑〉，詩鐘、聯語之什也。次曰：〈雜文〉，凡記、箋、序、訓暨紀實之文也。次曰：〈苔岑瑤箋〉，輯斯文翰牘，亦先生與諸友切磋文事也。都七帙，為主篇。末列附篇三帙，曰：〈鷗鷺輓詩〉、〈風木哀思〉、〈弔唁聯詞〉，並錄之。殿則附輯生平留影，彙為乙冊。

若遺稿之集，青雲初為集合剪裁，余為之編輯纂帙，設計鏤刻；青雲復為乙乙校訂亥豕，而余統全局。青雲卒業上庠之國文學系，今與諸弟為顯揚其尊翁之沒世有稱，刊行遺著，孝之感人，亦難能也。附志一言，使不悶焉。因敘厓略，弁言為首云。

歲在民國第二庚午端陽之後日蘭陽唐羽序於稻江流寓

臺灣鑛業會志序 民國八十年

吾國之典籍，《禹貢》、《周禮》，言鑛由來遠矣。論政若《管子》，更評金、銅、丹沙，然皆語焉而不詳。迨及史遷，傳貨殖，兼涉鑛藏；文固備矣，然亦匪專著。專著而紀鑛，猶付闕如也。夫盛世之臻至，徒擁山澤魚、鹽、金、銅、鉛、鐵之富，玉石、丹沙之豐，貨不開闢，新穎工技，無由交流，亦豐藏而已，蓋貨惡其棄於地也。

臺灣地區，雄峙東南，地理、地形，宛若中洲附島。鑛之豐藏，先民開之，物徵出土，信有千餘年矣。宋、元以後，墾民來徙，事尤興焉。惟時儒素重人性，而忽物性，貨殖之紀，失於兼論，後出之書，規模或闕，鑛事失考，斯以致焉。

臺灣鑛業會，在臺國人鑛業團體，其丕基，壽同我民紀，屬早期四大社團之一。為促進鑛業，交流技術，提倡學術之會耳。會之初創，時雖日據，間歷改制、重光、興復迨會紀之六十四年，擴組全國性，則「中華民國鑛業協進會」之出也。今會座顏惠霖氏主之，會務鼎盛焉。氏之從鑛，系本改制發起人，雲年先生之賢裔；鑛業世家也。

會座學出上庠，躬主鑛山閱四十載，素有感於鑛業會之志，實繫臺灣鑛業消長之史，攸關經濟盛衰，人事之紀耳。脩一志，行之於世，不無有助於考鏡，亦史之林焉。客歲六月，羽承其邀，責為會志之脩，約以期年，鋟梓印之，竝慶創會八十年之祭也。

夫臺之鑛業，啟於土著，傳于墾民，設採通商之際，迨淪割地，而業蔚盛。若其生產，即於光復之後，創高峰五十年代。洎至近年，藏量始轉微，然紀鑛而言史，可溯千餘年。惟鑛之書，斷章散帙，偶見邑志，箚之私著，紛雜不一。志之著一書，通史而言鑛，人物與事物，兼而顧之，裒篇引證，厥亦志乘之別門。斯以菲才而承之，秋九月而志局開。

是志之脩，會有修志委員，隨時備諮詢。史料之集，庫存檔案、會報、會刊、鑛業史，俱第一手史料與專業之技術論著也。局開，三更義例，並徵引相關史料，統卷

十二、目十七、傳二十三。稿成，乙乙付諸校勘，次復修訂而轉送審稿與總閱，反覆核定之，次始編輯而付印。

志之卷三，相關歲計，劃期製表後，委由總務紀君，核對賑目。至于人物傳，鑛事以來，賢能輩起；建會以前，擇曾涉鑛事，得四十人入列之；建會以後，則以一旦在籍之足矜式者，得百又二人列之，俱以仙者為傳。至于臺之鑛界，備著事功者實更夥矣。然義例，用彰一會之志，遺珠亦嚴義例也。志之脩，史料冗繁而時間倉皇，幸有可讀，諸君子之力也。苟有失，羽一人之疏忽耳。至於愧無能周處，則俟踵事之賢者，來日糾正之。今以志告蕆事，援筆簡次為序之。

臺灣鑛業會志凡例 民國八十年

一、斯志之脩，以鑛為會，以會而言鑛，師志體，增刪定義例。顏曰「會志」。立卷一十，附以首尾，都十二卷。統目三十九，劃紀事、年表、志、傳，名篇而納之。彰臺灣乙區，鑛業會之志也。

一、志之斷代，紀始創會元年；民國元年，而日以易王大正，亦為元年。書止民國八十年；顧亦捌拾年臺灣鑛業之左史。唯鑛業人之有會，實由來馬關之割地，其國鑛業人南來，卷一乃分為上下曰建會、曰會務，上溯乙未，止於光復。下始重光，彰不忘亡國之痛也。

一、書史事，繫年、繫月、繫日。悉採編年而紀之，亦春秋之意。人物志以外，繫年悉尊我建元，下以減號字，存日紀年。卷一、卷七，並附西元，俾易三曆對照。

一、社團之建立，會章者，會務之權輿，執事者，運營之舵手。會產、基金，年度歲計，乃推行之動力，悉列會務之首要。因列次二、三卷，依次編年，兼採紀事本末而書之。附以表，俾明史事之推衍。

一、會務之推行，會員大會為最高機構。學術演講，組訓交流，俱其業務也。次則專門委員會，為分司與研議，因與會務人事，興復後執事出身，統為乙卷，分六表，納入卷四，統稱會務年表。

一、會員為成會之基石，社團之主，無會員，會無以立。會建以來，因時、因需，分類紛更。然一旦在會，其籍則在會也，無從變易焉。自為乙卷，納為卷五，尊其重也。會之建，通期八十年，濟濟多士，無分畛域。其生平，歷受治道獎錫，團體推崇，譽為楷模，時見會報；亦會之大事也。裒之列卷六，彰其榮，資磨礱也。

一、志之脩，以會而言鑛。惟鑛之有史，更在會之前，文物、典冊俱可徵矣。因沿前修《鑛業史》例，紀始吳黃龍二年，錄史事之關乎鑛業者，下迄民國八十年，統千七百六十餘年，為言鑛事，俾明乙區鑛業消長也。列卷七。

一、藝文者，著述之亞也。會建以來，在籍之士，著述不輟。刋物之外，專書之出，則《鑛業史》之類見。納為乙卷，列卷八。

一、文徵乙卷，存原始檔案之成系列者，備考鏡，列在卷九，匪統取也。

一、志書之脩，例有人物，鑛而言志，例不能遺。然生者不立傳，亦史例也。志以鑛而為經，意亦鑛業人之傳，師於貨殖焉，建會以前，鑛無專志，傳自散見羣書。今輯其要復為傳之。有會以後，則以在籍之仙者立傳，繫朝代，書採合傳，略依時空，相類質，而兼採之。學者居其後，昭謙讓也。鑛殤又其後，示以鑛終也。至於繫年，乙未以前，國人用我中紀，日人存彼日紀。乙未以後，在臺生者，亦采日紀，寓其生於亂世，身陷異族，存真而傳之。若有瑕瑜參差者，亦直書，虛者虛之，存真而已。

一、今世新志之修，例附出處。美則美矣，但增篇幅。斯志，改以古今兼採，殊例數條以外，俱采夾注，而書名略稱。末因統列其書出處，殿為卷末，俾後之君子，便於索攷焉。

臺灣鑛業會志分志提要民國八十年

建會紀提要

創會立組織，於時曰「結合」，於地曰「結盟」，於事曰「結締」，於人曰「結類」。斯其同氣相求，相聚而興會，奉為團體；若論文以會友，若同業而類聚；皆亦結社之倫也，其義重焉。厥以社團組織，同業公會，學術機構，凡促進社會諧穆，人際交流，文化提升，臻于繁榮者，悉為當世所崇。顧吾憲法之制訂，明文昭然曰：「人民有集會及結社之自由。」法以保障也。

臺灣鑛業會，文明結社也。會之始創，時在日據，政或有異，究竟立會，章制孔昭。務在學術、技術，與會者，親睦致交流。冀求鑛業之繁興，利于國，裕於民，斯其發會初衷焉。

會成二紀之後，軍國横行，開鑛逐末，暴斂病民。奈其臺處割地，民為刀俎，掠臺之鑛利，資其助強侵略利刃，鯨吞而蠶食，亦我國勢之不振，喪師辱國，有以致耳。覆巢之下，侈求完卵。殖民所在，鑛業人志同道合，相與成會，聚與一堂，言鑛而謀當世之昇平，丹心其在焉，寧敢形諸表。志之修，止於存一代史料已耳。爰將建立以來，鑛業事始，稍溯乙未，本其啟端；一曰會前、二曰建立、三曰改制、四曰過渡、五曰興復、六曰擴組，輯大事，存建會紀。

會章篇提要

會章之制定，迺組織設立之憑藉，會務推行之權輿，繫興廢，攸關消長。或曰「章程」、或曰「會則」，其實一也。初本會之建立，稱曰「會則」，正名曰「臺灣鑛業會會則」。民國四年，改制社團法人另釐訂「臺灣鑛業會定款」。行使至三十三年，迭經修改。三十七年，會務興復，更為「臺灣省鑛業研究會章程」。六十四年，擴大組織，則「中華民國鑛業協進會章程」出，竝創會徵乙種公布，更迭繁矣，述會章。

理監事篇提要

理事之義，治事也。置於公私社團，權衡輕重，定猶豫，立樞要，發揮運作，行使職權，因曰「理事會」。貳則監事之設，蓋代大會監查財產、業務，槩及庶務，因曰「監事會」。竝稱「理、監事」，例由大會選出。休會期，肩荷輕重，興衰消長，臧否繫焉。二會之上，又有常務組織，專負日常事務，權宜執行也。其本會之日據，別有評議之設，名異而質同，猶後之理事也。至若幹事、幹事理事，蓋亦職司為區分，總曰役員，名殊義一。更迭斯繁，述其變革。

會產歲計篇提要

會產者，公產之亞；公私自治團體之產業，攸關歲計，繫運作，二者不可分。其名「會產」者，彰一會所有，闔會會員共同所公有，源於大眾，集腋而成裘也。

若之為物，一為不動產，二為動產。不動云者，泛指土地及其定着物；動云者，迺前者所稱以外之物，俱屬之，義尤泛。維以本會言，定款三十二條制訂文字，揭櫫明矣。斯一會之丕建，原由無而生有，由少有而漸有，悉取于會眾，鑛業人之傾囊。因沽地、置物產，物產成，又建基金，俱由醵金以產生；生生而孳息，資乙會之運作，此其厓略也。

顧建會以來，取之於社會，用之於社會，時日悠久矣，歲月浸浸、凜淪無徵焉。併而書之，志存會產，副以歲計。

總會表提要

總會，會員大會正稱，後之大會也。創會會則初定：「年擇利便之地，開總會二次，或會議，或演講」。法人後定款：「總會分為通常總會及臨時總會之二」；「通常總會每年二次」。「臨時總會」，會章自有規定，非常例也。其後，會章修改，「通常總會，年召開一次」，而臨時總會循舊章。

興復之後，會章更新：「本會會員大會，分為定期會議及臨時會議兩種」；「定期會議每年開會一次，臨時會議，於理事會認為必要，或監事會之函請召集，或經會員三分之一以上請求時，召集之」。

擴組全國性，新會章訂云：「本會以會員大會為最高權力機關，在會員大會閉會期間，由理事會代行其職權」。會員大會權力，依「人民團體法」：會議之章、經費之章，明文備在條規參見七十八年一月「動員戡亂時期人民團體法」第五章、第六章。有發言權、表決權、選舉權、被選舉權，並以「會員過半數之出席」，為效力之依據。「出席人數過半數，或較多數之同意行之」，為議事之成立同上「人團法」第二十七條。備見總會之開，年度最大行事也。歲久資料蕪散，不以表之，難於乙乙，仿史例，作總會表。

學術演講表提要

講學之事，古人所重，流風所被，今無不同。蓋其耳目所納，會神貫注，裨助於聽聞，增益於閱歷，豐乎知識使然。

況若鑛之為學，載籍雖遠古，宏揚實始歐風之來，迺有憂世瞻遠之士，奮起而追之。惟其學海淵博，科學日昌，鑽研邃深，蔚然為專門之學焉。匪藉往來切磋，日為求新，實無以宏猷乎，經國濟世者。厥本會自初創，則以「親睦交換知識」，昭其宗旨。

會章既定，又主「視情主催演講會」。興復會章，復彰明云「關於鑛業講習會及演講之主辦」。

後及乙卯，擴組全國性，更詳增訂「研究發展」、「學術、技術」、「報導、講學」之條，斯其總會之開，特邀俊英之士，主持講座，相與一堂，輒論文也，編年為學術演講表。

組訓交流表提要

會有組訓、交流，訂於法人條款。維事之發端，源於民國二年，第二回總會，議決常置技術員，委諸會長遴選，肇其濫觴。然時際醵金方始，經費無出，技術部之設，旋興旋寢。四年一月，舊議復起，即聘前仙臺鑛山監督署技手田島善之助，囑託技術員，厥技術部之初置。

技術部歲計獨立，時以受鑛業人委託測量、製圖、技術諮詢，列業務範圍。五年九月，田島事辭，技術部隨廢。

維年四月，適有「臺灣勸業共進會」之開，為期六日。日本鑛業會與諸學界中人，傳將組團南來，擧開巡迴宣講。斯以三月間，理事會召開，則議藉契機，竝開「臺灣鑛業大會」與「歡迎會」，端啓會際交流也。至乎組訓之事，則二十六年，鑛業講習會之主催，列其創焉。

興復以後，鑛業勃興，鑛冶人員、鑛山保安人員，需才孔急，組訓之事，自茲蔚起。未幾而新式機器，相繼問世，國際訪問，學者交流，鑛業服務，從此俱盛。擴組之後，承辦助學金、學術獎頒發，卽業者藉回饋，期鑛業之更臻恢宏也，亦足存之。斯輯諸事纂之，統入組訓、交流，統為一表。

興復以來執事年表提要

興復以來，四十餘季，鑛業蔚起，會務俱榮；濟濟多士，風雲際會。一時地質、鑛冶、數理、經濟、機電、工程、貿遷，實業人才，薈萃精英，遂集大成焉。

始挽頹而振廢，起法人於潰癰，發揚而光大，亦云壯矣。以學為用，以科技為濟世；虞而出之，工以成之，商為通之，厥其鑛事日臻邃密，於斯為盛者。寧匪備斯人才，厠身會務，迺有成歟。

歲月之逝，事凜無考，因錄自鑛業研究會以來，歷年執事人員氏名、出身、從鑛經歷，在職年資，存於乙表，備後之考索。

會員篇提要

會員者，會眾也，立會之柱石，建會之棟幹，同聲以相應，同類而相求，相照成會也。溯本會之創建，主旨在謀會員彼此親睦，交換知識，務促鑛業易於發達。因以篤志鑛業人士，共組織之。

法人成立，易以鑛業關係者，鑛業篤志者組織之。興復以後，又以促進臺灣鑛業之發達，求會員親睦為宗旨。三改全國性，展望擴及國濟，斯以會員、人事、因革應時需，劃分不一，由來幾變矣。

然一旦在會，皆會之主也。會而後，或以政治因素、經濟改易，去留不一；曩日同氣者，無分畛域焉。緣自創會以來，依簿籍，悉與存之，留其氏名，入會地址，志會員篇。

榮典篇提要

榮典乙篇，褒賢彰善，正風俗也。會自肇建八十星霜，以其時政靡常，間或與世沈浮，搏取榮名者有之。其雖厠身匠役，鼓鑄冶金，採山澤溝壑之利，獻益人羣，積著懋績者有之。更毋論鑽研鑛冶之學，著述名山，促進科技，立言，立功，位躋三不朽者，數亦夥矣。

厥俱施政，迭有褒勵獎錫，見諸紀實焉。況自六十五年，擴充全國性團體以來，首有傑出鑛業人士表揚，繼有鑛業服務獎選拔，義皆藉酬殊功，褒德庸疇也。

斯錄有會以來，會員歷受治道嘉錫，本會表揚傑出會員，當局厚貺本會會務諸獎，存真傳之。意待後賢之有作者，以斯為典型，志錄榮典。

鑛事篇提要

興國之道，立法於上，取財於下，國富而民裕；此地之所育，耕則農桑，採則鑛藏，靡有棄貨而不取，古之與今義攸同也。管子書云：「上有丹沙者，其下有鑛金」；「上有茲石者，其下有銅金」。鑛藏能致富，迨及史遷，言之更具備。若後世之尚科技，亦以「鑛業為工業之根」，論定之不移。

維鑛之事，藏有量，取轉窮，事業有興替，悉賴善鼓鑄，精運籌，發揮大用，窮採斯竭矣。若臺灣一區，多山孤島耳。鑛之興，地質年代久，史以來，發於金，盛於煤，油氣、銅鐵之屬，藏而不豐。鑛事之興起，雖設採於荷、西，業盛于通商，再隆在割地，方一世紀又餘日而已。奈如金、銀之屬，淘採將盡，他類或有之，亦多貧鑛也。厥以憂世之士，心有戚戚焉，徒歎不已也。

興復之後，幸暢於交通，東臺非金屬，顧亦厥土之沃疇，取代而勃盛。從業之士，前仆而後繼，孜孜無怠，義藉鑛藏，騰科技，鴻猷工商，方興之未艾，且待吾人善自運用耳。斯因裒掇史事以來，鑛政變革，鑛業推移，或興或替，繫事編年，紀槩略，書事於志，立鑛事篇。

藝文篇提要

志書之脩，足備史乘，紀事傳世，竝存考鏡，其源遠矣。今則言鑛於志，亦繫虞衡，涉筆貨殖也。史遷有云：「取與以時，而息財富，智者有采焉」。

斯後世之尚科技，亦殆以地利而興，相競致榮于工業，深邃鑛藏之學也。蓋其攸關乎富國而裕民生，義攸同耳。然則，鑛業會之始作，若論著，若著述，更毋論紀事，報文，學者立言，精詣足列考鏡之林者，文亦載道矣。藏之名山，傳于後世，奚必若「墳、典、丘、索」，「經、史、子、集」，迺稱藝文之聚哉。

丕基以來，物換星移，會刊而外，鑛業史之脩，續史之纂，言鑛未間疏焉。有述在前，存目於後，亦待來茲之覽者，迹可遵之，志藝文篇。

文徵篇提要

文徵之義，證驗既往，列考信，俾烱然而不惑也。顧會之剏建，遠今雖未古，時政之事，人事之紀，亦歷割地、兵燹、重光、赤祲而滄桑幾變矣。斷代之事，善善惡惡，世異而事移，文獻之不足，歎杞、宋之無徵。

若為會，八十年來，會報創刊，會務粗具，醵金置會產，生生而不息，亦備後來者，圖久而計焉。未期，黷武主義之橫行，指戈揮西東，統制令起，臺遭其禍。重光之後，慶脫水火矣，奈其法令之未周，恆產被占，強權霸道，良與窳參差。念載以降，始以罷訟、和解、斥資、遷建，事見弭平，而損失之大，前未有也。蓋亦時之社會百態，淋漓盡致焉。

子曰：「我欲載之空言，不如見之於行事之深切著明也。」別嫌疑，明是非，文獻之存，寧不勝於雄辯。斯將庫存文牘、檔案，故實所在，輯而成篇，亦俟採擷民風之君子，有所考焉，爰立文徵。

人物篇提要

易之乾曰：「水流溼，火就燥，雲從龍，風從虎。」人物之傳，繫乎事象，二物不可分；史事與事象，形成一體，始由人而滋生。貪夫徇財，烈士徇名，夸者死權，眾庶馮生，皆其類也。古之治史，賢賢而賤不肖，善善而惡惡，作人物列傳，其義重矣。

臺灣之有史，泛稱三百餘年，若鑛而言事，可溯千餘年。鼓鑄之迹，徵見山野，物藏地下，著在典冊焉。荷、西之來，趨利以赴。採金裕國，抱一攫千金之夢，圖富貴者前有古人。宦遊海島，紀存奪金，補闕備志，俾杜淹沒者，後有來者焉。

乙未之役，日人南侵，其工巧之徒，豎一旗，投身瘴鄉，闢榛狉，開草莽，披沙圖富，猶過江之鯽也。徑人之田，徑則有罪矣。奪之牛，不亦甚乎？能以功成身退者，幾希。

興復以後，顧吾鑛業人，抱志切而用世，懷憂心，運籌策，闢資源，利興邦，匡國濟世，裕富社會，亦功乎郎廟，豈唯富埒陶朱，擬貨殖諸徒已耳。

然則，彼從鑛之士，雖手段參差，賢愚不一。曩日捨身於鑛，成與敗，功與過，其揆則一也。因上溯有紀，迨及會建，錄諸涉鑛之士，存而傳之。建會而後，則以一旦在會之士，備典模者為傳。或功或過，無分畛域，俱從直書，匪求足矜式而已。志列傳。

原載《臺灣鑛業會志》各分志

棲蘭草堂文稿

唐　羽著

卷之五

開蘭天上聖母肇建新宮碑記（民國八十年）

古來至聖能參天地也，則德能盡物之性，能盡物之性，則德能導蒼生育萬物，俾萬物蕃昌而茂盛。厥以崇奉相望，士庶祀之，藉報神慈，覆育四境，祐農桑，護牧畜，澤被山海，昭三時之不害，民龢年豐，倉廩盈實也。若地之繁昌，民臻康樂，所在構璇宮，華飾廟貌，奉潔粢，肥腯旨酒，又告謂民力普存，謂其畜之碩大蕃滋，歲占大有，神降福，咸皆大吉也。

四圍在雪山支脈，鵝峰迤邐，平原蕩蕩，厥初蠻荒，蛤仔難三十六社隩區也。嘉慶元年，鄉賢吳沙，奉聖母、福神，招集結首、佃戶，入闢蘭疆，即恭迎神像奠基于此。昆裔蕃衍，咸賴聖神庥德，化被瘴境，成此魚米之鄉，因尊其神曰：「開蘭聖母」。地曰：「四圍」。僉稟立祭祀，時二任通判翟淦治蘭也。道光間，三籍總理楊德昭，第恐歲深祀弛，復稟通判朱材哲，仍准公埔店地基壹拾叁甲，收租永配香祀。

光緒十三年，奉爵撫再加清丈，給丈單。地租屬聖母，業掌民戶，祀業永享。乙未割臺，租漸散軼。重光後土改，祀資蕩然矣。

夫！神之馮依，惟廟是享，祀業之立，俎豆其饗，堂廊之興，祀典之庭也，人神之交乎，誠迺有寄焉。信士榮吉，源出長林之別支，宗之先，曩從墾民來此營畊，歷百餘年。吉秉庭訓，事神虔謹，從業貿遷，而鄉梓聖母之祀，心誠無貳，因慼祀業之無存，仰瞻殿宇之未備，時溢憂懍焉。

戊午年，起而首倡，沽開蘭段吉地八百餘坪，獻為廟基，通庄響應之，五月，輒日興事，庀材鳩工，冬臘月十二日鎮座，主祀聖母，配祀三官、福神。又期年，工成，肯堂肯構，輝映乙區矣。班書郊祀云：神降嘉生，嘉其敬之不黷；所求不匱，災禍之不至，報其民能遵物序也。闔境士庶，能務其三時，修五教，親其九族，然後致其禋祀，由是民龢而神降之福，興有成，地亦盛。一地之盛，闔境之盛也，一境趨盛，一邑之盛也，龢與興，義兼壹體。斯宮之建，擇名「澤蘭」，「澤」者「德」也，德被蘭疆，由茲始焉！肇建之義，兼義大哉。斯役也，集腋而成裘，通庄龢而應，醵金贊其成，鐫鏤貞�，名垂不朽也。告後之賢者，義更重焉。今逢落成，悉並志之。

中華民國八十年十二月穀旦

潯江吳氏淡北支譜序 民國八十年

同安在八閩瀕海，因魚米之利，甲姓蔚起；自南之北，有紀、有陳，而石礁、石潯，二吳與之。石礁之吳，別自有譜，石潯之吳，譜署「潯江」。蓋地旁一水通海，居在水之北，副稱「潯陽」者，當取地在水之北，為其尚雅歟！

友人金全，臺陽淡北之產，源出潯江支裔。族之始遷，諱光用，渡臺乾隆末。初居淡水廳擺接三抱竹、勤耕弗怠。三傳水性者，再遷內港南溪之畔，以佃營家，厥則溪尾吳氏之始基，而地後隸三重溪美里也，因稱溪尾吳氏。

吳氏一族，雖屈畦畝，潛德營經，所謂弓冶之紹承，未墜其家業，且足有可觀者，金全者用五世孫。甲寅歲，因懍傳世代遠，祖芬不揚，刱意家乘之修，藉蠹蝕殘葉，裒而輯之，成一卷，渡臺以上闕如也。然臺員一省，四十年來昇平之治，經濟成長，變遷巨矣。民國三十六年，三重一莊，由墟成市，升而設鎮。五十一年，鎮大為市。六十五年，南北馳道，縱貫而過，況乎工商崛起，廢稼穡、興街衢，曩日聚族，視日作息，茲不可復見矣。

原載《臺北文獻》直字第一〇一期

七十五年，金全復鑑及此，持前譜求重脩而屬於余。全之意云：「雖世系猶懸渡臺以上，不及祖禰。維存家乘，眉其本末，亦兼為後賢留一絲線索耶。」余則以臺員一地，興復四十餘年來，抗赤祲，維綱維，存此海隅，黃華未蓋，邪蠹橫行；至倡言海上文化，不與同中國，以求苟全者。更有土著之冒漢姓，認同宗，誠匪溯子姓之先，無以別氏族所出，亦世道人心所慮。故今人仰仗於譜，勢必然也。豈藉以翹異楚木，示獨高于雜薪焉，實蹙迫者存，遂徇所屬，重訂體例，敘其世次，豐以家傳，文徵，略見規模，竝擱諸案角，忽忽三年。

七十六年，兩岸開禁探親，潯江在鷺門北，訪譜非侈談也。七十八年夏，余果有故國重遊，躬涉潯江，詣其家廟，瞻祠宇規模之備，而延陵遺支，守成祖業，漁耕瀕海，樸實其質，更勝所聞者。若太史公云：「見微而知清濁」，藉贊延陵季子之仁心，言不欺焉。次又知民國十七年修〈戊辰譜〉，猶傳海外，稱孤本。譜證潯陽之先，實出中唐屯田員外郎祭公之後，入閩僖宗中和四年西元八八四年，逆巢之亂。初居莆田，次分侯官、興化。再分福清石塘，而從戍南徼者，厥潯江之開基，時惟明永樂間，燦然朗矣。

返臺後，果訪得原譜景印，循字行索驥，徵知溪尾乙支，出潯江三世；克敘季子，志廣八世裔。乾隆間，由嘉禾嶼楓湖渡海，則浮洲三抱竹肇基祖也。余以斯譜歸于完璧，毋乃金全孝心之報。舊歲夏間，遂廢舊稿重行纂輯，益為六卷，首尾八帙，仲秋蕆事。顏曰〈支譜〉者，尊潯江不敢自為譜也。況閱戊辰譜，楓湖之宗，衍于臺南馬沙溝，已稱盛族，相違固久，睦族亦有期焉。戊辰修譜，去今一甲子又二年，彼岸自文革劫後，譜殆灰燼，闔族重修，時日而已。不敢自為譜，尊宗敬祖之義也。區區心意，潯陽諸君子其或有同感焉。爰摭崖略，竝為之序。

民國八十年元月歲在第二庚午之大寒

吳氏祖居地銀同沿革志 民國八十年

同安，地隸八閩，為泉屬縣，銀同其雅稱也。地環廈門對岸，集美海灣。職方典云：「閩故越地，秦并天下，平百粵，置閩中郡。」漢興，越王吳彊後七世閩君搖，佐諸侯平秦，高帝復以搖為越王，以奉越後。後閩越地數反覆，因遷其民江、淮間。有遁逃山谷者頗出，立為冶縣，隸東、南二部都尉，泉屬南部，為閩置縣之始，建安初西元一九六年間，以南部置侯官、建官等五縣，泉為侯官縣地。三國時，閩地屬吳，吳永安三年西元二六〇年，以會稽南部為建安郡，領東安諸縣九，同安即東安縣而屬建安云。同邑置縣，疑始於此。

晉太康三年（西元二八二年），析建安郡置晉安郡，即後之福州。泉地屬晉安。晉安統縣八，同安列其四焉，命名始見。

宋時，晉安屬江州。泰始四年（西元四六八年），改晉安郡為晉平郡。梁天監中（西元五〇二迄五一九年間），析晉平郡置南安郡，地兼興、泉、漳，而同安隸焉。

隋、唐之際，疆域迭更。平陳後（西元五八九年），郡廢，置南安縣，同安屬南安，隸於泉州。貞元十九年（西元八〇三年），析南安西南四鄉置大同場，則今同安之地。南唐有國，仍以同安列縣。宋太平興國三年（西元九七八年），陳洪進納土，漳、泉都十四縣。六年（西元九八一年），置惠安，屬福建路，而泉領縣七，同安與焉。文獻通考注云：「有東西溪」，證為今之同安矣。

同安在元代，屬泉州路總管府，仍為縣。明洪武元年（西元一三六八年），以泉州為府，領縣七，同安屬之，總隸福建布政使司。清沿其舊。

民國肇建，改省縣二級制，府廢而同安仍縣。二、三年間（西元一九一三、一四年間），析廈門、金門別置廈門、金門二縣。至於邑之又名「銀同」，即邑志有云：「縣城在大輪山下，東西廣，南北狹如銀錠式，故名『銀城』。南溪有石，狀若魚，色若銅，故又名『銅魚城』」。明何喬遠云：「舊有金名焉，諺謂之金漳浦，銀同安。」世之名邑「銀同」，言本於此，由是以志。

吳氏渡臺禰遷地溪尾庄志略民國八十年

溪尾庄在淡水河西畔，昔處南溪之下游。隸臺北縣三重市，位有小溪，地占下游，以名也。今地統溪美、慈化二里，北與鄰鄉蘆洲樓厝村接境。境本平地土著；凱達格蘭族武勝灣社漁獵之區。乾隆十五年西元一七五〇年，始由同安移民，葉、汪二姓，承墾開闢。

淡水廳時，隸城北興直堡三重埔莊。光緒五年西元一八七九年，析淡水廳，置淡水縣，省為興直堡。

日據初期，直轄臺北縣，仍為興直堡。明治三十年光緒二十三年、西元一八九七年，隸新庄警察署。三十四年光緒二十七年、西元一九〇一年，屬臺北州新莊郡鷺洲庄，曰大字三重埔，小字為三；為溪尾、分仔尾、車路頭三小莊。

民國三十四年，臺地重光，為日昭和二十年西元一九四五年也。十二月，廢州為縣，隸新莊區鷺洲鄉，地曰：「和尚洲」。三十六年西元一九四七年，升格為鎮，二里並隸之。

溪尾因瀕淡水河，地勢平坦，厥土維沃，開闢以來，即以典型農村著。居有開基葉氏、汪氏，以及陳氏。咸、同間，增佛嶺葉氏。餘為林、李、鄭三姓與本宗吳氏，相處斯土，劃地分耕。穡事以種菜蒔花為主。並由西南方新莊，溯河上游，導流闢圳路，流經二重埔、三重埔，灌溉水田。

若地之開闢，始乾隆初葉，葉、汪二氏移墾于此，已歷二百餘年，而本宗之擇此開族在同、光間，亦積百有餘載。迨及近歲，始而環境變遷，水利失脩，水田日趨荒蕪，農事入不敷出，大半良田，已闢為住宅與工業區，曩日務本生涯，取捨自然，與日俱變，俱失往時面目，若一方衢陌矣。

溪尾吳氏渡臺宗祖家傳民國八十年

溪尾吳氏，原出泰伯、仲雍之冑，為吳季札後胤。明初以來，開族同安石潯社，曰：「潯江吳氏」。世傳雖遠，自有譜圖詳繫昭穆。依所傳，十世祖覲水，於清康、雍間，由原籍移往禾島方湖，今之廈門也。水生五子，曰：拱、權、選、鎮、德，長次拱、權，竝渡南洋；選守祖業，後昆失詳；總無傳，鎮則生子光用，於乾隆末葉，梯航渡臺卜居內港南溪，曰浮洲三抱竹。再傳二世，諱水性者，移居南溪下游溪尾，則溪尾一族之開基。由此謹將譜上所傳，高曾以次，世代之有足傳者，立家傳於次，牖告其族之裔，俾知世德之所自出焉，為立家傳。

浮洲祖光用公家傳民國八十年

君諱用，譜名光用。潯江開基祖從師公長子，佛樓十世孫也，考耿鎮，原籍泉州府同安縣石潯社人氏。移居禾島方湖又作楓湖鄉。光用其獨子也。來臺務農。居淡水廳擺接堡番仔園庄三抱竹。生於乾隆二十四年二月十一日，妻林氏諱鳳娘，育二子；長最、次士美。卒於道光二十六年元月二十四日，年八十有六。民國六十三年修譜，尊為渡臺祖。

渡臺祖妣林氏諱鳳娘，用公德配也。生於乾隆三十六年五月初四日，卒於□年十月十三日，餘詳世譜。

吳氏溪尾祖水性家傳民國八十年

君諱水性，譜名大水性，淡水廳擺接堡人氏。祖曰光用，於乾隆間，由禾島方湖浮海來臺。考諱揚最，居浮洲三抱竹番仔園，務農營生，歷三世，為最三子也。家素清貧，所居浮洲復為一砂磧而已，土地貧瘠，耕田匪易。年十五，以父卒，遊外就食，為佃傭來溪尾。又五年，以母憂而次兄祈祥逝，家道更零落。

家變後，將祖木主，暫寄三抱竹同姓親堂處，每屆年節，自其所傭，備祭饌，回居以祭。會借堂親神案設祭，日久，至招白眼，譏以相待。某次，復循例反居祭祀時，族人且將其祭品，撞散於地。君受凌辱，遂將木主攜至傭耕所，即三重埔後竹圍也。自茲，至與諸堂親，斷絕往來。

君之初來溪尾，始居後竹圍，以工易活。久後，受僱庄中，李水連為長工，能勤佃事。光緒六年，年二十七，有葉翁江中妻林氏，家業乏人承主。招君為女謹娘贅婿，婚後，得賢內助，承耕岳家田地，舅氏之興，時以賴之。

二十四年，以作稼岳家久，諸子通順、通成、勝興亦已先後娶婦，而其先岳母林太夫人竟逝於十九年矣，妻弟春，亦能主家業。遂出積貲八十圓，估置同庄林氏田地一所。後二年，復備二十圓，向葉水濕、李阿分二人，價購建地四分之一，得五十餘坪，搭蓋茅屋一椽，讓產妻弟，攜妻與諸子，別戶營生。仍自佃他家田地，斯奠其宗後日肇興之基也。

君之平生，理事謹厚，能讓不競。始自浮洲故居，為工溪尾，畦畈生涯，數受強宗欺辱，匪維未嘗記恨。當期年邁耳順，每憶早歲，受辱浮洲故居族人時，猶教子孫，若要認宗，敦本源流，須返三抱竹親處焉，叮嚀慇懃。未期年遠代湮，後之族人，固數詣浮洲以求，而老成凋謝，上代之事，終無聞焉。民國六十三年闔族修譜，尊為溪尾分支祖。七十六年，譜重修。七十八年，纂者會獲潯江大譜，證其源出師公長子之後，禰分楓湖也。七十九年，廢稿重纂，上溯潯江，族議尊為溪尾祖，而分支仍曰：「溪尾份」。

君之生也咸豐四年夏曆三月初九日，其卒也民國四年六月二十四日，年六十有二。墓在觀音山獅子頭之獅尾，祖塋之次，首東而趾西。

德配葉氏諱謹娘，溪尾葉厝人氏。考諱江忠，母林氏，生於咸豐十年夏曆二月十八日。育四子：通順、通成、勝興、文德，女二：緣、紅桃。民國二十六年七月初八內寢。享年七十有八。墓在觀音山林媽成山林，首北趾南。

溪尾分吳長府君通順家傳 民國八十年

吳府君諱通順，幼名阿山，譜諱烈通順，淡水廳興直堡人氏。曾祖考諱用，祖考諱最，系出同安石潯社，潯江吳氏之裔也。清乾隆間，由廈門嶼楓湖來臺，世居擺接堡番仔園庄，落籍為淡水人。歷三世，俱以樸實終。考諱水性，始以佃工，遷家內港南溪下游，地名「溪尾莊」，遂衍其族焉。

通順，為水性長子。自幼，豐貌威嚴，能持家，年十三，以父別創門戶，瞨田種花，通順與諸弟，胼手胝足，勤從耘藝，未稍怠焉。

民國四年，丁父艱，承嗣家督，復增租田地，擴充穡作，闔家大小，匡力以赴，家業益興，至置田數甲，登地小康。

通順平生，雖嚴持家，然待諸弟友愛。諸弟成年，均依年序為之婚娶。三十一年，以昆仲皆成家室，再傳人丁衍蕃，達二十餘人，原建茅屋，亦至于湫隘不堪容膝。因向同庄葉旭，估得建地九十餘坪，重建二層磚造樓房一座，相連四棟，耗貲三萬餘金。期年落成，於三十二年夏，相與讓產，昆仲各得一間。前後院並植花木，聚族成居，形若園圃，傳為一時佳話焉。

通順外貌軒昂，為人剛而正，庄中恒以「亞山伯」稱之，避直諱。且以家教綦嚴，村中游手，聞而趨避。四十年夏曆七月二十六日卒，其生光緒十一年十月初六日，年六十有七。葬觀音山烏石崙土地後畔，首南趾北，坐丙兼午向壬子。

德配汪氏諱春，鄰庄大竹圍汪上三女。生于光緒九年夏曆九月初二日。生三子：來旺、來長、石定，女一：含笑。卒于民國六十八年四月十六日。壽九十有七，並葬觀音山，坐北朝南。

吳通成家傳民國八十年

君諱通成，譜序列通成，與直堡溪尾人氏，通順先生二弟也。家自營耕莳花以來，通成司下田，督工採香花，至計量收花諸務。昆仲勤勵經營，家業之興，其力大焉。

自幼宅心仁厚，雖以家從蒔花，耕耘田事，然每見蟻、蟲、螻蛄之屬，無不小心翼翼，移之放生安全處，使不致耨耜之裂。或云：「有佛氏心腸」。農忙之際，村中頑童以通成仁厚可欺，而村中慣例，下花圃採摘花朵，原視秤付資，童因施手腳，暗取交割者重計工資，通成固發覺之，恒以童心純璞，非性如此，亦不以為忤，人言：「好好先生」也。

民國三十二年，遵長兄讓產，有子建福，能成家業。再傳五大房，守業分居溪尾一帶。

通成生於光緒十五年夏曆二月初二日，卒于民國四十七年八月十五日，年七十。墓在台北市內湖區大直山。

德配鄭氏好娘，生于光緒十七年夏曆十一月初二日。卒于民國六十六年七月二十三日，壽八十有七。

附恩人鄭翁祥禮氏一則民國八十年

鄭翁祥禮，通成外舅，而好娘本生父也。居三重埔庄車頭路，世業農，為惇惇長者。吳氏家傳：當光緒二十三年間，通成父水性夫妻，以諸子女皆已長成，勤儉積得微資，購入三〇四番建地，欲蓋一茅房立新居時，舍乏中樑之材，而向岳家葉氏族人求捨大竹為助。未料，葉家族人，雖擁有廣大竹林，卻相約束，無一肯為施予者，藉以陰阻水性別戶，至使工事無從進行。

如此，進退兩難時，事為鄭翁獲知，慨然贈送巨竹數支，新屋因得順利興建，闔家亦免寄人籬下之苦。由此，族人自茲以降，歷世均尊　鄭翁為恩人，示不忘本焉。

吳勝興家傳民國八十年

君諱勝興，又名德興，譜序烈勝興，籍淡水廳興直堡，通順先生三弟也。自幼敦厚樸實，能守孝悌之義。稍長時，以兄通順當家，凡花蕊買賣經紀諸事，由次兄通成率子姪主之，畦畝之事，恆歸勝興。耘田數甲，終歲少有喘息，亦為靡口出怨言，斯溪尾份一家之興，功不可沒焉。

勝興年念一，奉父母命，與幼養葉理成婚，夫妻勤儉持家，育七子一女。民國三十二年夏遵長兄命，鬮家分爨，然別灶而仍一宅，和睦固無異讓產前也。生於光緒二十年夏曆五月初三日，其卒民國三十八年元月十三日，年五十有六。

德配葉氏諱理，生于光緒二十三年三月二十一日。育七子：金水、金生、金地、金義、金泉、金全、金盛，女一：oe。卒於民國五十一年四月初八日，年六十有六。

吳文德家傳 民國八十年

君諱文德，通順先生季弟而溪尾祖之季子也。齠齡時，嘗入私塾讀書，粗通文墨。溪尾份昆仲之合伙營生，每逢農產收成，須運往北市批售，均由文德擔之。昧明，即率諸子侄推車荷載，趕貨北市太平、中央二市場趁市，深獲長兄信賴。生於光緒二十五年夏曆八月二十七日，卒於民國六十五年二月二十日。

德配郭氏冰娘，育一子源隆。

溪尾吳家娣姒家傳 民國八十年

古之重室家者，尚德而不尚才，前賢之言備矣。迨及後世，先色而後德，斯禮序為凋零，適情而任欲，骨肉相處，娣姒隨之；一悍娣之介入，婦言是用，庖廚以內，成多爭之地也。陷家道于轗軻，兄弟路人，斯以致焉。夫以家業之隆盛，子女尚教化，成以德，訓以育，非守內則者，胡為室家之內助。娣姒處一室，勤織不爭，故事而希矣。

吳氏溪尾一支，開族之際，合灶營生，昆仲、娣姒，耦而耕，蒔則花，晝田夜痲，各當其家，厥蚤起而遲棲，辛勤是賴；共隆家道耳。然則娣姒之勞，其可淹歟。斯娣姒者，為姑葉氏，為媳曰汪氏、曰鄭氏、曰葉氏、曰郭氏。有裨風教，或足稱焉，宜合乙傳略及宗系，留垂諸乘。

葉氏謹娘，溪尾庄葉厝人氏。吳家溪尾祖之德配也。其先出嘉禾蓮坂社，高祖載泰，於乾隆初渡臺，居諸羅縣，曾祖煌澄，北遷溪尾，遂占籍焉。祖諱增耍，有子五，三曰江忠、謹娘本生父也，母曰林氏，謹娘為長女；生於咸豐十年二月十八日，時葉氏為一方豪族，謹娘居長，下為幼弟惷，及妹免娘，翁夫妻鍾愛之，蓋家道雖富，而人丁單薄。謹娘性儉樸，諳女則，或云：有誼子相也。

光緒三年，翁亡。謹娘年十七，上唯寡母而家乏長，弟惷，年亦幼。家業因一肩擔之賴維繫。後三年，奉慈命，招吳水性為贅婚，則吳氏溪尾祖也。婚後，上奉寡母，下勵幼弟，事兼內外，族黨尊為巾幗丈夫焉。

育有四子：通順、通成、勝興、文德俱姓吳氏；女二：緣、紅桃。二十四年，先是弟惷成家，而母逝十九年矣，因還產於惷，襄夫自立家業。維時，葉氏族人，強數阻之，但謹娘能明大義，不為所動，從夫以讓出。後數年，吳氏家道蔚興。閭里云：謹娘內襄之力大焉。卒年七十有八。

汪氏春，三重埔大竹圍庄人氏。吳長府君通順妻也。春為汪翁諱上之三女，生于光緒九年九月初二日，及長嬪於通順，妯娌居長，上奉翁姑，下率娣婦，勤儉能持家，一族譽之。生三子：來旺、來長、石定；女一含笑，卒年九十有七。

鄭氏好娘，三重埔車路頭人氏。二房府君吳通成妻。鄭為地之著姓，本生父恩人鄭翁祥禮也。生於光緒十七年十一月初二日，臺俗，多產女之家，例將所生女，出養之，而多子者，恆養幼女，名曰：「童養媳」。好娘始襁褓時，以養來家，舅姑鍾愛之，視同己出。及長儉而勤，助田事，摘香花，操井臼。年十八，依俗歸通成，備燭而成禮。生一子建福。卒年八十有七。

葉氏諱理娘，三房府君吳勝興之妻也。蘆洲南港仔人氏。其先亦蓮坂之同族，出上房學裡份，五世祖通殿，渡臺乾隆間。高祖福生，曾祖明能，祖神強，世以養鴦為業。強有五子，三天行，理娘本生父也，理娘為次女，生于光緒二十三年三月二十一日，周歲以幼養，從慣俗來吳家。年十八，遵俗與勝興成婚。奉翁姑，事長次二嫂，勤無怨言，有賢德譽。育七子：金水、金生、金地、金義、金泉、金全、金盛，女一攵。具受良好家教，有成就焉。卒年六十有六。

郭氏諱冰娘，蘆洲鄉水湳人氏。季房文德之妻也。生于光緒二十九年，年二十一，來歸文德。生一子源隆，卒年七十有八。

以上原載《潯江吳氏淡北支譜》

棲蘭草堂文稿

唐　羽著

卷之六

詔安游氏龍潭祖廟重脩碑記稿代　民國八十一年

詔為邑，位閩極南，秀篆地，在詔之北，境固僻壤，民風勤樸，富進取，游氏發祥之地也。山之疊巘，發脈于大瘐，結龍潭之勝，靈秀籠抱，祖廟在焉。曰「龍潭祠宇」者，實秀篆超等之基。游氏五世祖前溪公始遷禰廟，明師廖弼主經吉壤也。

廟制規模，有屋九十九間，都千坪，坐乾向巽，庚戌、庚辰分金。興於明隆慶六年，時稱一邑，族祠之冠。後七十二年，燬於崇禎癸未寇劫。明年，重建。清順治辛卯，得復中殿。康熙二十三年，續興護屋，舊觀遵循。歲月浸浸，間或補脩。道光元年，閩臺族裔，三為重脩之，竣工其後三年。雖云：「規模如制，去今百又七十年矣」。

披閱族譜，游氏五世祖，兼資文武，職拜千總，事功著在禦倭之役，行兼四德焉。龍潭一族，歷明而清，儒行、簪纓，代出俊秀。貿遷海外，墾耕去者，蜚聲亦著，蔚煥臺疆也。斯匪邀福而興，蒙祖休佑哉。祖廟之脩，尊祖敬宗，睦族之庭也。惟歷遜清以來，內憂外患，災異頻繼；若近歲動亂，祀事蕩然，遑論維脩，寧不令子姓欷歔，長太息也。

事迨庚午之歲，其氏族人慶瑞，以所從業，旅遊故國，道詣龍潭謁祖，瑞睹祖庭，歲久失脩，屋宇傾圮，風侵雨蝕，觸目驚心焉。返臺後奔告宗人，宗人驚歎之，重脩議起。明年元月，邀集全臺族裔，開委員會議，議組「家廟脩建委員會」，並推執事職員，布募貲，得三百餘萬圓，事獲運行。夏六月，工程迺興。

夫！斯役之底成，族人象傳揭來臺閩間，慶瑞荷其重託，躬與督工。工程之貲，象傳一族，樂捐巨資，力尤大焉。若重修範圍，復規模，存舊制，意在經久。棟宇之外，外垣山門，並屬增建。肯堂完美，椒衍瓜綿。期厥後之賢裔，遵歲時而苾芬，序昭穆乎祖庭，春秋罔怠，亦翔脩意也。今逢工成，因鐫始末於石，其執事芳名，喜捐昆裔，則列于後，俾來者有所考焉。是為記。

捐脩磐石樓祖祠碑記稿代 民國八十一年

平石樓祖祠，游氏大宗祠宇，始祖以來，五世宗祖，神而後棲焉。廟建明嘉靖初，三世祖宗亮昆仲始興之。坐甲向庚兼卯庚寅分金。清順治二年，燬於寇。後四年戊子復之。康熙四十一年，增築棟宇。四十四年，又燬。後二年，鳩工再造，復舊制。乾隆二十七年，脩牌宇，易名「磐石」，滄桑幾度矣。今歲，龍潭小宗渡臺之裔，謁祖脩祠，念大宗祠宇，久廢乏脩，由宗裔撥捐資金伍拾萬圓，並龍潭興工復新。蓋亦尊宗敬祖之義也。喜捐金額，詳在龍潭之碑，茲謹將芳名移鐫于右，告諸後人，期與祠宇並垂永久，並為記。

捐脩龍山祠宇碑記稿代 民國八十一年

龍山游氏家廟，小宗福叁叔考禰廟，久失維脩矣。福叁與龍潭同宗。福叁蚤逝，龍妣黃氏孀居龍山霞，柏舟永執，勤撫三子守成，譜曰「女中丈夫也」。歲在辛未，龍潭祖廟重興。渡臺宗裔，敦親親之義，並大宗磐石撥資維脩，其金伍拾萬元，明年工成，緣移鐫捐獻芳名于後，俾有考焉。並為記。

宜蘭林振炎先生行狀民國八十一年

宜蘭林振炎先生，曩執貨殖，名著臺、滬，重光以還，復事工商，亙五十餘載。迨及古稀，身獻宗族，揚芬祖德，高誼行述，亦足可稱者，今以耄耋之歲，下世北市東湖之邸，聞者惜而鄉黨哀之。同仁等經紀其喪，述行誼以易狀，藉報世之君子，亦禮之宜也。

先生諱振炎，林其姓，其先閩之漳浦人。清之中葉，族有純直公者，梯航來臺，居噶瑪蘭外員山，即先生五世祖也。再傳數世，耕讀有成，成地之望族，為今蘭縣員山林氏。考諱燧火，有八子，先生行四，生於日據臺灣之明治四十一年元月廿四日，自幼丰姿拔秀，穎慧天生，鄉人知為大器屬之。昭和二年，先生初畢業臺北工商學校商科，以成績優異，錄公職入總督府營林所，然非素志也。五年五月，去職自創林商會，營建築材料兼承土木，厥創業之始也。

十二年十二月，族兄振標創國產石棉會社于邑中，先生與之，任監查役，以善運籌，助發展，獲族兄倚重，嶄露頭角。復三年，拓業祖國，內渡設永大公司於滬濱，任社長，貿遷臺、滬間，斯奠事業之基。並遊大江南北、增閱歷，於祖國文化，獲綦深認識，有裨後日處世理念，豐其經營指針也。

民國三十四年，失土重光。先生自滬返臺，時際烽火甫息，工業衰退，商賈蕭條，農村所產，更以耕地有限，剩餘勞力無從安命之歲。先生深慼臺之繁榮，商雖促成，工之蔚起，尤為礎石焉。迺創三榮建材工業公司，任董事長，設廠桃縣，產石棉瓦供百工建廠用；其產品應時需投資設廠者，斯其擒葮之。後十餘年，臺之經濟蔚興，都市趨於美化，復置別廠北縣，精製紅磚，提供都會步道敷設，利行人、壯觀瞻，更其昭著者。

四十三年四月，臺行第二屆民選縣市長，先生受父老推重，出競宜蘭縣長選，政見卓著，抱負遠大，奈以在野，高票遜選。惟執政當局，實亦倚重推崇之。翌年，嚴公靜波主持臺政，聘為省府參議，凡事備諮詢，歷十七年，閱四任主席。其後，執政當局，力促先生，出預時政，欲借其才。惟先生志不在顯位，謙辭者再，朝野敬重，誠若古之段干木焉。

五十一年，拓業民生食品，設伍順植物油工業公司，任總經理，為健康食油開發；聲譽日隆，鄉黨矚望，先後出任臺灣水泥加工業公會常務理事，自立晚報副總經理，林姓祖廟監事主席，暨及諸多社會公職。五十八年，與旅北同鄉組宜蘭縣同鄉會，任常務理事，直至七十二年謙退，凡五屆。提攜蘭陽子弟，謀立身，多所資助；並勵後進，業成毋忘桑梓，亦難能也。至於平居，儉樸自勵，遇善舉，則解襄以赴，義亦未嘗婉辭外，逐年捐貲冬令救濟，不懈怠焉。

六十五年間，遇重慶北路拓寬成，林姓宗廟，久失維修，全臺宗親有重修之議起；

時，先生雖已年屆古稀，仍荷重任，積極促進興建。工興，勤與擘畫，大廈既建，上構宗廟，為「財團法人林氏宗廟」之出；春秋行大祭，顯揚祖德，睦宗族，維繫倫理之教。先生即任監事主席。次復為維持祀業之久遠，組林姓實業股份有限公司，躬與籌謀，海內外宗親，起而響應，實業奠定。先生則以擅領導，備齒德，受族團推舉。六十九年，繼其介弟燈，任董事長。迄今凡四任，歷十二年以來，拓展業務，闢財源，增收入，創雙福樓實業股份有限公司，並兼董事長職。其規模，為此間族團事業首創，有助傳統文化發揚，社團事業之更新，時人稱之。

先生元配楊紅桃女士，出邑之望族，育有一男三女，勤儉治家，內助之賢也；逝於昭和十四年。繼夫人陳麗錦女士，黨國大老陳嵐峰姪女，鑑湖之秀，繼育四男六女，秉性純良，淑譽閭里。長君正銘，元配出，上庠畢業，習法律，今繼事業。次正忠，夫人陳氏出，自有事業，任光復建材有限公司董事長。次文彬，次明德，次明煦，俱正忠同母弟，或出上庠，或學國外，各有所成。諸女公子，除行七淑貞，旅美營商外，均受良好教育；宜其所歸，分居海內外，蘭桂騰芳，兼而備之。

先生體素健朗，起居有度，斯年邁大耄，望之猶方古稀初度。況能量時勢，知養生，嘗語友人謂：「其一生，有貴而無官，有位而無職，論盛名，固薄擁之。」卻自謙「未能伸展素志，益于桑梓，為汗顏」云。見先生熱愛桑梓，恬澹名利一斑也。未期客歲以來，前勞成疾，入今春而轉劇，逝四月五日凌晨三時，享年八十又五。

嗚呼，哲人之萎，緬懷碩德，今述生平梗概，謹序于此。

中華民國八十一年五月十一日

彭格陳氏大湖支譜序

代主修撰　民國八十二年

曩日清明節，祀拜列祖，家父　接枝，敘述祖先源流，告知吾等子姓之先，源自福建安溪。並授乙分由族叔國忠借來抄譜，命良重錄。良受教而錄此譜，拜誦源流，始知海山大湖陳氏之開基，係吾清溪彭格十四世祖季力，偕其從兄季爺、季順昆仲三人，於清乾隆五十三年間，由原鄉渡海來臺。擇居尚屬野番出沒之鶯哥庄大湖內山，墾荒為生者。其後，土地漸闢，傳子衍孫，蔚成大族，傳世至今，已閱八代，序廿一世焉，茅塞始開。

良計年代，乾隆五十三年歲在戊申，而西紀一七八八年。至今，已歷二百又餘年，此二百年間，正逢泰西工業革命倡起，震旦文明母國，卻受列強侵略，辱於阿片之役，敗於八國聯軍，三挫甲午戰爭。最後，拱手將臺灣割讓日本，陷夷五十年之世。然則，大湖陳氏一族之祖先，初由移墾，擇地大湖，篳路藍縷，以啟山林，初與野獸鬥，次與原住民紛爭，三與侵臺日軍周旋，諸祖之後昆，為求衍宗，流血以身死，或家破人亡者，譜載：已匪尠矣。次及二次大戰時，族人之被征南洋，捐軀沙場，死為異域之鬼者，又豈少數哉。良恭錄抄譜，雖匪綦詳，亦備載焉，淚血斑斑，濡筆書成，為吾家之乘也，油然激昂之不已。至于意欲窮追上祖史實，豐吾家乘，增我見聞，為時之念也。

毋如前述，臺自甲午之戰，拱手異邦。重光之後，未幾又以內戰，隔成兩岸。大湖之族，固繫祖籍原鄉之念，四十年來，昭穆無從序通，大宗支禰，亦未能敘其親疏。原鄉修譜，遠自光緒以來，已無從登此遺支矣。至於在臺之裔，墾地生涯，鼎革頻繁，胼手胝足，求一溫飽已匪易焉，更勿論追遠而載之譜，統宗之疏忽，固遺憾之大，亦勢使然，徒嘆奈何耳。

惟平實而言，夙自民國五十四年間，受命錄抄譜，已欲多次試行續脩在臺支譜。奈及每一提筆，即因資料與所學之不足，興而擱筆。洪惟吾祖，似亦體恤良一片之至誠，時至七十七年冬，獲至友家萬順兄之介，得識史家□□先生，先生非但學識淵博，久治譜學，且嘗主筆此間甲族世家之譜，豐積經驗，以下筆嚴謹，與任事負責素著。

遂以譜局委之，蒙俯諾。是歲，且值當局開放兩岸探親越年也。

七十八年夏，先生果不負區區之託，憑譜紀載，冒溽暑直詣安溪彭格，會晤吾族在唐周親，得閱祖祠珍藏《陳氏宗譜》。識見大湖子姓之先，實出彭格玳瑁，輩分字詩，俱可敘矣。迺將譜牒、祠堂、祖厝等，乙乙攝照，攜回臺灣。經三年，譜稿底成授余。良捧稿而披閱，彭格之先，祖自龍巖，移安溪，時在明之中葉。其後，創譜萬歷間。自茲以降，或三十年一修，或六十年、或九十年一續，靡間斷。況乎，凡例綦嚴，筆法審慎，亦出乎族人意外。既而祖上念餘世經營，忠孝傳家，躍然紙上矣。良讀譜竟，而精神為之振奮，進取向上之心，不期而洶湧澎湃。蓋亦欣慰祖源可考，潛德可遵，典範可循，昭穆可敘，世世可傳乎吾族子孫。況家父平日囑咐，茲而可告慰，豈非一大快事哉！

嘗聞「國有史，而家有譜。」一國之史，懼亂臣，勵忠厚。家無譜，行為脫序，輕倫常，背忠孝，行為離譜也。今幸有譜，譜有家規，譜有公約，悉斯祖先，數百年來，歷次修譜所釐定。凡斯族人，閱此譜後，行為頑冥者，知所自誡誨，素行蹈矩者，更能知勉勵，其在此卷乎！今譜將付梓焉，乃索枯腸，述厓略，而為之序。

中華民國八十二年歲在壬申八月

彭格陳氏歷世脩譜人事紀略 民國八十三年

彭格開族

明宏治十三年一五〇〇，一世祖玄真，由漳州移住安溪慼化里長坑，再娶媽莊氏，居二歲。十五年一五〇二，復移家崇善里蓬萊山外，彭格爛壠口，為本宗彭格之開族，後子姓衍繁，曰：「彭格陳氏」。

首次脩譜

萬曆二十八年一六〇〇庚子，八世祖濱樓，偕長房族兄良策，次房天應，凜於七世以前無譜可稽，遂為防其弊，起而搜獵舊聞，初軔一譜。譜誌宗之先，來自漳州龍巖縣和睦里黃坑，為始脩之譜，世稱《萬曆濱樓公家譜》。

脩譜者：長房良策、號雙泉，二房天應、號奇峰，三房良計、號濱樓。

纂修：濱樓。

二次重脩

清順治十七年一六六〇，彭格大宗第三房九世祖恆哲，以《萬曆舊譜》，歷世周甲，半由盜寇所燬，半為朽蠹所廢，至此詳不可得聞矣。因復藉宗老所存，燬蠹之餘，先人故紙之記。述祖禰顛末，畫世次，脩之成譜。衡哲之譜，固疑始祖玄真，或出南陳將軍一派，太乙公之後，然慎其所出，依「舊譜」，仍尊玄真為一世祖，亦示其重也。
斯為《順治庚子省機公舊譜》。

脩譜者：九世裔恆哲、字子卿、號省機

纂脩：恆哲。

三次重脩

康熙三十二年（一六九三）癸酉，十世祖愧三翁，以「舊譜」雖備而乏詳，緣復就「舊譜」重為脩之。並置祀業，俾各房輪流祭祀。譜並述其事，而於上世數代，論且綦周。自序之次，並立「宗規」四條。若始遷之祖，仍如省機公，尊南陳將軍派太乙為漳州之祖，玄真為安溪，並分禰南安之祖，敘亦最詳。稱《康熙癸酉愧三公舊譜》。

脩譜者：一新諱韜、字克維、號愧三，邑序生。

纂脩：署愧三

擬定字行

凡氏族之立，譜牒之脩，久防親疏不明，世代混亂，向有「字行」之立，由來尚矣。彭格之宗，初未立「字行」也。「字行」者，或稱「昭穆」、「字韻」，名異而義同，俾明世次，證輩分也，其義重矣。康熙六十一年（一七二二）壬寅，宗十二世孟續，承愧三遺志；「念家人之情，不可使暌，家人之序，不可無節」，出為釐定。一曰「諱次」、二曰「字次」，各二十字，始用於十二世。後至光緒六年一八八〇庚辰，十六世恥百續修「族譜」，並增「號次」二十字，至是字行俱備。

四次重脩

雍正元年一七二三癸卯，宗十二世祖孟柏，以康熙三十二一六九三年，十世叔祖愧三翁，三脩族譜以來，又歷三十餘年。翁之「舊譜」，固備且詳，而傳世既久，人口衍蕃，生卒頗多，而墳墓更改。若不再加修明，則事事難以稽查。就令再集，又恐不無朽蠹遺落之患，而族叔輩德使、茂侯、拱信、潛侯、善侯亦緦緦焉，慮及此。遂議由孟柏增脩，厥據愧三翁前所登記者，復為抄錄，未及登記者補入。蕆事後，謄一樣九本，付與九房頭，各藏乙冊，防遺漏也。斯其四脩之譜，名《雍正癸卯蒼苔公續脩譜》。

脩譜者：孟柏、號蒼苔，贊脩者：德使、茂侯、拱信、潛侯、善信。

纂修：蒼苔。

五次重脩

乾隆五十一年一七八六丙午，彭格十四世裔季纂，有感於雍正元年一七二三，蒼苔公續脩「家譜」，雖謄九本，分藏各房，至此卻歷六十餘季，九房頭復為支分，子姓兄弟，又更蕃衍。況且，時適爛壠大祖祠宇，方告落成，自茲而蒸嘗有庭矣。唯其叔祖輩諡士，族叔洽五、洽貴、洽朝，族兄榮煥、榮詩、榮曹、榮煤、榮享等，又慮代遠而譜缺脩，世久年湮，無以與孝存仁。至於正訛、揚幽、補逸、紀善、貶惡而嚴譜法，比之於史筆，亦眾需求，為族所重，因由季纂秉命而脩之。為六脩「大譜」，告譜五十三年一七八八戊申。是譜，共成十八卷，仍分九房分，各藏二本。厥即《乾隆戊申重脩家譜》。

脩譜者：季纂、字檬修、號鴻業，彭格十四世裔也。

六次修譜

彭格大譜之脩；自明萬曆間，軔脩以來，凡經五脩，其主筆政者，悉由族中賢者主之，前文之言備矣。迨道光二十九年一八四九己酉，族人復以《乾隆戊申譜》之脩，相去六十二年。凡譜之脩，或三十年、或四十年、或五十年，前賢之例已見。由是譜之重脩，其議再興。議既定，則由族人標明、標蔚二人出面，委聘姻親劉宗哲，出為重脩之譜，主筆政。至於資料之集，即由族人採輯備齊之，為六次重脩。三十年一八五〇庚戌、新譜完成。名《道光己酉重脩家譜》。

脩譜者，劉宗哲、署曰「姻弟」，餘從略。

七次修譜

光緒六年一八八〇庚辰，彭格十六世裔址格，以《道光己酉家譜》之六脩，雖去三十一年而已。然以主筆政者，屬姻婭之親，供資料者，出自族人。由是有採輯不及者，時姑闕之，有正訛而不敢筆削者，時亦留之，意待後賢。況宗哲之筆，亦較專見，褒而不貶，亦失嚴謹之義，非為重脩之，將無以糾正視聽。況乎是年之春，族人傳豹、傳衷、傳鴦、傳中、世律、世曹、世有、世註、世涉、世上、世瓶、鼎洛、景輝、馨蘭等、亦有「慮遠難考」之語，因為之重脩。由址格主之，並立「大譜凡例」五十條、「家譜條規」三十條，脩之範圍，且及渡臺族人，為規模最大。至是一族之譜，脩則有「凡例」可循，平居則條規可為遵守，斯則《光緒庚辰恥百公重脩家譜》也。

脩譜者：十六世裔諱經，字址格、號恥百。

纂修：恥百。

八次修譜

民國二年一九一三癸丑，其距光緒《庚辰譜》之脩，相距三十三年，而辛亥鼎革，肇建民國，第二年也；民主蔚興，帝制消褪。彭格之譜，復為八修，其義寧匪義深耳。然則此次之修，由於時代推演，凡人之所思，轉趨開明，視野舒展。其於已往，緣嚴守宗法，直以玄真公為一世，而始遷之祖也。然稽其出，亦有本源。次而重考順治以來，諸序中所述，疑議之祖系，複為釐清之，斷彭格之先，實出南陳太乙公之後、傳八世而生玄真，為宗之始遷祖。若太乙公又出唐將軍龍湖公之後胤，為時之取捨。然未繫世系圖，但存「源流」之文述之，竟見其仍慎焉。此次之脩，規格最巨。有總理譜事宗人；丹成、成樂、四熙、詩月、瑞騰。又有協理譜事，繼起等二十八人，名見「脩譜序」後，而主筆政者，實十七世裔鎮禮耳。

脩譜者：鎮禮、字謙光。

渡臺支譜之脩

民國七十八年一九八九己巳春，渡臺族人二十世裔明良，始倡「支譜」之脩，委由纂撰者唐羽，主其筆政。是夏之六月，躬涉安溪，訪彭格代謁祖庭，得「癸丑譜」而攝照之，歸臺為「支譜」之脩，內詳，自有「序」不復贅。譜之蕆事，則在五年之後也，亦渡臺以來，始脩之本。茲僅列襄事人名如次。

脩譜者：主脩：二十世裔謹字行明良。監脩：十九世裔書字行接枝。

總　纂：蘭陽　唐　羽

基隆陳其寅曉齋夫子行狀 民國八十五年

陳公諱其寅，字曉齋，斯受業以　曉齋夫子尊之，禮也；世恆先生稱。其先，閩惠安之三鄉，有「琅玕陳氏」者，先生本源所由出也。元、明以來，累世耕讀傳，高祖遜鋒，鄉飲大賓，曾祖壽侯，祖瑞卿，俱國學生，服儒世芬，著揚枌榆。光緒中，中法媾和，考兆齊，字思賢，來臺考察商務，觀基津良港天成，勢登大埠，擇居而從懋遷，偕友組「金建順行」荷經理，能忠於事。甲午戰後，閩、浙賈舶不至，商況頓衰，思賢隸泉郡，藉交誼電招海商來航，沉淪復振，今《市志》有傳，先生即思賢公次子也，因誕于斯，遂為基隆人。

先生自幼，姿表瑰麗，睿質天稟，年猶髫齡，思賢公躬自啟蒙，使背《毛詩》兼就外傳基隆公學校。將畢業，值民國肇建，慮久後數典忘祖，攜之返閩，令受儒學薫陶，數從名師，力倍螢雪，涉歷古今經典。並畢業福建省立第十三中學，又負笈福州英華書院。

初，民國五年，思賢公以「金建順」解散，轉自營「和春號」本街，從臺日貿易。越四年，先生自榕歸，即攜之扶桑，俾儒能兼商。明年，思賢公竟病猝逝，年五十二，而先生方弱冠，學未就，即倉卒返臺嗣家業。惟世歐戰後，百業蕭條、經濟板蕩；「和春」經營受挫，資金虧缺，至讓房地產償債外。又八月，養兄其新以瘵亡，嫂氏郭，攜二孤來基奔喪，遂遵嫂意，齎遺粒典債贈嫂，己負還債責，送嫂氏奉母返閩去。經五載，債清產復，即迎母氏親自奉養，人稱其孝義。

其先民國八年，思賢公嘗投資本街「老建和木行」，既而中惡，事繼先生，先生能承其業；數稔力事，經營見曙光，頗獲利。合夥者以善運營，咸推崇之。十五年，悉委佐理。先生雖儒而商，甚能度時勢，運籌調濟，業更大成矣，未期二次大戰發，木業遭日閥統制，告歇業，家亦避戰禍徙居暖暖庄，次光復，始返。

三十四年秋，日閥敗，臺亦重光。先生復振作，時市廛既燬兵燹，街衢宛形廢墟、糧食奇缺、民多菜色。先生所居，更名仁二路，因就廢居營埠頭貿易，曰：「德昌行」；招徠舳艫，躉批雜貨、土產、食品等物，由是滬、榕、泉商品湧至，裕富劫後民生物資供需，繁榮市場外，嗣改對外貿易；電氣器材輸入，更裨益本省工業之重建，電機產品之自製，乃至經濟之臻勃興，與有力焉。次則，重光之後，臺與故閩，祇隔黑水，一葦可杭。陳氏琅玕同族，衍蕃三鄉，地卻磽确，火耕維艱，生計困巨。海禁大開以來，眾多過海南洋，求謀發展。清末，思賢公來基，族人渡臺亦繼之，實啟先河。後以世變，中堂割地，日禁華人渡臺，今既嚴苛，眾亦卻步，今雖失地既復，踵而內戰，鄉人復以臺地四際汪洋，宜商宜漁，多視基津若避秦桃源，相率浮海。洎登此間，人多地狹，謀生匪易，先生念同枝之情，慮其流落無依，輒多納之，或因材安置，媒介職業，或助經營，使有所寄。久而琅玕之陳，族夥成團，處流寓而閤族且為「琅玕宗祠」興建，舉先生族長。服屬無分遠近，遇事相扶，維長是賴，先生從靡以親疏，或藉故而推辭。

先生燕居，始民國八年，思賢公為嬪聘故土東園鎮望族，黃翁九高長媛鏡，時年十七。稟性婉順，雍容和藹，既迎，主中饋，繅絲績枲，舉五男六女，伉儷相處七十餘年，閭里稱其賢焉。民國四十七年，曾膺基隆市第二屆模範母親獲選，詩伯張昭芹、成惕軒、李漁叔、陶芸樓、張作梅、謝敏言、葉子佛、周植夫臨第致賀，有詩紀盛。

先生之問學，初抱中西並重，維及甫冠，改志趣鄉邦文獻，思賢公嘗授琅玕八世族祖伯侗公遺箸，屬刊之。伯侗諱稚愷，字燕宜，明季諸生，生逢明社鼎革，抱鮮民之痛，終生不仕；隱德著述，至嘔血脩譜，卻憑未湮墨迹，維繫宗族於不祧。先生捧讀竟掩卷低徊，深受啟迪。治產之餘，隨手執卷，研道索微，探頤舊學，數十春秋猶如一日。卒致沈浸而濃郁，含英咀華，融會貫通；蘊聚而文，則用句典雅，辭藻渾厚，儕輩誦傳，論著亦與日而盈篋焉。

六十四年，因鑒年近大耄，諸子俱已自立，遂自商場引退，靜處所居懷德樓，整理舊作，讀書自誤。時先生固云：「以期寡過，亦不與聞世事。」維夙雖坐賈，業卻依儒，厥三臺聞達，咸以先生逸在韋布，而學貫中西，遠去鐘鼎而名聞遐邇，苟共一席，勝讀十年。既而朝野賢達，投刺求見，席不暇煖矣。

蓋先生處世，主明君子所守，實事求是。時言：「古之文章，訓辭邃奧，義多規鏡，雖知學之不能至，學者，應不以為不合時宜而廢。」藉勵後學，莫偏求新，亦莫拘泥。若論時勢，又言：「臺自重光，兩世太平，民不知兵，久矣！人心渙散，世道淪亡。況乎時人，重利輕義，陷泥不拔。位廟郎，執喉舌之士，又邪曲民意，亡安危，海上之禍，誠堪慮云。」見其衛道之情，愛護鄉土，心繫安危之深。至于言詩，又自謙：「並不能詩」；嗣至「歲戊寅，始受族兄仲璞鼓勵，自是吟興漸濃。」維在民國二十年，基津許迺蘭結大同吟社，已加盟外。二十五年貂山張廷魁，奎山陳望遠，倡設鼎社，先生則代大同與盟。三十四年，繼迺蘭長大同吟社。嗣是，德望凝聚，才識蘊匯，吟味所作，渾如嘹喨，氤氳唐響之外，尤備紀事之功，非徒呻吟已耳。

四十八年，《市志》之脩，先生主纂〈人物〉、〈文物〉二篇。餘凡邑內叢林殿宇，壇廟宮闕，豎貞石，鐫摛詞，亦多歸為文。五十一年，堂構「懷德樓」成，黨國大老于右任、書法大家曹秋圃，既親題字，復臨錫賀。名士許君武、伏嘉謨、劉潤西、施梅樵、鄭蘊石、易君左、謝敏言、吳萬谷在世，暨海內諸大詩家，亦時過從，或藉寄吟傳音。陽新成惕軒先生，歷位掄才大計，序題先生曰：「炎陬之俊流，澆俗之貞士哉」。三十稔間，引為文字知己，歲及臘半，必一蒞基，促膝問禮，今嘆已矣。

先生平生，雞鳴而起，燈蘭而息，起居存律；飲食有節，煙酒不沾，進退有度，遇事謙恭；敬重斯文，輕富貴，睥睨趨炎，而守正氣。其睦族黨，則撫孤恤貧，不計親疏，喜慶躬賀，悲亦分憂。苟其鷗盟，故舊新加，鴻雁來往，歲時問候，亦微間斷。過從論交，待友慇懃，言則侃侃。後進來見，誨亦諄諄，議而諤諤。涉時事，又誾誾歷數，微矯掩，斯儕輩或地方之士，咸以謦欬其側，拾言笑為獲益，敬謹而不憚。

然則，仰惟　先生，壽登耄期，風骨傲霜，德既服眾，嶽氣星耀，鶴相天稟，四代同堂。舉榮典：即五十七年，全國第二屆「模範父親」；六十年，本市「孝悌家庭」；六十九年，「全國模範老人」；七十三年，臺灣省「長青楷模」，蒙　主席邱公頒贈「遐齡碩德」匾額，名實至矣，猶自云：「食德服賈，守序雅頌，奮意詞章而已，匪敢云用世也。」謙恭如此。是歲以來，猶兩脩譜牒都三十一卷，摭拾遺支，克承族祖伯僩遺業，收族防失。其餘大著四部，亦陸續行世，期頤可期矣。詎至今夏六月，閩南旅基鄉眾將建會館，涓吉奠基而邀先生，親臨破土。炙陽下，炎蒸酷迫，典禮成，人亦水竭矣。第歸，踵而客數訪，致疲渴過極，旋住院療養，稍瘥。未期秋後，病復發。返院求治，毋如春秋既高，疾轉革。悼於十一月七日立冬之日怛去。先生生於割臺後之光緒二十八年十二月初五日；歷明治、大正、昭和、民國，享壽九十又五。

嗚呼，噩耗既傳，儕輩同悼。子德潛、德培等率諸孝眷，並依其故俗由琅玕在臺族昆為備後事。擇吉於民國八十六年元月廿二日歲丙子臘月十四日，將藏遺蛻臺北縣八里鄉龍形之原。蓋先生於己巳歲，嘗營生壙於斯。後三年，黃夫人先歿，殯在右虛，今乃遵屬窀穸左預焉。

先生有五男六女，長男德祖未娶歿；次德潛，畢業國立臺灣大學經濟系，第甲考優等，公職監察院審計部簡任稽察，已榮退；次德培，省立基隆中學畢業，夙佐家業德昌行暨大文織造公司財務，後應聘永光興關係企業，今亦退休；又次德光，幼殤；季德欽，營織造廠，強仕之年逝。諸女長者惟淑敏、淑純，已逝婿家。長孫青松，臺大商學研究所結業；次孫青州，淡水工商學院畢業；次培子青岳，國立成功大學碩士；次欽子青龍、青魯，俱上庠畢業；餘諸女孫十四人，或留美得碩士，或畢業國內上庠，亦多優異。曾孫雲章輔大在學中；曾孫女雲錦等內外共二十一人，亦均就學中。

受業蘭陽之產，蚤歲寓基，至丁酉、戊戌間，友次公子德培而遊先生之門。由茲以來，屢承啟導殆近四十載，嚮以私淑事先生。先生曰：「余與子，亦友亦師可也，毋用師徒名。」既而又抬愛，凡惠翰札，輒呼「老弟」。間乞　墨寶，款亦如之。寵鴻庥之情深，斗望　嵩華，慕仰之私奚有止也。客歲暮春，之基問候，先生曰：「頃者周植夫來云：『園與先生交五十年矣，未曾畀一墨，敢乞數句增輝蓬篳』。余諾之，遂剖楮為二，已書一條幅貺植夫。今存另半，擬書與子，子意何如？」時雀躍而乞賜之。越數日，先生果署日端節，錄蘇子瞻〈前赤壁賦〉後段，捲而畀曰：「夫蘇子所云：亦爾吾之所共適也。」於時極愚鈍，惟拜而領謝，去今匝歲又半耳，而先生化鶴去，始悟先生，寧匪示愚，意若客所云：「挾飛仙以遨遊」，「抱明月而長終」今其俱已矣。

吁！今日雨港朝野，仰　先生之盛德，將加等為推　飾終之典，因屬為述　先生行誼，雖愚鈍，敢以不文辭乎。爰述　行誼而易狀者，更懷　碩德也。

歲在丙子冬十月十二日小雪

祭黌江陳曉齋夫子文 民國八十六年

維中華民國八十六年元月二十二日　夏曆猶丙子臘月十四日，甲子之良辰，陽受業蘭陽唐羽謹具香花清醴之儀，致祭於基隆文壇祭酒，尊吾恩師曉齋陳夫子之靈前曰：洪惟夫子，儒門之出，源有虞之遠胄兮，德崇太丘。拔琅玗之俊秀兮，系出惠邑。尊翁賈臺是誕於斯兮，降雞籠之嶽氣，匯鱟江而凝聚。

方髫齡而受經兮，擇庠序之榕城；倍螢雪通中西兮，甫及冠而承家。繼乃翁承乃業兮，仍從儒而服賈。毋荒詩書，無廢家業兮，又傳洙泗，又擅貨殖。世尊儒商兮，誠三臺之宿儒。居基津而成巨賈兮，兼揚大漢之天聲。位鼎社之臺柱兮，奕大同之主盟。

繄惟夫子，數其經營也，曩日臺甫重光兮，痛市廛之焚燬。慼眾庶之菜色兮，招賈舶之東航。營懋遷裕經濟兮，尊立德，繫傳統。槩歎神洲之赤祲兮，助族人，避秦火。迎族黨之來依兮，俱因材而安家。無間親疏之分兮，悉併視之同胄。建祖庭集宗裔兮，蒸嘗予斯，睦族予斯。嚴維孝道於斯叔世兮，寧匪國族之足矜式。

維吾夫子，遠鐘鼎而德馨播兮，博古通今，又精內外。苟共一席兮，猶勝螢窗之十稔。

繄晏晏夫子，守身孔孟，遠位廊廟，卻愛鄉土；時歎邪說之橫行兮，繫安危於真情。夫子之治學兮，尊儒家，追唐嚮。凡紀業，嚴秉筆，悉具文質彬彬兮，備史之典型；厥受業之私淑兮，奕鷗盟共推崇。誠一方之祭酒兮，冠三臺亦儒宗。

吁！斗望嵩華，洪惟夫子兮，壽登耄期，風骨傲霜。行則服眾兮，瞻德式而望重。若鶴相之天稟兮，具四代之同堂。斯治道累錫榮典兮，舉祝遐齡，兼表碩望。

謙惟夫子，名與實之俱歸兮，猶奮勵於晚季；溯本源拾遺支兮，修宗譜而發幽光。又書畢生之見聞兮，留二志在斯鄉；斯匪奕詩奕文，藏在石渠兮，無忝炎陬之俊浤。豈惟祇于海上兮，數在中洲亦列貞士。

嗚呼！夫子，身經五朝，積閏期頤，起居存律，四季安康，曷知其孟夏兮，喜會館之奠基。受邀蒞臨破土兮，炎蒸酷迫，二豎乘虛。賢孝後昆，雖勤湯藥兮，洎立冬而疾革。嗚呼，黌江之濱，雞峰之麓，文星遽沉，茲斷瞻望之翹企兮，徒盼華表之鶴歸。

吁！受業雖不敏，昔效立雪之於門，承啟迪於往日兮，鴻庥情深。今望靈輀寧不涕淚兮，縱欲銜環，從茲無期，雖述行狀以語德兮，可無蕪詞，再詳師恩歟！嗚呼哀哉。

尚饗

棲蘭草堂文稿

唐　羽著

卷之七

魯國基隆顏氏家乘序民國八十四年

雞籠易名「基隆」，始光緒置廳，取「基地昌隆」意也。蓋以雞籠之境，嚮雖甌脫，地質年代久，富鑛藏。邑東有山「雞籠」，夙著煤窰；邑北，嶼名「小雞籠」，荷、西嘗據此，窺鑛利。道、咸以降，煤務興，地昌隆，名實咸宜耳。雞籠之域，亦臺極北，治之南，大河環流，溯自澹水，分汊關渡門；潮汐迂曲，漲止蜂紫嶼，爲內港北溪。北溪復上游，別稱石碇溪，其源三貂大山西，岸平水湲，有「平溪」名，沿地富鑛藏焉。光緒乙未，東洋據臺，統曰「基隆河」，今稱之始，亦雞籠概略也。

基隆之流，上溯八堵，有埠頭煖煖，昔安溪移民墾地也。若基隆顏氏之發祥，地名鰈魚坑，溪洲交匯，山環水抱，子姓山畊焉，約距煖煖五里，今以「基隆」命譜，取諸大河意兼該耳。

顏氏者，始遷自安溪。譜載：魯國復聖之裔，支分琅琊，南傳江右。宋初，徙永春，入閩廟遷爲一世仁郁。後五世慥，教授漳州，居青礁。復七世，諱振仲，孝宗朝，吏部尚書定肅孫也，官安溪，致仕，居還集里烏塗。清溪之顏，由茲始，祖庭猶在。乾隆季世，裔諱浩妥，率諸子侄，梯航來臺，工大肚溪水利，遇饑返唐去。嘉慶中，子玉蘭，借弟復來，輾轉墾于煖煖。蘭季子斗猛，開族鯀魚坑，農茶、稻，兼采煤。世變後，猛孫雲年，披沙致富；次國年，亦興於煤。昆仲遂以金煤二鑛，富埒王侯；至今，業傳五世，方興未艾也。

余觀臺紀文字之史，略三百五十餘年，迨後百餘載，地域所藏，方端開採，即遇甲午之戰，地割東洋。斯閩、粵移民，二百餘載，汗流所獲，頓成異族禁臠，民類蒭狗。基隆金山之金，金包里、四脚亭之煤，吾人未能分享也。

方其時，顏氏子雲年，躋于場屋，年念二耳。兵燹之際，諸父被誣抗日，將加縲絏之夕，詣屯所，據筆談，抗聲護鄉原委，出己主張，毋咎諸父。日酋懍其理正而義孝，改容許畀「良民證」乙鄉，易允居通譯，溝通官民意。雲年能勝任，二歲，卸公職，采金九份山。凡有所獲，利享大衆，譽傳北臺。大正間，遂登鑛山主。弟國年，亦陟幽谷，逐煤層有成，昆仲擁有五十九煤區，殆布沿河兩畔。若「基隆炭鑛」、「臺陽鑛業」，俱與日豪商，分庭抗禮也。餘若興業工商，俱創系列而大成。斯後之君子，論顏氏於臺灣經濟之發揚，則曰「民族資本之翹楚」，寧匪猗歟而盛哉！況乎，利濟人羣，世之謳詠，銘在峴山，貞石不泯。有云：「此顏氏累世，矧彼涵養，守善家風，樂嚴古訓，忽怠于報德，有以致焉」。

余卽以顏氏之祖，守貧陋巷，樂簞瓢，服膺中庸，列四科之首，孔門弟子第一。其亡也，夫子哭之慟。家世以衍，支庶蕃殖，廟祭國典，旁系南遷，何從縷述也。世道升降，丕泰推移，雞籠之顏，渡臺墾荒，改治貨殖，時逢隆運，勃興大河，茲百餘載，亦莫與京矣。

蓋其經營，之致隆盛，淳義敎化，守道仁恕，而末功利耳。擷而采之，毋媿左史之鑑，媲美綱常，傳之永久；正世道，裨風俗，補史之林也。國而立史，方則紀志，氏家脩譜，人物著傳，寓理微貳焉。然則，顏氏之經營，著於乘，傳于史，慎重事也。豈維述世系、序昭穆，志其遷已乎！

余籍蘭陽，實產金山，外王父呂公，安溪移民後，居什份寮與顏氏同庄里。弱冠時，復與雲年氏，皐事瑞芳憲警所。雲年氏立業九份山，呂公荷金瓜石勞務提供，事業炳子寮。斯余自總角，於顏氏故實，常耳食之。民國七十四年，治採金史以來，得與顏氏賢後昆數過從。八十一年，其族長仰甫氏，竟以脩譜事，委責於余；然則，以斯舊誼，自亦樂爲赴之。卽爲預脩計畫，研鑽舊譜，迨及消長由緒，報于仰甫；語其脩乙譜，何如治家乘之爲得乎。蓋足容一族，百年以來，經營之紀，俯拾缺遺，備窺全豹；仰甫然之。仰甫者，雲年次子德潤長君也，睿穎拔秀，素重史學。八十一年夏五月，譜局開，余忝總纂以來，首尾四載，來去閩臺、曲阜、海澄、清溪間，稿成廿八卷，縮爲念三卷，首尾三卷。撰述、考證、輯註，余一人當之。圖、畫、像，出文化上庠紀美鴻、馮美玲二生與名家劉建志手。臺陽顧問鄧老嶼生，屈就纂修小組主任。司諸聯繫。第三年，中國電器副總經理吳君榮泰，襄集諸系列事業資料，鑛業協進會副秘書長紀君阿明，兼荷付印事務並及校稿。

初，局之開，余之訪晤山東復聖七十九代世子秉剛氏，慇懃招余於府邸，惠資料。安溪謝寶治，以古稀之年，冒溽暑，陪余數詣烏塗；廈門大學教授陳在正、顏章炮二兄，偕余訪石碼、海滄，謁靑礁祖庭。在臺，則基隆陳曉齊夫子，以耄期之年，猶爲序「圖卷」倍壯卷首；畏友陳兆康兄，校勘陋園先生詩紀事編年註初稿，俱彌足珍貴之助也，並志謝忱。斯譜而名「乘」，「乘」者，「史乘」也，亦顏氏族史。今具創脩崖略，牖告後之君子已耳。是爲序。

中華民國八十四年歲在旃蒙大淵獻八月穀旦

基隆顏氏家乘考源序說 民國八十六年

顏氏之先，顓頊之苗裔，曹姓之後也。初在軒轅時，昌意生顓頊，立為高陽氏，高陽生稱。稱生老童。童生吳回。回生陸終，終生六子，各有其國。行五晏安為曹姓。其傳世，歷唐、虞、夏、商、微不能紀。

周初，武王克殷，封其裔曹挾，君於邾，邑在魯之鄒。傳十二世，其半不可考。餘六世；挾生非、非生成、成生車輔、輔生將新、新生訾父、父生儀父，《左傳》曰：「邾子克」，其字「顏」，〈世本〉曰：「邾顏」。《公羊》謂之「顏公」是也。

魯隱公元年前七二二年，入春秋，名始見於《春秋》。傳曰：「三月，公及邾儀父盟於蔑。」而《公羊傳》曰：「儀父者何，邾婁之君也。」

其後，儀父服事齊桓公，以獎王室。王命以為邾子，厥始爵。嗣復有功於國，別封次子友於郳。魯莊公五年前六八九年，曾孫犁來朝魯。復從齊桓公以尊周室，王命以為小邾子，而子友於郳如故。邾子卒，謚曰武公。友之後，以王父字為姓，曰：「顏」。因其附庸於魯，世事魯為卿大夫，為顏得姓始。

顏氏家乘昭穆字行圖序說 民國八十六年

字行者，別昭穆，識輩分，序長幼也。夫以子姓既多，世傳代遠，繼別之宗，百世不遷，繼禰之宗，五世而遷，遷則自起一世，循環不息，衍千枝，蕃萬派，尚分不尚合，由來遠矣。無字行，奚序昭穆，別親疏乎。斯後之聚族，冑裔蕃衍，慮或命名偶合，擬一字，求吉祥，中採同一字命名，或置上，或位下，不問世次，可辨輩序焉。字行之為用，或曰：「字輩」、「字詩」、「字韻」，名殊而義一耳。

顏氏紫泥之宗，其先自西橋，西橋宗於青礁，始遷于桃源，禰分自琅琊，源於魯國。唐、宋以來，命名或擇一字相同，或歸劃一邊旁，義兼具也。然及後世，支裔蠡徵，擇字任捨取，從所好，用字頻繁，長幼參差，分敘無考，君子病之。乾隆之世，重輯舊譜，始見字行十六字之制定，起用二十六世，資證輩分；若二十六世「時」字為名，「繩」字字行；二十七世「浩」字命名，字行以「其」；二十八世之「玉」以名，字行以「祖」；二十九世之「斗」以名，字行以「武」之類是也，逐世一字繫之，昭穆可辨。

其後，渡臺之族，復續二十字，備用四十一世始，子姓是賴，以敘昭穆，廟遷而字行不更，永世無慮混淆耶。命名之儀，可不慎哉！附世次，纂易圖譜，曰：「字行圖」。

顏氏家乘衍派表序說 民國八十六年

族制統於宗法，宗屬繫於世系，凡族之收必明其姓源，凡人之生必知其祖出，譜之立世系，明其所出，繫血緣，備審親疏，服制乃具，古之與今，寓理無貳也。

顏氏得姓，宗源之篇述之備矣，然上世之事，去今湮遠，兩漢之際，譜牒淪沒。魏建以來，世系復備，具見大宗碑焉。此靡他，尚門第也。距及季世，唐祚衰，門閥替，譜牒云亡矣。宋興而後，復起民間。雖曰：「殘譜可循」，雜亂之際，豈無乖誤舛濫哉！斯譜之世系，微敢直承於宗源，意防乖迕也。

今乘，據前舊譜：仍自一世遵永春，始祖曰「洎」。洎傳三子，衍分三支，長支「仁郁」，官歸德場，桃源、青礁、西橋、紫泥其後也；次支「仁賢」，或云傳安溪，匪定論，姑虛之；季支「仁貴」，復分六房，孔內、達埔、浯州，俱其胤焉。

紫泥之宗，西橋之胤也；歷五世，復衍為二廟，「廈祖」、「上祖」是也。「上祖」七世，自為「興隆派」；九世，又為「球琳派」；十二世，渡臺為雞籠顏氏。自有「分衍表」。魯公有云：「舉集於茲，述要前人，不敢失墜。」維斯而已。衍派列第三，首述分衍，次立世系表，始遷為一世。

顏氏家乘家訓篇序說 民國八十六年

古之統族也，凡譜牒之脩，例闢家規、家訓、族規、族約諸卷帙，詞嚴而意厲，義在導人於向德，遠惡而親善，裨警惕，鑑自勵。至于定三助、規四戒、立六禁者，毋迺助困而教孝，鋤惡以近仁，唾別奢虐，求遂睦族，和熙社會，寓徵於罰耳。苟不幸，依規而執行，則屬非常之手段，匪約之本意。

蓋以務本之社會，民耕在野，族布僻鄉，聚姓成居，法遠弗及。至道之治，以孝為本，族議定規，闔眾守約，旨求昇平，不離方矩也。奈迄後世，人聚城市，政尚民主，事歸法治。規約之立，固留于譜備一格，靡法理之依據，徒然已耳。

之推公家訓者，規約二十篇，北齊顏之推所立，千餘年來，立論秉正，流傳遐遠，固匪法理以成條，卻列儒門經典，傳世以來，釋氏引申，廣被中外，涉事時世；無論家庭、族黨、上下社會，悠久綦深。顧明人張璧云：「質而明，詳而要。」；「乃若書之傳，以禔身、以範俗，為今代人文風化之助，則不獨顏氏一家之訓乎爾。」誠矣哉！

然則，與其虛擬失時，縷章嚴辭，曷莫引申祖訓，俾讀而吟味，味引自省，省自規範之為得歟。厥精其要，刪不切于輓近，義奧以釋，典沉則註。俾留龜鑑，仍名家訓，存於乘。

顏氏家乘傳芳集序說 民國八十六年

揚芬祖德，紀功文字，維盡美耳。彙記傳，裒為篇，盡美，又盡善也。迨乎成書，傳芳名集，又善極致，流久遠，孝而有徵焉。傳芳名集，朱次琦云：「編自洛陽相君，傳芳之錄，定於金華學士。」蓋錢惟演、宋濂，彙父祖，族人文集大略也。唐冑傚之，集見《海南叢書》。咸豐間，朱氏治譜牒，而九江昆仲為《朱氏傳芳集》與譜並行。

顏氏於華夏，雖匪巨姓，亦著族也。備賢德而流慶，萬業芳傳，世悠遠矣。遷臺之族，植茶播稻，潛德百紀；陋園昆仲，改事貨殖，馳騁當世，衍宗支，世其業，名著海內外。惟此經營之紀，人際宏遠，事業起伏，既靡實錄完整，曷從瞭然示諸指掌乎！文獻之不足，歎杞宋之無徵，其斯之謂歟！

顏氏為家刊，詳在藝文矣。惟《顏雲年翁小傳》、《顏國年君小傳》者，二君故後，友聲會刊行。傳之外，帙有〈諸家感想錄〉，文載九十三篇，語出眾口，評自當世，猶二君生平月旦。雖其群言紛異，卻蓋棺而論定，唯憑時地，回憶過從，文采樸實，毋媿傳芳之作也。錄以存之，傳乎久後，亦可窺其人際遇，備史品藻。

惟此二傳，既出時士，卒多和文，體裁師古，解讀艱澀，謬傳害義，恐不能免。厥以今選其要，都五十三篇，和文者，迻而中譯，漢文者，加諸點校。分次二卷，另擇祭文數篇附之。其餘，顏氏相關雜文，別為一帙，師前人而集，傳於譜，立卷傳芳。

顏氏家乘事業篇序說 民國八十六年

蓋聞山澤之開闢，寶藏之捋采，貿遷其端始，通有無之大道，興國與饒民，工商蔚懋焉。昔者史遷云：「人各任其能，竭其力，以得所欲。故物賤之徵貴，貴之徵賤，各勸其業，樂其事，若水之趨下，日夜無休時，不召而自來，不求而民出之。豈非道之所符，而自然之驗邪？」因著〈貨殖傳〉，志鑛藏，通乎工商之濫觴。然則，今《家乘》之修，雖曰志一姓焉，亦史之別裁，豈維述世系，敘昭穆而已。

臺灣之重鑛藏，始自道、咸，通商以來，地之所產，茶、糖、樟腦；幽壑所出，金、銀、煤炭，一時稱豐焉。曩日撫臣，置局開採，饒富在經濟，史評蚤著。詎及甲午之敗衄，地竟割於東洋。斯其工巧之徒，揭一旗而南下，分羹殖民膏腴，占盡專利也。當是時，魯國一族，獨以世從鼓鞲，處異政之下，猶能廁身鑛業，屢與分庭抗禮，利濟工商，經營昌盛者，此豈偶然也哉！

蓋其創業諸君子，能承積善之餘慶，明聖哲之勸教，從儒而修身，倚仁為經營；善籌計，能權衡，定猶豫，賈利分于大眾，斯其致大成乎！百紀以來，運營縱消長，地所藏，物亦窮。惟騁馳之所及，利臺地，裕工商，亦猗歟無得而稱焉！脩家乘，牖志事業。

顏氏家乘文徵篇序說 民國八十六年

紀史事，編年立綱，上尊天時，下正人事，聖賢作則，後來以師。蓋其四時具，地與人，人與事，粲然著明，史筆尚焉。然則，詩之興，蚤于春秋，感物而動，故形於聲，具稟七情，發乎自然，匪備風月、刻燭而專屬，顧亦紀事之由興乎。詩有紀事，而史編年，賈併彙一。庸觀時代，窺察所興，毋迺事理孔昭，朗然能明，曷異史事之徵信也歟。

顏氏家刊本，曰《環鏡樓唱和集》，曰《陋園吟集》者，乙未割臺後，迄于癸亥，陋園先生與三臺士子，閒詠、唱酬吟集也。收諸體詩千四十三首，賓主序跋十餘篇，末附輓詞百又二首。集中，先生詩僅見三百十首已耳。今士王國璠云：「是集或非全豹」，誠矣哉。

夫二集所收，考其所發，大率嘗刊《臺日報》。大正中，其家屬記室裒掇，固依存藁而成集，歲久稿舊，什亦疏舛而殘餘。編務多年，惟取體裁，主題，歸類為分卷。致同什之酬唱，亦往往以詩體異，割裂無以窺全豹，至如遺珠，闕句、誤編，概不能免也。

厥以今輯而重編之，復考證于日報，求確年代，詩興由起，視事先後，體裁不拘，維求發生而繫年。先生之作列于前，和者之什步其後，減字大小，註其略歷、詩興。至于闕詩，顧非特殊，仍割捨之，輓詩輯而附別卷在傳芳集後。斯集，名「陋園先生詩紀事編年註」，「陋園」稱者，先生生平自署也。今輯于乘，志文徵。

魯國基隆顏氏家乘後跋 民國八十六年

右「家乘」廿六卷，余為基隆顏氏所脩十五族之譜牒，亦經營之史乘，語在前序矣。維乘之脩，局開民國八十一年五月，擬成初稿越年之冬。嗣倍篇幅，事延八十四年春，稿送主脩仰甫氏逐卷審閱。是夏，仰甫氏出國，稿回總纂訂正、編輯，事蕆交付印刷廠，鑄字排版。惟祖像部分，夙雖精繪備用，會以章服、冠冕，悉與朝代考正迴異。遂為求正確，復聘名家重繪；文徵四卷，事繫史實，備考鏡者，慮乖誤相沿，竝行重編。全稿殺青八十五年六月，付印而八月可出版矣。

夫「家乘」之流傳，與族同壽也，圖計久藏而不蠹，初已訂製臺灣棉紙廠，手抄京和。蓋亦此間機製白楮，漂白過甚，歲月推移，久恐碎裂。奈若「臺棉」在臺，雖設紙廠，抄漉實出江蘇太倉，成品運臺往往數月外；八十五年六月，抄楮抵臺，始見京和厚薄不均，靡適印機云。遂致退貨復訂，爭議時滋，懸而不決。

迨及今歲三月，屢經協調，印廠與紙商，推誠溝通，前者改採單版印製，後者允自太倉，再抄運臺，爭議乃解。七月間，版上機器，旬日而印就交裝訂。事雖圓滿，其延誤，實歷匝歲又半矣。

噫！斯「家乘」之脩，撰稿費四年，上鋅又一年，凡五易春秋。脩譜治乘，族之至善事也；美事也，咸誦於心，亦好事也。好事而多磨，其此之謂歟！求善求美，磨其必然歟。今慶付印，牖跋崖略，申歉意族之賢者。

金瓜石瓜山國民小學校友會成立大會序民國八十六年

少小離家老大回，鄉音無改鬢毛摧，兒童相見不相識，笑問客從何處來。

斯詩題名〈回鄉偶書〉，唐人所詠，膾炙人口，道盡遊子繫念「鄉情」之詩也。

金瓜石在臺灣東北部，北擁基隆山連峰，南屏大金瓜巖嶂，東控獅子岩，西界外九份溪，為產金區。嘗享亞洲第一貴金屬鑛山美譽。產金地有著名庠序「金瓜石瓜山小學」者，吾鄉人自幼啟蒙黌宮也。學校之建，時在日大正七年三月，距今八十春秋矣。但臺灣在近百年中，政權兩易，地區消長，斯其學校在以往八十稔間，名亦迭更。其先曰：「金瓜石公學校」，嗣更「金瓜石東國民學校」。光復後，名「瓜山國民學校」，民國五十七年，再改「瓜山國民小學」，即今校之紬緒。惟創校至今，育出諸生亙七十屆，人數一萬五千餘人，俱此母校之所出，亦云盛矣。

然則，金瓜石一地，嚮雖以產金著名，無奈黃金固貴，寶藏有限，長年採掘，有時而窮，厥以開礦以來，今歷百紀，經此開採，礦藏既竭，地本磽确，亦微其他生產。地既蕭條，一旦畢業，淪為遊子而流寓他鄉，亦世之常理，事非得已也。

民國八十五年初夏，緣有心君子為籌金瓜石礦山開礦百年之慶，返鄉預事者，念斯螢窗，昔嘗同硯，今其聚散浮雲，深慼傷焉。因有組織母校同學會之議起，在鄉者張君文榮，鄭君金木，張君阿輝；外遊者陳君武夫，而余叨陪末席，恆數聚于瑞芳，人數屢增，意見獲一，遂為「籌備會」之發端。是秋八月卅一日復會瑞芳，出席許君朝寶，黃君木龍，黃君登科等二十一人，舉張君文榮為創會會長，而許君朝寶以齒德被推名譽會長，黃君木龍荷事務，擬〈會章草案〉進行籌備，復時商于北市，事迺底定焉。

今歲六月十三日，各屆代表十六人復來會，乃擇七月二十日成立大會于母校，其全名固曰：「金瓜石瓜山國小同學會」，實則，建校以來八十年間，四階段校友，精誠凝聚之會也，寧有彼此之分乎。

余以恆會之凝聚，非同氣而相求，則同類而相聚，以同氣而為友，以同類而同心，親睦結交，真誠為盟。況乎今日返校與會者，毋論鄉梓，不分流寓，悉吾　母校之所出，曩日螢窗，相守六年，親同骨肉，誼比兄弟姊妹也。顧自發會始，念曩日之同硯，猶若骨之與肉，兄之於弟，姊之於妹，忘我年齒，靡分遠近，俱珍惜此刻之盛會，以期來茲；並繫故鄉金瓜石之繁榮，共相勉焉，其有幸也，是為序。

金瓜石鑛山五平巷序說民國八十六年

金瓜石五平巷，日稱本山五坑，屬水平坑，位處金瓜石山拔海二百九十五點三公尺處，內九份溪之畔，上距四坑一百又八點七公尺，俱本山系主要鑛場也。坑道始鑿日明治三十三年夏，所出硫砒銅礦布在硫化帶中。若金分則胚胎富於含石英部分。

其鑛體距坑口約一千八百公尺深處，向西擴大，部分呈七八十尺不規則鑛囊狀，乃至礦脈狀，含金品位至富百萬分臺。

其第一中段又多明礬石寄生。惟所出石英含金品位雖高，若遇銅分寄居時，金分亦與下降，形成複雜焉。

本坑在開鑿初期，鑛石由馬匹拉出。大正末，改行直流電車以取代，平行向南二千公尺，亦通鄰境牡丹礦山，直井而下，有升降機可抵六坑、七坑以次。間其拔海一百一十公尺處，又蘊藏福馬尼(Famatinite,Cu3SbS4)鑛之樣品，屬稀世之珍，維識者不多，民國七十二年封坑停採。

臺陽公司八十年志序民國八十七年

臺灣自光緒二十一年，日人入據後，其國之豪商，揭一旗而南下，並引進歐陸式株式會社在臺創業。初以金、銀鑛山之開採規模最巨，與其人為專享，至有「基隆三金山」之鼎立。次越十稔之後，雖以南北鐵路通，製糖工業興起，大型會社成立，帶動北炭之南運，煤業以蔚勃。奈若膏腴炭田，仍為其人挾優勢席捲而擁有。維在諸財閥優勢之下，能脫穎以出，抗衡爭成敗，至凌駕其人之上者，仍有基隆顏家之鑛業與臺陽鑛業株式會社之建立，可舉焉。

顏家者崛起基隆河中上游，擁有金、煤二鑛山，區域數千萬坪。興盛之後，時之朝野，稱彼創業人顏雲年曰：「臺灣實業界之重鎮」；曰：「首一鑛業家」。又後之學者，則評其企業為「民族資本之最鉅」，交譽有自。

溯其創業，蓋亦投身于三金山興起之際，首從砂金淘洗，洎及糖業將興，又因先世以來，嘗歷三代採煤，積富經驗，由弟國年，踏勘北臺諸鑛，探礦累積，申設礦權，終與彼國最大財閥，分庭抗禮，合資建立「基隆炭礦株式會社」與別創「臺陽鑛業株式會社」。是後之史家，因譽為「鑛業鉅子」，而弟國年曰：「臺炭之父」。斯以二鑛業與所屬大小投資，在本世紀前半，予北臺之繁榮，經濟面影響，並非數語可道耳。

顏氏事業迨及光復，曾因含有日資，且佔其大部分投資，致名基隆炭礦者為政府接收以去。維臺陽鑛業在其後，歷改組，易名「臺陽鑛業股份有限公司」，還予經營；

但論「法人」地位，則與前期無二致。且於民國五十年前後，再創輝煌業績，有裨戰後臺灣之重建。況乎，前後二階段，「法人」與顏家本身，直屬與投資；子公司、孫公司，已過百餘家，亦為時民營企業之最鉅。

毋若時勢推移，六十年代而後，鑛業衰退。七十年代，能源取代，鑛山事業走向斜陽。顏家為應時勢，復事改制，精簡事業，去蕪存菁，仍擁十餘家以經營。迄今歲創社已歷八十年，溯創業則已志百紀，成「百年之老店」，亦不爭之事實。

有云：「創業維艱，守成匪易」，顏家事業既歷百紀，此百紀之歷程，若以臺灣本土通說四百年之史而言，適由清之版圖，淪為東洋殖民。次於殖民治下成就近代化建設，間歷第一次世界大戰後，大正末，昭和期之全球性經濟蕭條；次於昭和之第二十年代，又遇其國軍閥，發動侵華戰爭與太平洋戰役，而致經濟毀滅時期。

降及光復之後，臺灣雖曰：還諸祖國。但「二二八」之傷痕，國共內戰，時局搖擺，又幾陷經濟於刀俎。爾後，會遇韓戰、越戰與東西方冷戰，臺之經濟，再次甦生。但亙達四十年間之「戒嚴令」，人權受壓榨，民心積鬱，鬱久思圖變，卒獲厥「令」之廢置。今則，邁入政歸民主之重要時代。以斯論之，此百年之歷程，亦毋異本土歷史，由蒙昧邁向曙光之百年。質言之，其非農業經濟轉進工商經濟，變化絢爛之百年而何耶！

百年之間，臺陽鑛業嘗為臺灣最大之民營鑛業會社，所屬員工，超越五千餘人。其主持之顏家，媒體作家將之列次「臺灣五大家族」之首，以繼「臺灣實業重鎮」、「首一鑛業家」、「民族資本之最鉅」諸堂皇贊語之後云，則其歷程，或經營內容，信不失為本土史之一環，而有可觀者。既備開發史、經濟史之價值；亦佔社會史、家族史之重要地位，乃至多項政策面研究之參考。修其史，留傳於世，亦為社會責任也。

但在期許認同領域，間有差異，以及處於歷史未受重視，諸多企業忌將其相關檔案，公開于史炬前之臺灣，剖切其家族，研究其事業，臧否人物，付諸梨棗，並非輕易之舉。惟臺陽公司，夙因歷代社長、董事長、董監事，乃至顏家諸成員，認同歷史。其除基隆炭礦以外，每隔十年、二十年，均有社史類刊物之發行，抑或相關著述，藉對社會為坦誠負責。理念相沿，今為八十年之慶，今社座顏惠忠氏，自亦撙省慶典之費，移助史冊之纂修，並納個人建言，修為《臺陽公司八十年志》，由余執筆，稿成，歸諸該公司贊助發行，求臻客觀。至于志之內容，初擬篇幅為十卷，嗣徇內容益為十二卷，首尾二帙，都十四卷。公司之立場，維持不干涉、不過問，稿成避自審查，此種坦誠態度，更為難得也。

毋奈，百年之間，世代交替，兵燹之際，基隆本社燬于戰火，臺北支店又遇水浸。殘餘檔案，早溶于紙漿，史料之缺，更出意外。幸而余自民國七十九年以來，嘗司《臺灣鑛業會志》之修。八十一年，復主《魯國基隆顏氏家乘》全局。前二書之內容，或多或少，均涉及臺陽史事，此次修志，更臻深入外，亦可稍補前書之缺，雖非十分完善，卻暫獲長夜而不悶焉，仍為最大收穫。

斯志，始修于去秋九月，稿成，付梓今歲六月。至于志之修，能順利運作，並得顏家與公司林總經理炳輝、楊經理文雄，黃經理火土，邱經理建興暨諸同仁支助外。公司提供修志場所，任自翻閱檔案，備最大方便，更為個人衷心感激者，今將刊行，是敘崖略以為序。

民國八十七年八月下浣

樓蘭草堂文稿

唐　羽著

卷之八

金瓜石教育發祥地碑民國八十七年

古之欲正風俗者，必使其有學，學，黌宮也。啟蒙曰小學，立志曰中學，致用曰大學，俱學之宮焉。金瓜石鑛山地處北臺隩區，一山村而已，古未有學。地之有學，始明治間，田中組開鑛，設基隆小學校分教場于此。明治四十三年，獨立為小學，就讀者日籍學童，臺籍子弟不與焉。臺籍子弟就讀仁誠學堂，其沿革已失考，其遺址，今碑所在，大正七年三月，改設瑞芳公學校金瓜石分教場者也；十一年三月，升格設校。

維時，學校初設，葺茅為舍，僅足避風雨而已，且學生數十名，亦民力未遑就學歟。昭和八年，日本鑛業來營礦山，益規模，人口驟增，有學子三百餘人，而場地湫隘，間不容膝矣。是歲，第四任校長赤瀨川琹偕家長會長黃仁祥，懇求鑛業所長島田利吉，蒙其捐建新式校舍於砂鑛製鍊場遺址，今瓜山小學所在，九年完成。十年二月遷校，而舊址改建宿舍。近歲，夷為泊車地。

吁！本鑛山之開發，由甌脫而繁榮，復由繁榮而靜寂，滄海桑田，昔之茅舍，今築華屋，嚮之山徑，今拓大道。近年更由鑛業，蛻變旅遊業，前景遠大，信將歷久不衰矣。然則，學宮之建，培育人才，數以萬計，莘莘學子，啟蒙于斯，受教于斯，而後立志，而後致用，濟濟多士，嘗蒙　母校培育者，數既匪尠而母校肇建，逢八十年大慶矣。飲水思源，念當日教育發祥，校舍遷建，義尤深遠焉。可無貞石，並壽山川歟，厥立發祥碑，其供來者之緬懷，匪維留一勝蹟而已。

中華民國八十七年夏六月二十一日　穀旦

草嶺慶雲宮修志序 民國八十七年十二月

歲戊寅，余脩《雙溪志》之冬，學兄高君語余云：「頃纂大里簡草嶺慶雲宮志將付梓，雙溪與大里隔一嶺，史事相貫通，敢乞為一言，序卷首。」誠矣哉！學兄所言也。夫序者，序首末，余脩《雙溪志》，而君纂《慶雲宮志》，範圍雖異，地緣則一，寓理亦一也。

慶雲宮主祀玉皇大天尊，神苑在蘭縣頭城石城里，世稱大里簡，昔為入蘭門戶。

而雙溪位處北縣南壤，交界蘭境，屬三貂社隩區，曰頂雙溪。初，嘉慶十二年，三貂嶺道之闢，頂雙溪以墟集成其宿站，明日，盤山嶐嶺入蛤仔難，首站即為大里簡。易言之，二地者，淡防廳入後山之孔道，恒志史事；三貂並列後山，亦漳泉移民移墾所必經。爾後，道路由嶐嶺漸移于草嶺，「下嶺十里至大里簡民壯寮」，桐城姚瑩志道里，述之綦詳。慶雲宮所在，又當民壯寮之畔也。

三貂在當時，列淡水之極北，山巖層疊，曲澗而深溪，地無連袤沃土，甌脫之境焉。迨噶瑪蘭置廳後，官方數擬以三貂溪為界，劃淡蘭之疆域，久未定論。同治間，始定界遠望坑溪，而雙溪劃歸淡水廳。維雙溪墾民，殆來自漳郡，遂以地緣、祖籍、交通、史事諸源流，並列慶雲宮玉皇祭祀圈，證二地關係密切焉。

慶雲宮之草創，始見嘉慶二年，剏建祠宇道光十六年。光緒中，基隆金山鑛業勃興，凡披沙揀金之儔，殆來自三貂，而一夜致富者，不知凡幾。有云：「天下熙熙，皆為利來；天下壤壤，皆為利往。」一往而有利，懷金來歸。又福至而心靈，感銘所祀神為降福，蒙庥德，亦憑依也。明治三十七年，慶雲宮遷建神居，構璇宮，丹雘而藻梲，殿宇華飾，閬苑莊而嚴，為時後山第一名剎也。迨乎近歲，累年重建，高閣飛簷，巍峨凌霄，瞰碧波，覽龜嶼，又洋洋而大觀也。若雙溪，亦分香，別建二神宮於三貂嶺麓；又告謂：「祭祀圈經濟繁榮，民力其普存也。」夫民，神之主也，民之祀神，虔而敬，藉報神慈，其見民臻康樂之徵也。

然則，後山之開闢，今甫二百年。其披荊，自三貂始，次蛤仔難。慶雲宮建三貂、蛤仔難之間，為移墾孔道，孔道之枯榮，繫歷史之消長。慶雲宮之所徵，徵此間與其祭祀圈，開發歷程、繁榮見證，人文發展也。

今宮志之纂脩，固存慶雲宮之史，惟廟之香火，鼎盛自信眾，來自祭祀圈，眾檀樾之供奉。廟而有史，寧匪為大眾而留信史歟！豈崇功而報德，顯揚神威也已歟！余以慶雲宮諸執事，能為宮而脩志，志史實，刋印行世，非凡俗之能致也。必也，備瞻遠之眼光，而委高君董其筆政，尤善擇人也。

高君名志彬，號逸塵，海山樹林人，夙志於史學，出文化大學史學系，為金陵楊教授家駱之入室弟子。曩日，余學史於華岡，與之先後期，受益自高君者多，猶比難兄難弟也。君治學，嚴而謹，論學術與見解，更非時下凡庸可比擬，亦同道所共認。余與同志趣寂寞之境，時與切磋文事於經庫之府，文字知音也。能以不文辭乎！是為序。

民國八十七年冬至後二日

金瓜石山神社序說民國八十八年

本山山神社，世稱黃金神社，主祀大國主命、金山彥命、猿田彥命三神祇暨其妻御，俱東洋鑛業人守護神也。

剏建日明治卅年十月，鑛山主田中組來山設采時，原址在本山大金瓜岩嶂東側平地間。爾後，山城繁榮，鑛業昌盛，擴建移此山神脈之上。

神苑由寢殿、拜殿、洗手亭、參道構成。參道所經，築鳥居三座，旗幟臺五座；入苑銅牛乙座。

鳥居者猶吾國之華表，高聳屹立，凡祭典、豎旗幟，臻壯觀。歲之七月十五日舉開祭典焉。詣拜者，拾階而上，兩側石燈數十基，俱昭和八年，日本鑛業經營此山後，撥資重修時，各界捐獻。今維鳥居二座、旗臺乙座、石燈三對及殿柱殘存。餘雖毀日人戰敗後，登其境，脫俗之心，悠然生焉。

中華民國八十八年二月一日臺北縣長蘇貞昌立石於金瓜石山神社

雙溪鄉志稿姚德昌傳民國八十八年

姚德昌字嶷峰，原籍桃園大溪，生於日據大正元年，幼以家貧，直及年十一始入日制公學校。惟性好學，課餘復從塾師學習經詩，奈以生計蹙迫，年十四，則輟學為煤礦夫。昭和十年，聞瑞芳一地鑛業蔚興，乃奉高堂移家九份，時值產金旺盛，各業人才薈集，若名儒李碩卿亦來九份，絳帳陳望遠家，德昌因師之。未數年，以記憶力特強，又勤於學，遂儘得碩卿真傳。

光復後，移居金瓜石任守衛隊文書，時際兵燹方熄，民生維艱，盜金者猖獗，名「做九埒」，其所得雖糊口而已；惟被逮者悉論罪，送法監，據輕重，判徒刑。德昌以文書，遇案作筆錄；凡據實為言生計者，多徇其實，力陳上司，從輕發落，為里閭德之。明年，「二二八事件」發，守衛隊解散，德昌復回九份，營豆腐作坊基隆山下，並置塾授課維生，生計稍改觀矣，未期民國四十一年，遇連朝豪雨，一夕洪發，坊建基隆山中停，洪發山崩，父母家人八口罹難，僅德昌與一幼女在外，得倖免。

其後，年逾不惑，鄉紳李建和為省議員，憫其遭遇，且聞其賢，禮聘為文案，移家瑞芳，兼教維生，與被舉道教山長。六十年，建和卒，高忠信董座木柵指南宮，續聘為從事。其先，且娶暖暖名門周氏為繼室，並立族子為後，是以晚年亦趨安康。

德昌平生，雖遭際多舛，卻能怛惻胸懷，於名利則恬澹靡有所求，文案之餘，授課傳薪，更不廢倡導吟哦。又念蚤歲，得從李碩卿為學，得入門，至傳其業，凡為詩，亦秉師門風骨而外，曩日碩卿嘗組奎山吟社，而德昌以門生列社員，事去數十春秋矣，仍不忘師門所傳，除司鐸益勤，更以重興奎山為己任。斯其生計安定後，則入貂山吟社為社員，至七十二年，任副社長；七十六年，晉社長；七十九年，會與基隆詩學研究會，蘭陽仰山吟社，重組昭和中，碩卿所倡設鼎社，恢宏三社聯盟；稍償厥初宿願。八十二年，貂山任滿去。又二年，門人楊阿本組詩學會，曰瑞芳鎮詩學研究會，被舉理事長，為瑞芳一鎮自碩卿以來，詩社之重興。德昌生於日據之大正元年，吾民國八十四年九月二十七日以病卒，年八十四，有《笠雲齋詩草》行世，門人所輯也，左達五言，其詩若放翁焉。復其後，門人楊阿本、盧坤更為立碑九份山上，報其德也。

重修宋十三郎葉公頤園碑 民國八十九年

廈門烏林之野，有宋墓一基，銘鐫「宋十三郎葉公墓」者，禾山十八社葉氏二世祖，神而後長寢之域也。公諱頤，字子平，行十三，號十三郎。孝宗朝，參知政事正簡兄。紹興間，避世嘉禾之浦源，後裔蕃衍，稱地蓮溪，開派蓮溪堂。元、明以來，昆裔支分，清漳、臺灣，遍及南洋，號蓮溪之葉者，皆其後也。塋之建，乾道、淳熙間。歲月久浸，內戰以前，十八社子孫，歲祭于此。一九六二年，蒙當局列為廈門市首批文物保護單位，十年動亂，塋地遭毀，血食中斷，嗣建紙廠其周圍，久而僅餘碑銘，橫倒墓側。一九七七年，市文物管理委員會普查全廈文物，踏查塋域擬列登記，第見墓存碑銘而已，事乃罷；既而中央推行現代化，開放外資，經濟復甦後，塋地亦讓與外商，將闢建嘉蓮花園。

一九八八年夏，會蓮溪在臺族裔金全，余多年過從也。知余將渡廈為移民研究，來商於余，順道代尋根，償其木本水源之思。八月初，余既抵廈，五日訪蓮溪族賢東榮，求其導詣塋地。明日，得與數族人相偕之烏林，始悉神苑已毀，靡碑誌，壙後大樹，無可復辨之。余既返臺，將所見詳告金全，贈其所攝當時照片。全有心人也，則語在臺族人。自茲而臺廈昆裔，書信往返，且興重修祖塋議。一九八九年十一月，族團聯名陳情市政當局，十三郎墓為禾島葉氏開基，其繫鷺江之開發，備重要意義，應列市文物保護重建，並登記。

一九九三年五月，返廈謁祖，因得蓮坂區民委員會支持，市文物管理委員會重視，而彙成建設發展有限公司慨助，市政當局核准，從嘉蓮花園建地，收回原墓園周圍地五百又三平方公尺，准予復舊塋園。一九九九年五月，市府重新公布列第四批市文物保護單位。

吁！余以蓮溪族人，能飲水而思源，懷先人渡廈肇基，開此樂土，成彼榆鄉，事見明景泰間，同安李賢佑〈蓮溪志〉，並族譜〈蓮溪葉氏源流〉，史可稽矣。修建神苑事，即在臺宗族組織臺灣葉氏宗親海外聯誼會，相攜合作，凡歷數載，捐資、畫策、市府核准，聯誼會歷屆會長、理事等，奔走促成，今頤園修建始末也。

今園之成，名取頤園，用志開族。「頤」，百年曰「期頤」，〈易〉為貞吉，「園」，樹果之「苑」，亦塋域也。樹果以茂于厥後，其徵閩臺二地之葉，既茂且盛，攜手合作，共樹之園也，其徵子孫精神之寄託，於斯為大焉。誌為感謝鼎力襄助修建此園諸當局，並二地族人外，余既知其由來，因述厓略，資告後賢，並為銘曰：

禾山之原，烏林之野，嘉蓮花園，中有頤園；爾祖神祀，閩臺情維，血濃於水，融洽乳水；神苑既成，昭穆既序，潔粢豐盛，爾葉其盛。

雙溪鄉志纂脩厓略 民國九十年

雙溪為著名鑛都，農業亦盛。惟自煤礦封採，禾田休作，人口外移；今則，臺北縣下偏遠之鄉，經濟衰微，猶若靜處。然境壤為前代大三貂之首善，地處臺灣東北角，區域遼廓，羣峰環列，始作山朝，訛而三朝，內有三貂大山，被目北路之最高，為史邈遠矣。

維三貂之稱，載籍雖遠，開闢迄今，僅記二百年。初自洪荒，以地鹿場；行政沿革，豹變頻繁，曰三貂社，曰三貂堡；次及日據，置頂雙溪辦務署，嗣改支廳而後析分，置庄雙溪與貢寮，堡名廢而三貂之稱仍存。光復之際，改庄為鄉，始有雙溪鄉之稱。此固因革概略，三貂地名紬緒；但歲月經久，區域紊亂，志乘未修，信史昧黯，寧匪可歎也。

然則，已往經營之軌，既告停頓，人事消長之紀，亦缺史乘傳留，一旦事淪無考，豈惟地方遺憾，再亦關心歷史之士，所不願見者。況乎，臺自歸政民主，鄉鎮志之修，受上下傾注。雙溪者，今雖窮壤而已；惟自先民披闢、後山設治、嶺路既啓，官道所經，所在成淡防廳與後山要衝，人文蔚起，地域繁榮，史事浮沉，仍臺灣史之一環，今不修之，其待何時耶！

民國六十六年，史氏嘗為本鄉南境，泰平之移墾調查，至投身大三貂全境研究。八十七年，因以機緣，承事鄉志之修。斯志，固雙溪一鄉之志，惟雙溪之先，既為頂雙溪，頂雙溪又為三貂堡之中樞，轄有大三貂全境，而大三貂亦未有治乘，今若棄前代於不顧，斷自雙溪之設治而始，不僅非傳史，抑且踐史也。

志之修，因訂義例為十卷，附首尾成十二卷，卷統篇，凡篇俱自三貂社而始，書其有考，缺者虛之，力存史實；分治而後，獨留雙溪，斷自明天啓間，迄民國八十九年，始修之案也。

惟史氏以志書之修，非維臧否人物，善善惡惡，要在還原事象，定猶豫，明是非，成一家之言者。緣及局開而後，始見厥初擬計，猶紙上作業，往往與實際相出入。蓋雙溪一鄉，為史雖非長，公家史料之闕，殆出意外。舉其開闢年代，究竟何時？曰據以前，志書未備；日據以後，亦乏有考；事及重光以來，《縣志》且言：「據野老相傳，頂雙溪莊一帶，為乾隆時，漳州人連喬、吳爾二人所闢。」備見史事甚為存疑。毋如，民國七十年代末，卻見乾隆四十六年，開發之說，考其來源，更乏所本。厥以史實不爬梳，差之毫釐，繆以千里，非良史之所宜也。遂自荷志書之修始，期年又半，勤為田野工作：馳騁來去，凡地理上，山嶽、河川、聚落、坑谷，徇事實，俱為「田野」。其餘，別作「移墾調查」、「橋樑調查」、「廟宇調查」之三項。移墾調查：始自訪耆老，姓氏聚落，徵以先代移民入墾三貂，謀生計諸事列之。橋樑調查：凡交通之古道，峽谷徒杠，存廢俱列之。廟宇調查：即以散處境內，深山幽徑，勝地茂林諸殿宇，迨及大小聚落，當境土地祠、無祀祠，無分大小，統為紀載之。

由斯調查所得，族譜或公媽牌、契券諸資料；聚落興廢，廟宇因革。其餘，碑碣、古墓、遺址、古屋，林林總總，並見公家流失文獻，若學校誌，珍貴資料等，內多第一手史料也。始為雙溪之開發，重新建構其歷程焉。

八十八年，因政令，重擬〈計畫書〉送審。審查後，又新義例，定為十一卷，卷帙多者，又分上下卷，歷年餘而稿就。本志，計有正文十一卷，內經濟與政治，各分上下，仍附首尾，都十五卷，統篇目五十四、人物十二傳篇，凡附表俱列正文後，規模劃一，悉採編年；若官師、民代、各級學校事始、學生人數等，亦採長表而納之，俾易比較，為近歲臺灣修志之創例。至于雙溪之開闢，自據調查所得新史料，作考略，詳於開闢志。

斯志之成稿，正文九十餘萬言，部頭既夥，因分上下冊，都九百餘頁。其正文用字，文雅與易讀並重，附註史料，則採夾註，僅書書名、頁次或篇名，有案語仍用論註，引用書目與版本，自詳於卷末書目。

若志之義例與其主旨，原依古人所云：「土地、人民、政事」為三寶之說，首志土地，次志開闢、次有人文之發生，始有可記之大事，而志大事紀，順理成章也。惟審查當局，主張：「似可移列卷之一，俾兼具全書各志索引功能，亦若正史之本紀」

云。因移大事為卷之一，次土地，次開闢，遵建言也。

次而住民、經濟、政治三志，定位連貫，則基於「民為貴，社稷次之。」自民本之思維；之後，踵為文教、宗教，則志受教育，求智育之權利，以及祈佑身心，護育四境，追求至聖之理念。

然則，民既臻康樂，往日之經營，或動亂，或盛世，俱先人步履痕跡；勝蹟一志可窺其消長，人物志可定蓋棺，藝文一志猶頌昇華，文徵一志可存史料，亦云備矣。其來日之覽者，非僅雙溪一鄉，抑及大三貂，山村啓闢，分版設治，凡所有鉅細靡遺，持此一志，方便索驥，信可傳於有徵，備資史鑑焉。

惟志之出，究係始創，局開以來，凡諸調查，歷受當地村、鄰長與熱心人士、地方耆老，鼎力協助；提供資料，接受訪問，且不乏躬自引導，至各偏僻所在，闢荊調查者，其氏名均登於別頁，與志並壽外；鄉政當局，稔熟志書之居要，既委史氏承脩之，授以全權纂撰，至延期而稿就，其亦徇艱難，少苛責，更為撰者衷心銘感，歉仄難去者，並此誌之。又，是志既為始修，今所書多前代之事，又安知後之賢者，不為更精緻之發見，補足今誤，亦史氏之所期待，今將付鋅，爰書厓略以易序，牖告於賢者，以為謝。

雙溪鄉志跋後 民國九十年

右雙溪鄉志，史氏為雙溪鄉所修之志也。雙溪境壤，地名雖見清嘉慶中諸多墾契，且為大三貂之首樞，然嚮未留志乘，緣及局開後，始見往日傳說，事多後人臆測，乏史料之依據。至于公所檔案，久不過念年以來；念年以上，幾若闕如。從以承修以來，心萌退意，事幾再矣。但掩卷低徊，又憶自民國六十六年，投入本鄉南境大平之研究以來，數涉其地，廼及北境大三貂，馳騁史事，神交古人，爾來亦足二十稔矣。間則畏友高、陳二兄者且曰：「君從北臺灣之研究，歲亦久矣，奈其人以一鄉志局委之，筆削任意，今不取之，從前之投入寧非白費。」二友之言，成莫大鼓勵。因思公藏之案牘與史料既缺，何不改從田野著手；斯其首尾二載，隨有心與時間推移，傾力而境壤之開發，移墾歷程，漸次重現。

八十八年冬，會依法令：「修志須提計畫書送縣審查」，因新義例。明年三月，蒙縣文化局代局長潘，暨出席審查諸委員，畀予極高肯定，義例通過，著手纂撰。迄今歲五月，全稿完成，送公所審查亦獲通過外，其先於次第成稿後，並特商請中央研

中華民國九十年六月　日

究院近代史研究所研究員許雪姬教授、國立中興大學歷史系黃秀政教授、國立中央大學歷史研究所戴寶村教授、宜蘭佛光大學生命學研究所所長宋光宇教授、國立宜蘭科技大學共同科陳進傳教授、志書專家高志彬先生、前省文獻委員會委員鄭喜夫先生、基隆詩學研究會陳兆康先生，各就所長分別擔任審查，惠予高見。旋亦尊諸教座所批示，以及公所之審查意見，一一修正。其間，喜夫先生並冒炎暑，於短短近月間，通閱全稿，作文字校勘、糾正亥豕，予以定稿。以上諸教授與諸學者，厚愛之情，更令史氏銘感五內，畢生難忘者。

斯志之修，初自局開以來，雖史氏主持之，惟長久之調查，若微得力於從事諸助理之辛勤，鄉長簡華祥先生之睿裁，貂山吟社李鶯輝先生與不欲表明身分人士，不吝以珍藏資料提供協助。志稿之出，又從何得以順利而成？今並致至誠謝意外，惟亦痛切於心者，際茲朝野有識之士，呼籲重視臺灣之歷史，層方大力鼓勵各鄉鎮市，務重視周圍所發生，以志於史，今日各機關之事務官僚對於歷史，若無充分認識，作坦誠配合，巧婦難為無米之炊，所修之書亦將殆淪次類施政報告而已。治史云云，修志云云，既屬侈談，且亦學術領域之痛，歷史蒙翳，實有賴執事君子，痛切檢省焉。

時在民國第二辛巳蟬鳴蘭陽史氏唐羽後跋

楊塘海先生米壽《豐冬松柏》跋後序 民國九十一年

信大企業總裁楊塘海先生為我故鄉宜蘭出身傑出事業老前輩，因若套用古代史家筆法，而定其位，當可道為太史公筆下「取與以時而息財富，智者有采焉。」之典型人物。蓋觀其自習得一技，踏入社會，至於西渡求發展，藉「鐵冶成業」於春申；光復之後，迅速返回臺灣，轉由貿遷至於經營漁業、工業、石礦而創信大水泥之龐大家族企業，臻於與「王者埒富」云，亦莫不與史遷之道貨殖人物，成功歷程，遙相脗合。此種超級成就，寧匪各種傑出人才濟濟之宜蘭，且罕其匹，其在臺灣工商界亦具一席不移地位。

先生之待人接物，處事與交友，穩健而歷練，思慮尚周到，決策之果斷，出手迅速，凡有投入，均領他人之先。此種銳利作風，行事之正確，誠所謂穩健如山，靜謐如林，疾速如風，急進如炎，自是今日所見，信大企業成功基礎，更係來自先生所穩操，決勝之鍵，若古代名英雄，勝算自計之所憑依也。

先生既出自宜蘭，且為前輩鄉長，個人在較早年代，固經常聽到其人大名，卻及民國七十一年冬，經同鄉之介，筆政《蘭陽福成楊氏族譜》之修，始展交往與得其看重；先後執筆，撰其七十歲〈省身錄〉，以及其夫人楊蔡杏女士之〈七十自述〉，並及賢伉儷之《金婚紀念集》。

塘海先生論年齡、論經驗、論社會地位，皆德高而望重，凡舉止俱受同鄉尊敬，交遊廣闊。從而個人自始迄今，俱以晚輩立場，越級友于先生。先生亦不吝以降尊紆貴，若忘年之交此一態度為出發，視個人時若小朋友，時若同輩，時若其諮詢對象，邇來二十餘年。凡有文事，案牘之類，即遣其親信來舍，或以電話親自垂詢，作為參考。之後，會面討論，亦多蒙其採納。甚至，討論之際，對於個人所堅持讀書人之任性或拒絕，又多包容，未曾計較，且親送此位小朋友至電梯口，至使個人時感自慚，直覺先生畀余之溫馨，如沐春風，如入芝蘭之室。

先生既為一企業人，在今日社會，以經建為掛帥之世代中，自屬舉足輕重之公眾人物。但先生之個性，自出社會七十餘年來，處事理念中，以其少年時，曾從塾師習讀漢學，不獨以勤無難事為畢生右銘，且法古之賢人，任事和穆，待人寬厚，對人恭敬，提倡節約，以為立身處世之道。甚至，身雖已列成功之企業人，卻不若時人之好爭風頭、揚名當世、時見媒體，以躋身新聞人物為風尚。

但先生也有其獨特之處世哲學，在同輩交遊中，「爾敬我一分，我還爾三分。」緣先生之家居生活，雖是粗茶淡飯，不尚鋪張或雕琢，一旦舉開大型之待客場面，即又傾力以赴，充分準備，親自督促，務必以最好佳餚與名酒，招待來賓。並雇專業攝影師，負責捕捉珍貴鏡頭，務使與會者，賓至如歸，感受主人最好招待。週年之後，復將是次盛會紀錄，彙印記念集，精製完成，一一分送來賓之手，以及厚惠禮品或錫題賀辭、墨寶之朝野人士，不分黨派，無分彼此；奉此一冊，以表謝意。而接到友人，也可以再次重溫上次盛宴進行中，觥籌交錯，賓主盡歡之氣氛，顯示其回敬美意。由是，在另面意義中，亦意外而留下臺灣在盛世之下，企業人士、工商名人、朝野政要，彌足珍貴點滴，瞬間鏡頭，以與先生數十年來交遊紀錄，彙成歷史之一頁，成珍貴資料。

民國九十年八月三十日，為先生八秩晉八之懸弧良辰，日人謂之「米壽」。蓋「米」之為字，上為展「八」、中為「十」字，又下正「八」，合則「米」字，因象徵八十八，名為「米壽」。然則，塘海先生非但事業有成就，子裔眾多，平生又極好客，諸子裔亦認為其尊翁自經營事業以來，辛勤七十餘年，乃有今日之成就；何況，在以往歲月、人際交流、事業合作、休閒尚友，暨及各階層人士。猶如古人所云：「益者三友」。回顧過去，遠瞻未來，因敬邀諸位先進於一堂，乞頌祝鯁祝噎之詞，為其尊翁製錦介壽，亦感恩而圖報之美舉也；遂備盛宴於臺北國賓大飯店國際廳，藉表回報。

至期，上蒙今總統陳水扁先生題頌壽屏，前總統李登輝先生伉儷蒞止，黨政要員、工商大老、各界賢達、新知舊雨、高球界同道，或躬身祝賀，或惠厚賜，凡達六百餘位。尤其難得者，則日本國會宏池會於團長加藤紘一先生率領之下，專程來臺出席煖壽，並致祝詞，亦使楊家子裔由衷感激。其後數月，先生復念盛宴之開時，以年高八十八之今日，猶每周四天，能與諸球友，馳騁於各地高爾夫球場，來去自如，會逢慶生，復蒙朝野各界，工商賢達、親朋戚友乃及外賓，躬臨錫賀，寧非二難兼併盛事。由是諸子女乃會商復為紀念集之修，至以此任務屬於個人。蓋個人在壽宴當日，亦叨陪末座，親歷全部過程者，自樂見此事之完美，遂再次承乏，執此紀念集編務；復為慎重計，又敦請名設計者李男，分司美編實務，而余忝居纂修，統籌全局。

此一紀念集，題名《豐冬松柏》，副以「楊塘海先生八秩晉八嵩壽集」。夫松與柏之為樹木，俱為常綠喬木，非但四時長青，雖歲寒而不凋，古人立說，十分詳確，而先生年高期頤，猶如松柏之長青，四季茂盛，亦福人而有福報之見證。斯以全集之編，分為九秩，其內容如前所述，蓋亦九如之意，發皇於《詩》小雅天保。其句有云：

如山如阜，如岡如陵，如川之方至……以莫不增。如月之恒，如日之升，如南山之壽，……如松柏之茂，無不爾或承。

亦余為先生祝頌之最大敬意。然則，全集之編務既成，今將付梓矣，因跋為後序，並告崖略於觀此集之賢達，以謝焉。

原載楊塘海先生八秩晉八嵩壽榮慶《豐冬松柏》

日據時期金瓜石鑛山溫籍礦殤祭祀碑 民國九十一年八月

強國裕民，端賴經濟，經濟蔚勃則賴資源。維資源之屬，率皆深藏地下，苟非人力冒險拚搏，無從採為世用。厥以鑛山所在，災傷層出；礦工生命朝不圖夕，由來久矣，悲夫。

本鑛山名曰金瓜石，地產金銅，日人據臺，設採於此，吾國繼之已屆百有餘年。豐產之歲，出金二公噸又餘，嚮有亞洲首一金都之譽，此俱往矣。惟本山石山里，有金泉寺廢墟，日據時為淨土宗布教所，旁闢墓田，下溪谷設火葬場。開鑛以來，遇礦殤死者，蛻化葬於斯，若乏親人善其後事，則存骸罈布教所地窖，歲時誦經以慰英靈。光復以來，改稱金泉寺，行事依舊。迨民國七十八年，鑛山封採，僧去寺荒，風雨侵殘，殿宇傾塌，佛事廢，麥飯乏供矣。

維地窖中，尚寄無依骸骨二百零六位，考其原鄉，多屬溫籍平陽、瑞安、玉環三邑人氏，當鑛山繁榮之際，揮別父母，妻兒，離鄉背井，渡海徠山，謀求生計者，自吾民國二十年，迄於廿四年已達二千五百餘人。廿六年，會七七事變起，中日開戰，來此同胞，返鄉路絕。久役礦坑，身罹矽肺，命殁異鄉，因無家屬親人，善理身後，僅付荼毘，寄蛻於此，嗚呼！殤哉。夫此亡者，生前來山，亦為地方之繁榮，人羣福祉，社會經濟之昌盛，傾力以赴，卒以積癆，捐軀於此，成無名英雄，事著典籍也。毋奈其存其歿，家莫聞知，時人惻憫焉。

　民國八十八年，石山社區理事長吳謙次與陳阿仁、徐門二氏，目睹地窖失修，風吹雨打，骸罈破裂，白骨暴露，心不忍而募資維修之，更新骸罈，中元設祭，而地方響應，定為年例。瓜山里前里長張文榮，發布消息經傳臺北市溫州同鄉會，同鄉聞之咸感惻痛焉。即遣人回原籍，登報找尋其家屬，詎知久無所獲，遂規劃立石以誌其事，且鐫亡者氏名於碑陰，用昭勞績，免淪失考。斯議並獲金瓜石諸里里長、社區理事、父老贊同，金泉寺管理當局臺灣糖業公司允撥用地，同鄉會鄉親長者捐貲，共襄功德。緣立碑碣，用志永久，自今而後，祭之有時，幽魂來饗，豐碑可依。並銘之曰：

　雞籠幽隩，瓜嶺之陽，瑞氣恒聚，韞寶名彰；甌客昔徠，礦役以殤，金泉地窖，遺骨厝藏；迺蒙善士，悲憫贊襄，重修窀穸，並事祈禳；歲時享祭闔境保康，桑梓契闊，登高可望。

浙江平陽　陳　偉　誌銘
碑建金瓜石金泉寺

棲蘭草堂文稿

唐　羽著

卷之九

陳清松文物古蹟篇基隆第一序（民國九十二年）

世講陳青松，繼志乃祖之業，創設茂堂文史工作室，致力一邑文獻之蒐集，邇來有年矣。其間，嘗聞友人云：「彼之投入調查，風雨無阻，足跡所至，遍及舊廳各地，或訪耆老，或入曲巷，或涉幽宅。志在重現信史以來，沉淪故事。」聞而欣慶焉。

夫世事之推移，猶白雲之飄渺，隨風而逝，厥以「駒光」名之。意謂人生天地之間，若白駒之過隙，昨日所見，今日所聞，非以筆記之，過夜為明日黃花；事物之變幻，勿論山川陵谷，常滄海而桑田，浮沉靡常，寧有口碑之傳，歷數世猶存真，不訛替之哉？此以學商名黌，從賈已著成就之青松，毅然立志，纘緒乃祖之業，維其儒商世第，由商而文，亦同仁為陳家稱慶，為青松欣慰，樂見其大成者。

青松世出雨港舊家，其祖曉齋夫子為一代宿儒，吾輩尊為舊學祭酒，因陳氏自其尊翁兆齊鄉先生於光緒中，落籍於此，以儒而商，傳及夫子時，余以機緣而遊其門，自茲屢受教誨而私淑之。蓋雨港亦余寄寓十六載之第二故鄉，近歲且為研究主題基隆顏家興起與消長之域；卻亦余母家因變故，手足離散之處。八年前，夫子仙去，往日太多傷感，觸景生情，再到此間，俱為匆匆來去，卻無暇與陳家賢昆，聚首敘舊，於青松所累積，亦無緣以窺伺，遑論置評。

但友人又言：陳君近作，題名《基隆第一》，將彙集雨港暨舊日基隆廳、人物之專輯，以人為經，述事為緯，藉品題，道事功，傳其軼事，地方史蹟，里閭奇譚，發其淹沒，俾付鋟板，以饗讀者。

迨上月中，會事務再履此間，順訪市立文化中心時，遇中心圖書組王組長及喬小姐，語余以「青松所著近將出書。青松常言：先生與其祖，亦師亦友，稔知陳家故事，今志文史，先生可否為一序？」余以著作之事，譬若長江之水，源源本本，後浪而推前浪，老生常談，從何趕上時代潮流，敷衍而語更為余所不為。惟王組長邀序之誠，言及作者用心，亦使余難以不文辭者。因披其著述大綱，第見此書所言，凡分三部門：為人物、文物古蹟、藝文，下統章目為詩文、藝術、學術、文物著作、古蹟名勝、遺址建物、藝文場地、藝文團體、藝文活動都九帙，而具藝文志規模。論年代自西人來據雞籠，迨於晚近數十年。凡首出之事，洋洋備具。有此一書而雨港古今，已納於集，開卷有裨熱愛鄉土者，史事之掌握，觀古今風俗之醇美，遂使余匆促為獻言。且憶曩日　曉齋夫子，為存雨港百年之見聞，著述《懷德樓文稿》、《市志人物篇》以及夥多詩聯成集以傳世。今其文孫能纘其緒，將繼其志，寧匪先後輝映且可操券也歟！

青松者，筆署茂堂，早年畢業於建中、淡大，爾後在臺大商學研究所進修，由商而文，其由斯乎，余樂以為序。

平溪十分寮胡氏族譜序 民國九十三年

憶自民國七十年代，歷經臺灣區域史研究，所作田野調查中，獲知舊基隆廳四堡轄內，自日據以來，雖興礦業，礦源既竭，轉向工商社會。維溯其先，亦由移墾型農業社會，發足而外，先代移民，曾以氏族為倚援，或為號召，佔地而耕，至有「八斗仔杜、十分寮胡、三貂吳、水尾許。」之四大姓，分布其間。其所指，猶代表往日，金、雞、貂、石四堡之開發，嘗以此四大姓而著，時為十九世紀中、末葉云，予余以深刻印象。

舊廳下，四大姓，杜氏來自同安、胡氏出於安溪、吳氏祖籍漳浦、許氏其源南靖，而知泉籍與漳籍，各半之外，後世「金、雞、貂、石」之名，實則基隆、金包里、三貂、石碇，此四屬堡，堡名之總稱，而四大堡，各擁一姓云。隱約看出，溯自乾隆、嘉慶二朝以來，先民渡海為生存而鬪，至於，掌地必爭，黑暗年代，同血裔、同姓氏、認同祖源，相呼招徠，團結一致，以抗衡異姓，或原住民族，諸不同族羣；不同文化侵擾時，其黨同伐異、血濃於水觀念，何其強烈。更勿論氣類之爭，捨命以赴之漳、泉械鬪。凡此慘痛記憶，最後，雖落幕於今猶延續；雞籠中元祭而雙方和解，卻說明今日社會之繁榮，族羣和睦，經濟飛昇，溯其源，莫不出於各姓先人，篳路藍縷，以啟山林，贏得而來也。

北臺灣，在清末，固猶此類型移墾社會。但在墾而有成後，源於數千年，漢人觀念，多子多孫，多子多福；強宗與強族，此一思維之下，子孫迅速繁衍；三十年為一世，平均得二十五年，厥惟其先之渡臺祖，若以兄弟檔，三人來墾，未及百年，傳世閱五代，成一方強族者，固不為奇。但在務本社會，迅速崩潰，農者廢耕、漁者捽網，人際價值，指針轉換，族居制度，星散以來，猶能守祖訓、睦宗族，蒸嘗不墜，至於倡修族譜，以求收族者，固如鳳毛麟角，卻亦於四大姓之十分寮胡見之，寧不欣慰。

學兄胡嘉候，系出十分寮胡，渡臺祖胡文隈，五世直裔也，學出文化學院史學系，於余為同班同學。嘉候畢業後，歷教鞭瑞芳、三重二國中，至訓導主任。客歲，年資滿，退休。今春，大選方殷時，一日來舍云：「卸職後，教鞭既放，人分族羣，吾合宗族。頃念先高祖，自渡臺以來，勤率族人，披荊斬棘，開一片樂土於石碇堡隩境，種菁植茶，使子孫，世世溫飽。今因生計，環境改變，棄山耕，從工商，乃至服公職。但祖業恒產，山田連板，菁園茶圃，雖廢猶存。忝為子孫者，豈可無懷恩報本之思，修一譜牒，奠繫世，紀祖隆功，發其潛德，語族人，數根源之出乎哉！」即袖示，初纂譜稿，屬余為一序，序數語。感人哉，嘉候所屬也。

余閱其譜，十分寮之胡，望出安定，渡臺之先，世居安溪來蘇里。溯而上，則李唐叔世，有胡竦，其字芝山者，以進士第，刺史建州，胡氏自安徽入閩之祖也。五代後，竦之子孫，累世仕宋；南宋時，支派入安溪，有名淡，字藝侯者，竦八世裔也。寶慶二年，王會龍榜進士，授衢州通判，歷官兵部主事，後家安溪璨山之麓，邑志載焉。其後族衍，歷元、明二朝，或仕或隱，傳譜可稽。

世及清以降，族衍既繁，乾、嘉之際，海禁稍寬，會有居臺族人胡克修者，自汀州府儒學教授致仕，返回鹿港，聞北臺之宜墾，即向雞籠、金包里、毛少翁，三社立〈佃批〉，給墾內港北溪上游林埔地，持向淡水廳同知胡振遠，領得墾照，准為墾首，回安溪招徠族人，加入移墾。既而，其族叔文動、文隈昆仲，相偕與之，價讓新寮之地。

昆仲墾有成，道光間，文隈復返鄉，相邀同字韻：族親凡六支，鬻產渡臺，置墾地沿溪流域，成同姓聚落，十分寮胡始基也；而族長胡文隈於同治年間，被舉鰈魚坑庄總理，名鐫該庄大寮一碑記。

嘉候所修，顏曰「平溪十分寮胡氏族譜」，其內涵：一族一姓之譜而已。惟際臺灣史之研究，成顯學今日，學者雖輩出，卻因資料之不足，恒言：「清代先民之渡臺，多內地作奸犯科之徒，且以夫妻檔、兄弟檔、父子檔為主，未有計畫之移民，乃至闔族為行動。」云云。然則，今由十分寮胡事例觀之，其匪集體移墾之典型，具計畫之招徠而何耶。胡氏之譜，其功、其用，自匪一族一姓之譜而已。胡氏之譜，既合宗族，又合族羣之譜也。

十分寮之地，今屬平溪鄉，下轄十二村，有面積七十一點二三八二平方公里，胡氏所屬，曰新寮、曰十分、曰望古、曰南山、曰平湖五村，幾佔全鄉土地大半。見於淡水廳：其名「新墾地」。基隆廳時，屬石碇堡隩境，高山峻嶺、峰巒疊嶂，其下一水貫流，蜿蜒而出，斯與原鄉清、藍二溪，堪相媲美也。墾務既啟，來境者，幾一色安溪籍人，而東南以三貂大山，與漳人墾地為界。若生計，猶原鄉之悉墾高山絕嶺，維耕惟讀，且以植茶、製靛為主。既富，即招徠周圍匪人窺覘；歲遇歉冬，打劫加之。

久而，地方為通報匪劫，求助鄰莊，升天燈以示警，今日平溪鄉天燈由來也。然則，胡氏之譜，匪惟序昭穆、溯源流；凡移墾以來，地方史事、鄉土遺聞、先代典故、文獻契券，亦見適當錄之，比於小型方志，足備采風聞俗者之擷取，列考鏡之林也。嘉候屬序，其可不文辭乎，因綴所見，述以為序。

文載平溪十分寮胡氏族親會發行《平溪十分寮胡氏族譜》

貢寮鄉志序 民國九十三年

貢寮為臺灣東北角之一陬邑，其設治迨行民主，僅歷八十餘季，惟轄境所在；適處臺灣前後山之交壤，山垠水涯，形勢特殊。其史舊；早於十七世紀，已見外人殖民紀要。且爲臺灣北部最大平地族群，凱達格蘭人發祥之區，名三貂社，距今閱五更世紀焉。

邊陬之域，具此五閱世紀之歲月，而史事不一：原住民、西班牙人、荷蘭人、漢人、日人、或本漁獵、或爲掠奪、或緣生計，或啟殖民，互為爭先，出入於此，即其史程之累積，人事之豐富，偶回顧而文字一片空白，寧匪關心史鑑，重視文獻之士，聞而汗顏也。民國九十年，前座趙鄉長在任，有感及此，迺於余修其毗鄰之史：《雙溪鄉志》蒇事越月，將其多年來，籌劃中修志大任，定名《貢寮鄉志》，委筆於余；其明年，前座任滿去，復蒙今座陳鄉長，鼎力協助，厥本志之修，得以順利開局與運行大略也。

夫！本志之修，開局民國九十年十一月十二日，志稿之殺青，今歲七月十三日。至于文字之紀，固始明天啟六年，西班牙人來航三貂角，繫斷代民國九十年，亘三百七十六年，惟其先之涉臺灣全島者，仍據外人紀述，溯源嘉靖二十三年，葡國水手於船經臺灣海峽；目睹美麗島影時，至歡呼「美麗之島」，爲大事之首繫。餘凡往古之事，則據後出史料，或中日學者論述，引用而紀。

維臺灣之史，雖於康熙二十二年，由於明鄭之亡，版圖滿清而隸中國。惟在其前，既有荷蘭與西班牙，各據南北，經商殖民；清人之後，又有光緒乙未之割臺，日軍登陸鹽寮，肇其五十年統治；日人投降之後，臺灣重光，歸政中華民國；迄本志之斷代，復歷五十餘年矣。由斯觀之，臺灣之有史，其依文獻，主政匪一，實歷原住民無為之治，而後荷、西，而後明鄭；又後清代，又後日據，又後民國，嬗代頻繁，主政屢更也。

惟三貂社之史，在被治過程上與臺灣全島之史，略有異同者，由於地處雞籠之南，文字以前，固原住民凱達格蘭一族，漁獵之區。信史之始，卻先西人而後荷人，復其後，明鄭遙領，入清後，視同界外，附於雞籠，納餉諸羅。雍正時，淡水置廳，仍本界外，隸屬淡水；乾隆中，接踵漢人之墾務，下延三貂設堡。然則，斯志之修，係以地而言志，以庶民而窺史，非以政而論史，凡著墨，均溯源自三貂社始，次將明鄭以前，悉劃為部落時期，成一區段；分志之修，亦徇史事，劃朝代爲四：曰古代、曰清代曰日據、曰民國之四段。

但古人修志，分段雖述如上，惟志家修志，係志史實，述所具、道興廢，以爲後之論史者，存真象，定猶豫而已；凡書事不涉因果之評。厥於本志，亦嚴分卷，視本鄉之有無，分志十一部門，分類著明，俱自為一志，其量之多者，即以量多，分劃為上下，各卷之下，共分爲六十四篇；遇有存疑，則以附考，儘求翔實，求臻可徵。厥亦個人念餘年來，從事三貂嶺山地研究，所發見務實筆法，尚祈未來之惠閱者，不吝錫評焉。

毋奈，本志之修，猶屬創修，年代雖久，嚮未備志。吏守之設，始自明治二十八年，施行警治，置頂雙溪辨務署以始，形成最基層牧民機構，統轄三貂全堡後，二十五年間，凡歷七次官制修正，直至大正九年，分堡爲二，成貢寮與雙溪之治，各自爲一庄。光復後，政回我國，改庄爲鄉，區分建置沿革也。

史舊既此複雜，史程漫長，文獻零散，自不待言。志稿內容，既欲上溯信史以來，即其史料，除求諸古今簿籍而外，凡資料之搜集，仍若以往經驗，信其「資料藏於民間，年代見於契券，史事常見不起眼之祠宇。」此一理念，將田野之調查，徇性質，區分爲「移墾調查」、「橋樑調查」、「廟宇調查」、「古蹟調查」四類，深入各坑門與聚落之間，歷一年又半；毋論族譜、碑誌、古文書，乃至大家族公廳神主，一一作記錄，印證地方傳說，官方資料，篩檢真僞；幸惟凡所履及，俱獲地方父老與熱心人士協助。

蓋此調查期間，未可或忘者，尤以遠望坑之林榮發先生，自民國九十一年夏，首次相識於田野，迄今志之完成，間跨三年，調查中，途遇困難時，一通電話則駕車來助；助理臨時告假，林先生除驅車而外，時復義務客串助理；其餘，則前鄉長吳聰傑先生、前貢寮國校校長吳天生先生、前代表會主席吳鴻章、現任代表呂春生、前居水返港鄉紳楊雄忠與真理村之王碧姬女史，除數次接受訪問，提供寶貴資料，更爲本志能順利成稿關鍵。於此，並存一言，以表懇切謝意。

斯志之修，範圍既廣，局開以來，凡諸調查，歷受當地熱心人士，地方耆老協助者，人數既多，或提供資料，或受訪談，今俱錄其氏名，登載別頁，與志並壽；對於鄉政當局，在漫長纂修期間，全權信任，與充分合作，更爲今日斯志付鋅，最大動力，靡此動力，無以成就焉。爰述數語，以志感銘，權充自序。

中華民國九十三年十二月一日

金瓜石國民學校校友會年會序民國九十四年

人生不相見，動如參與商，今夕是何夕，共此燈燭光，少壯能幾時，鬢髮各已蒼……。

憶自民國八十六年七月二十日，吾等以金瓜石瓜山國小同學會名義，冒著酷暑，成立大會于母校大禮堂以來，八年歲月。時光荏苒，春去秋來，人事或非，唯身為礦山子弟，嘗受教於母校，同硯六年，螢窗之情，愛鄉之心，信其靡分二地耶。

八年以來，世事推移，環境在變。厥初，熱心支持發會之許朝寶先生，既歸道山，而創會會長張文榮學長亦已仙去，至于同學會歷經二屆，向前邁進，或興或替，而瓜山國校同學名義，亦求務實，以概括金瓜石公學校、金瓜石東國民學校、金瓜石瓜山國民學校、金瓜石瓜山國民小學諸階段，形成今之組織，正名為「金瓜石國民學校校友會」，俱爾我所見也。

眾所周知，金瓜石在百餘年前，原為甌脫之區；惟自清末，發現金礦，日入開山，而地趨繁榮；於是爾我先人或自近庄，或自遠鄉，率家來此，以經以營，遂於日據末葉，享有亞洲第一貴金屬鑛山之譽。復其後，國土重光，政還吾國，礦山卻因久採而藏竭，封礦民國八十年代，使上千名礦山子弟，雖欲久居而生計無依；心雖愛鄉而地未能養我，以致奔走他鄉，流寓異域。但以往百有餘年，父母生我，礦山養我，母校育我，迄今日故鄉垂垂老矣。有云：「睽違雖久，情誼猶在。」爾我在外金瓜石國民學校校友會同學，故鄉在翹企，期待你再次回鄉，為舊地一遊，敘舊誼、話兒時，同聚一堂，寧非人生一快哉！

況乎，地自封採以來，迭經鄉人努力，世論推動，歷經十餘載，漸將棄廢礦坑，重加整理，殘餘建築，再現生機。已於去歲，成立金瓜石黃金博物園區，下分黃金博物館，本山五坑體驗場、環境館、煉金樓、生活美學體驗館、太子賓館概及其他建設，亦已次第完成，可重現吾鄉之第二春，長維聲價，信其可期矣。

至于校友會，在上屆理事長黃木龍學長以及理監事諸同仁，文史委員會共同努力之下，為增加景點與緬懷母校教育之發祥，亦於曩日創校遺址，聳立〈金瓜石教育發祥地碑〉以資紀念，藉表回饋；再則，文史委員會亦促成〈日據時期金瓜石礦山溫藉礦殤祭祀碑〉之豎立，藉慰曩日徠山遠人英靈，兼佑里閭耶。然而以往歷史史蹟，其猶待校友會諸同硯，共同努力，以促進山城為歷史之鄉者，尤多山積，莫不猶盼爾我同仁共同關心焉，是為序。

金瓜石張文榮先生事略 民國九十四年

金瓜石礦山耆宿張文榮先生，始不惑之年，任瑞芳鎮瓜山里里長，凡七蟬聯，至古稀息退，猶致力促進廢礦山之觀光發展，恢宏繁榮。詎以甫登八秩而遽歸道山，生前友好為表揚其德，加等而推　飾終之典，而所黨為黨葬之前，會以先生事略，屬述之。惟余與先生論交雖十載，過從之際，聞其生平悉俱片段而已。然既仰其德，自難以不文辭焉，乃略舉所知，述以易狀，禮也。

先生諱文榮，幼名水，張其姓，其先閩之南靖人，開蘭之際，有高祖某移墾噶瑪蘭員山，隱德以耕；曾祖考時，家富積貲，而匪類串同他族羣來劫，馘首以去。祖考某與叔祖某，逃來三貂，既而叔祖卒，祖考乃居武丹坑，贅于連氏，婚後，氏有娠而歿。再徙南勢坑，續娶賴氏，育子三人，長石生，即先生尊翁也。翁家貧，娶妻鄭氏；及大正中，金瓜石礦山蔚興，即逐日於凌晨，徒步四小時，來礦山為砌石匠，至昏復回，是先生亦生于南勢坑隩境，下有弟二人。昭和四年，翁乃移家金瓜石石腳，落籍為瑞芳鎮人，享天年於金瓜石。

初，昭和九年，先生年九歲，入讀金瓜石公學校，雖家貧而純孝天生，課餘仍奉母命，沿街販糕餅助家計。年十四，畢業公學校，以第二名錄取本山五坑修理所，自學徒至成師。然素志從商；光復後，乃遊基隆市經營蔬菜業，歷數年；又奉高堂命，返鄉成家，改營賣炭與採金九份，屬臺陽公司下子公司礦工。

惟生計雖困，人仍進取，營生之餘，猶孳孳手不離卷，立志勵行，凡見解高人一等，閭里尊為智者，始以鄰長，次於民國五十四年，參選得高票任瓜山里里長。自茲七蟬聯，任期以績優，蒙臺灣省政府表揚為特優里長七十二年，並任鎮調解委員會委員。七十八年，第十四屆里長時，且由省政府直接官派，成臺灣首位官派里長。蓋先生服職里閭三十年，推行政務，莫不以民僕自謙，鄉黨有所需，悉躬自處理，上達民意，下解民惑，使地方當局，乏辭可規避，任事坦蕩，而不以私廢公，久而人恆以「金瓜石張里長」稱，不以名。緣先生之生既於日據時，且受教育於當時，遂至精通日文；光復後，被遣回日籍人，或其後裔，來山尋其旅情，或先人舊跡，俱知「張里長通曉故事」，「樂於助人」云云，來者恆以先生是賴，代為安排，先生服務之熱情亦以馳譽。

八十三年公職既卸，復有感於金瓜石自礦山封採以來，居民外流，徒擁龐大文化資源，任其逐日荒廢，管理單位見文物遇颱毀，輒拆而棄之；珍惜礦山文化者，觸目痛心焉。先生之志，遂以重建地方繁榮為己任，而與地方人士，組織瑞芳觀光推展促進會，並自費號召友好組團日本，考察佐賀、足尾、日立、鯛生、妻籠諸廢礦山或古驛站，取其經驗列藍本，數建言行政院文化建設委員會、臺灣電力公司、臺灣糖業公司、臺北縣政府、瑞芳鎮公所，應全力重建金瓜石為觀光事業區。其間遇多次大颱風，金瓜石舊日式宿舍、第一賓館、山神社、本山五坑諸建築，瀕臨拆毀者再，俱因先生長期努力下，邀來遠近學者與媒體，共襄保留方法與報導，間並由縣議員吳滄富領隊，會同立法委員劉炳華，赴行政院力陳地方民意，傳達建言，轉致閣揆，後由臺灣電力公司、臺灣糖業公司出資修復，成今日黃金博物園區，重要觀光景點；靡先生首倡發足，事恐無成焉。

八十六年，復為促進金瓜石國民學校，歷屆畢業外遊人士，返鄉共襄故鄉發展，組織金瓜石國校校友會，既成立，以最高票膺理事，卻自謙遜如前瑞芳鎮觀光促進會故事，僅居創會會長銜，讓賢名望者任理事長。又後四年，金瓜石金銅博物館，破土興建；九十三年十月，金銅博物館正名金瓜石黃金博物園區開幕成立，先生雖已臥病經年矣，卻稍償其生平宿願，聆以欣慰。

蓋先生於蚤歲，嘗從勞動於礦坑，遂成病因，積宿疾，自民國九十一年，時作時瘥，雖多次住院治療，久卻轉劇，詎於九十四年元月十四日凌晨，壽終正寢於家。其生大正十五年八月二十四日，享年八十。其生前，並為中國國民黨黨員，凡任事忠黨愛國，熱心公事，晚年且荷金水地區張廖簡宗親會會長。蓋棺日，中央為覆黨旗焉。

德配熊碧蝦女士，大溪鎮人，熊翁金元次女，年二十一，來歸先生，結縭五十三載，組紃織紉，相夫教子，淑譽以著，育有丈夫子三人、女二。長郎坤山，政治大學行政專科畢業，曾任中國國民黨生產二支四區黨部專員，暨臺灣電力公司工業關係管理，立法委員吳梓、劉盛良秘書，今已退休。次子英傑，承家業，並任瑞芳鎮觀光協會總幹事，鎮調解委員會委員，營礦山人礦石館；三子明堂，現任私立時雨國民中學公共事務室主任。長女雪娥，藝精插花，池坊流資深教師，基隆市插花協會理事長，曾數度領團出國比賽；婿林旭華，憲兵上校；內外孫一十五人，德門雍穆，悉處翕如。

吁！邑萎哲人，謦欬難再，緬懷耆宿，瓜山斂彩；謹述事略，藉以闡揚，行誼留傳，碩德孔彰，洪惟里長，名實馨香。

中華民國九十四年一月十八日

龍海洪岱蔡氏祖廟重修碑 民國九十五年

世言：朝代之推移，有興有革，宗族之傳衍，有聚有散，茂則枝分，蔚而葉盛，布始一邑，衍被一府，繁華通都，播遷域外，茂族之常理，豈惟堅守乙地已耳。洪岱之原有祠宇焉，大宗蔡氏不遷之祖　德明公神棲之庭也。公固始之產，盛唐時自光州隨長兄德軒，從開漳州主文惠王入閩，官右衛將軍，結秦晉為王姪婿。漳既平，定居溪邑鴻山，圭璋相承，世傳於此，千三百餘紀矣。支庶既衍，漸及龍溪、海澄，概及舉郡，歲時合祭禰祖，兼序昭穆，洪岱祖庭由來也。

祠之初創，歲久失考，維祠之毀，明末清人入關後，重建乾隆十八年，漳浦文恭公有碑誌之。復其後，興替不一，動亂時踵，內戰以來，堂廟頹圮，祠祀弛廢。一九九五年，廈門、龍海，各支族裔，懍於祠淪丘墟，乃募資而重建，復前後二殿，山節藻梲，巍峩神宇，今所見規模也。

工既成，復經我漳廈宗親會商；以德明公固本宗不祧之祖，惟蔡氏得姓於玄祖叔度，率德馴善，興於仲公，是論子姓之源，俱推始祖蔡仲，追維舊德，仲公之祀，其可不修歟；事乃議決；升祠為廟，中祀仲公，竝祀宗祖允恭，禰祖德明，又配伯祖德軒，則唐代長眉公也，並及宗賢新，共享血食，永康其裔；斯為升祠而廟焉。凡洪岱裔冑，所居勿論海內外，諸子若孫，維今惟後，是廟是宗，爰述興革，祈愿隆昌，以為記。

公元二零零六年渡臺裔孫蘭陽史氏唐羽　拜撰

廈門蓮溪堂葉氏家廟重建碑記 民國九十六年

廈門市篔簹港之東南，昔名蓮坂；蓮坂有家廟蓮溪堂者，自清以來為嘉禾嶼禾山十八社，槩及閩臺二地，本宗之祖庭，其倡建雍正丁未歲貢，仙岳葉其蒼。維時，建構之美，聞於遐邇。二零零三年，都市整建，既拆而去，復經海內外族親與世界葉氏聯誼總會，鼎力襄助，後二年，蒙市政當局劃地百平方米，資重建基地，涓吉是歲夏曆十月初四日奠基興建，落成零六年夏曆四月十四日：巍巍然，形質量之宏壯；森森然，奉祖禰而神棲，肅穆雍和，重現閤族，序次昭穆之庭也。

夫葉氏一族，諸梁葉公之裔冑，南來開基禾島，已歷千年，開基一世祖霆，諱文炳，字晦叔，宋孝宗朝，誥贈尚書樞密院使，左僕射平章事。二世祖頤，字子平，號十三郎，抗金死節，塋在嘉禾里烏林。一九九九年，兩岸族親重修墓所，復規模，題名頤園，今列市文物及涉臺保護單位也。

余聞葉氏之開族禾島也，宋隆興元年。譜載：方其經清漳之充龍，擇基移此，初寓浦源之左，既而目睹蓮坂之野，控篔簹、眺仙岳，垣固而聳，符衍族之發祥；水迂迴，地豐厚，生氣所聚，宜禾稻之滋長；乃墾于此，時乾道元年歲在乙酉。既而族蕃裔衍，農漁工賈，潛德而耕。至明正統十三年，十三世裔普亮，第戊辰科進士，官臺省：歷南京清軍御史、補北京巡城御史、轉河南道監察御史清理諸路戎政，著譽政聲，鄉人德之。邑志載：普亮嘗與商輅等策馬觀榜，背記人名，輅一覽無遺，普亮遺三名，另一人遺七名，時有天下三才子稱；其後，歸養在籍。天順三年，竟被訐揚，玷塵班品，上命按之，命輅下閩，究詰將籍家。輅知普亮剛正，陰助之，族人聞報，棄家逃避，以牲畜代過得免。由是，劫後或返家園，或易地衍宗，支分派別，厥禾山十八社之禰分也。

清以後，又有族人梯航桴海，而有臺灣南北二路之葉，惟蓮溪祖庭，迺成海內外，歲祀先祖所在，為不遷之祖。數百年來，風摧雨侵，有毀損，則族人認捐而修，自詳於堂內黑石坂記，洎一九九四年之重修，即由本宗海外聯誼會暨蓮坂族人，聯繫十八社及臺灣宗親，共襄盛舉，迺告底成。

維此次重建，更獲閩臺族親與舉世宗親總會，飭力以赴，工既成，廟貌巍峨，復輝映於禾邑；崇功報德，頌祖業於無窮，既出奕世，若子若孫之至誠。今慶落成，可無貞石記其盛舉歟；因述沿革，鏤諸貞砥，語後昆之賢者而為志。

民國九十六年

重建後湖福德宮沿革碑（民國九十六年）

古者二十五家為一社，社有社神，故封土立社，列祀典，序爵以公，土地公之由來也。享血食，佑農桑，民德歸厚，其由茲乎。

后壠福寧里之後湖，位次前湖之東，有祠祀土地，初僅石板三方，相疊成宇，其源邈遠，不可考矣。維自趙氏太祖派卅九世祖孟仕，由十班坑移墾來此，即由趙氏一族奉祝，祠圮則修，已去二百餘年，而今歲又逢重修，因述歷年興革，以語後之賢者。

孟仕諱信，渡臺祖與杰長子，其生乾隆卅四年，嘉慶十年來後湖，搭寮寄居並墾其右，衍宗之由始。一日午后，祖妣林氏偶就祠畔，束柴薪，忽聞陣陣檀香，而心有感，即跪地祈求曰：「神苟保佑，禾稻豐收，生計安定，定塑金身，重建神宇。」越後數年，所祈應驗，乃令其子光正，建祠還願。光正通堪輿，因自擇地完成石造土地祠，時道光廿一年秋，歲在辛丑也。

夫祠宇所在，青山葱鬱，綠水環繞，堂前水田數頃，日麗時，白雲悠悠，鷗鷺翱翔；神宇所倚，丘陵邐迤，修竹茂茂，祥禽鶯囀，世之桃源，莫過如此耳。

民國五十八年，祠久失修，遂由四十三世禎祥暨房侄惟得稍事維修，今已三十餘載而風雨之飄搖，遇雨則滲漉，加上堂構低矮，祭拜不便。九十五年冬，經四十四世春發，詳為勘察後，即與族兄惟溪相商，而重建議起。惟溪旋令其子秋榮，奔走促成，明年四月廿一日夏曆三月初五日也，重建委員會成立，並推春發為主任委員，傳旺總幹事，且獲地方士紳暨趙氏閤族熱烈響應，獻地、捐貲，悉出至誠，夏曆三月十七日興工，經七月有餘而新宇底成夏曆十月三十日，曰後湖福德宮，並將原祠碑銘鑲於神座後，藉誌千秋。斯役也，計費參佰伍拾萬肆仟伍佰圓。有云：前人雖創之，猶貴後人力贊以成之。今慶新宇屹立後湖一境，神其棲之，民乃祀之，人神交孚，福厚乙境，眾生康寧，其罔替亦由茲也。

後湖福德宮重建委員會主任委員　趙春發暨全體委員　立石

中華民國九十六年歲在丁亥夏曆十月三十日穀旦立石於後湖福德宮

顏氏政道公派下營窆記 代顏武勝撰　民國九十六年

錫口顏氏，宋尚書師魯公後胤也，來自安溪烏塗鄉山內寨。渡臺祖二十八世政邦，字建邦，號政道。再傳二大房定居淡水廳大加臘堡錫口莊，已歷十世，蔚然甲族矣。

傳世既久，歷代塋園，散處各地，歲久失修，蒸嘗難繼，族裔懍痛焉。

民國□□□年，族議通過，醵資重修，擇地金寶山造塔，遷葬各房奕世宗祖遺蛻，共此吉壤，彰顯祖德，親睦宗裔，更備仙后有歸耳。夫慎終追遠，毋念爾祖，聿脩厥德。凡吾族人，莫忽怠歲時之祀焉！慎之，慎之。

瀛社一百周年紀念集序 民國九十八年

余聞世之文士，藉詩詞而詠風月，或寄興山水，放懷湖海，隱德不仕者，曾不可計。心有所觸而將所感，情發於詩，託物諷世，至于鬱鬱以終者，亦云數難計。又若才華洋溢，能計步而為詩，或刻燭以成詠，迺至仗一時之興，呼知音、集同氣，會盟結社，起題、抽韻、刻到封卷，倣揭榜，略如科舉之法者，始宋、元以來，更盛於東南，且知其數無從計矣。奈其經營，卒皆倏起倏落，俄興俄衰，由來皆然。事在臺澎而舉，自光緒乙未以來，三臺士子為維漢唐正音，被殖民五十年歲月，詩社之設立，彷彿雨後春筍，蠭然蔚起，數至三百七十社云，豈匪盛哉。

惟彼詩社之眾，或興或廢，存亡不一，雖有數社猶維持至今者，卻際遇不一，或名存、或實亡，頓跌之間，能回甲子，登古稀，維八秩，邁入期頤猶盛況不替者，唯「瀛社詩學會」見之，寧不足稱。

瀛社詩學會者，其先曰瀛社，溯其源始興割臺後第十六年。方其時也，我臺淪於俎上之肉，科舉既廢，返復無望，斯以北臺舊日士子，既認清不足以武抗，仍求其次藉文相妥協，用維民族一線根源於舊學，即為瀛社詩盟之成立，時為異政下明治四十二年事也。既而蔚然為北臺最大詩社，登瀛壖翹楚。逮及乙酉重光，凡歷明治、大正、昭和三朝，間於二戰末期，嚴受兵燹而運作稍斂，始迎重光。維後五年，會遇內戰而國府東移時，避禍之士，目睹詩之在臺，既盛且興，至於驚喜而歎曰：「不圖斯文之在茲也。」由是禮求在野，吟詠切磋，風雲際會，詩教復興，斷代一段，迨今歲，通紀百歷春秋矣。

瀛社詩學會其先曰「瀛社雅集」，既發會，顏曰「瀛社」，重光以來相沿其稱。會自大正七年夏，社置社座始，凡歷洪以南、謝汝銓、魏清德、李建興、杜萬吉、黃鷗波、陳焙焜、林正三諸氏任社長。其下置佐貳為副社長，薪火相傳，定歲時，傚嚶鳴，以倡以導，或設絳帳、勤從傳授，使吟哦不輟。迄今雖新詩風行，而舊學消沉之日，猶能樹一幟於三臺，凡吾鷗鷺中人，及至舊學之士，仍維其感興即事，觸景抒情；毋論鳥蟲草木之細，山林湖海之大，政經文教之權變，人物世情之虛幻，以諷以頌，俱詩紀之。此靡他，百紀以來，匪詩教之屹立，微風流之不滅，烏以致歟！子曰：「不學詩，無以言。」詩教之重，於斯又見也。

民國九十五年歲丙戌，瀛社第八任社座林正三任內，經內政部立案，更稱「臺灣瀛社詩學會」。夫立案與更稱之旨，意在確立推行詩教之義也。厥則自茲以始，會由同氣聚興，而社長為理事長，理事長由理事會以舉，其為理事者來自會員票選而出，民選之義寓焉。寧非組織迎向新時代，立足新世紀之首步歟！

湯之盤銘曰：「苟日新、日日新、又日新。」康誥曰：「作新民。」大雅曰：「周雖舊邦，其命維新。」斯非君子所務，君子之所求也乎。

瀛社者，其興割臺之後，其蔚起出維時之君子。今社之重興，若微後繼大雅君子，嚴守道，勤守盟，其曷來守真之吟，蔚興乎百年大慶之今日，邁開方步將迎另一百年歟！余雖末學，前於組織立案之日，蒙今座承邀列諮詢，而今日躬逢百年大慶暨及紀念專輯之將付梓，又屬余為一言，因就所知，略述百年厓略以為慶，更盼吟苑，更蔚風雲焉，以為祝，是為序。

中華民國九十八年歲在己丑三月

棲蘭草堂文稿

唐　羽著

卷之十

海天詩草序民國九十八年

歲在八八水災之越二月，輿情喧嘩，方復寧靜，硯兄健民自基語余云：「頃輯五十年來，燕休所咏，鷗聚競吟，綜一集曰《海天詩草》，能否為一言秩卷首。」余因自憶謂：鄉固拙於詩而業史籍，惟在曩日，嘗語諸友云：「詩言志，歌永言，聲依永，律和聲。」數其興也蚤于春秋，顧亦紀事之類也。由斯論之：時事所見，平生所遇，上自廊廟得失，下至民黎疾苦，鳥獸魚蟲，之生之滅，生當今世，政既民主，俱得以詩記之，傳則著作，若其保存，唯付鋟梓而已。不然，等身之作，疊屋之著，亦終蠹魚之口，渺渺塵埃，君等於恆常，揭來南北，結盟會友，爭名什一，揭榜魁元，獎牌盈室，於爾又何補焉。

惟多年所見，能詩又善詠者多，能輯而壽世者百不得其一。槩乎健民，亦於客歲同席瀛社百紀，以斯互勉之，而健民即以為集作回應，今果然。健民邱其姓，名天來，基津之產，世居和平島，昔之小雞籠也。地瀕大洋，浩瀚無際，與生以來，與海擇鄰，久從船務，並及漁業。斯以日出則觀海天之通紅，賞蓬船之迎曦，波濤瞬變，風雲霎那；日落其眺晚霞之流丹，數漁舟之歸帆，星移斗轉，舸火璀璨。凡所經歷自視儕輩而廣，即其所為詩，又豈凡庸已耳。

何則？昔人有言曰：「臨崑崙之墟者，知宇宙之大，臨滄海之淵者，見魚龍之富。」緣以移世以論，科技昌明，人文蔚盛，鄰大洋，事船務，奕世漁魚，豈維知魚龍之富，凡四海之大，八紘之廣，屈指而數，則其詩思之豐碩，題材之裕如，自不囿于斗室而止，亦不以隱漁而寂寞；甚或大有可觀者存焉，遂一言諾之。

誠然，洎讀健民之詩，詩思所及，託物所咏，情性標挺，清源有自，詞語溫潤，文質祥藹，所謂：「君子比德」，「溫潤而澤」，形見健民之筆，中和之作也。《禮》有之曰：「喜怒哀樂之未發，謂之中；發而皆中節，謂之和。」夫斯二者，天下之大本，天下之達道，人能致中和，天地位焉，萬物育焉。健民之詩，「優柔溫潤，又似君子。」寬和之吟也，盛世之詠也。惟健民之詩思，其於亂世，即轅�猶有未逮耶，此又何謂乎！

夫！若瀛壖者，雖中州之邊圉，亦亂世之逃藪；己丑東渡，周甲生聚，雖臻今日繁榮，實盛世亂邦，非避秦桃源已耳。余以亂世者，詩家之盛世也。杜詩李吟，流傳離亂，石壕驅民，王孫淪落，悉亂世之史詩；若海邦恆見：時疫、災眚、政病、人禍、吏苛、報害，事不絕紀，惟健民所詠，俱盛世之頌，獨惜墨於亂象，此又何故乎？

或云：健民之詩，多囿題限韻之什耶。健民之吟，多來去南北，會鷗盟、尋知音、競才學、效刻燭、榜高評，登什一之作也。然則若斯詩作，於展現臺海三百餘紀，雅頌傳薪，五十秊異政入侵，被迫皇民，而斯文之在茲，猶念念於漢唐，維繫民族一線生機於刀鋸之下，秦火之前，丹心萬古，精神專一，誠有餘焉。奈若藉斯歌詠其義，以長其言，即其所言，猶慊惜墨過焉。

夫！一詞人韻士，縱能屏絕聲色，遠拒風月，卻不能杜門離羣，悉摒文雅，劃地清高。況乎今之鷗鷺中堅，縱有拒絕鐘鼎，亦無幽隱山林，人各其志之士。然則，職事所見，世論所經，交誼摩肩，掩卷靜思，悉感興之由生；更勿論終歲織耕，亦有燕休之假，清心之際，聊解其劬，而健民之作，幾罕及焉。豈健民謙恭之性，謙及其詩，至視墨若金而自斂歟！

維健民之詩，誠佳詩也。嵇康有云：「二子贈嘉詩，馥如幽蘭馨。」又蘇軾則云：「環城三十里，處處皆佳絕。」健民之詩，是佳詩，亦佳絕也。其惜墨，亦示其為人也，溫、良、恭、儉，兼而有之；不為諷世之作，但守雕雕之珉，不顯章章之彩，有以致乎，是為序。

序於民國第二己丑之冬

天籟吟社張夫子天倪傳略

民國九十九年

民國九十九年歲在庚寅十月三十一日，臺北天籟吟社將為創社九十周年紀念暨開社慶聯吟大會於松山奉天宮之凌晨，該社第五任前社長；現名譽社長張天倪先生，遽逝馬偕紀念醫院。越一月又六日，張府二賢郎將假臺北市第二殯儀館舉行家祭後，接行公奠奉厝三芝鄉白沙灣之原之前，天籟同仁槃及曩日，嘗受學於先生諸同門等，為感念先生傳道之恩、解惑之情，將助張府孝眷，榮其飾終之典同日，擬將輯同仁等輓弔恩師之聯對弔辭等，附〈傳略〉以成冊，贈送執紼或預公祭各界人士，以銘謝也。有云：「師恩者，僅次父母之恩也。」今天籟諸賢君子，懷解惑於師，念師恩之厚重，於此師道、師說，淪頹廢之叔世，匪維兼具挽頹振廢之功存焉，亦禮之誼也。衰次之前，由門人某，來求書狀於余，余之與先生，一屬礪心齋，一出捲籟軒，源攸同而支分也，能以不文辭乎！因易〈事略〉而為〈傳略〉，庸告世之賢者，是為序。

先生諱國裕，字天倪，張其姓，今以夫子稱之，尚師道焉。其先閩之同安人，初澹北移墾之際，其先人某，梯航來臺，擇墾大佳臘平原，內港北溪之畔，今市立美術館後其宅址也。亦先生一家在臺之始基，其後裔衍而為臺北市人。蓋斯港畔，荒地廣蕩，平原遼廓，旁員山成阡陌，臨劍水蘊靈氣，人文蔚起之地云；後數年墾而有成，至其大父宇公時，為地之素封，望重鄉梓。父振玉，能承家業，母陳氏，淑德譽於閭里，時人猶能樂道其家風之具仁義襟懷焉。先生為振玉公次子，生於日治之昭和三年夏曆一月二十日，自幼瓌秀其表，慧敏其質，稍長而器宇軒俊，天資莊重。齠齔時，其兄國英，嘗持《千家詩》一冊與之，並教誦習，先生年齡雖少，卻如獲至寶，竟日背誦，自茲植下平仄基礎；再加椿萱義方之教，王父殷殷之善誘，嗣就外傅大龍峒公學校，更勤於學，得以前茅畢業，續入淡江中學，以學業績優，師長目為典範。

惟時際二戰末期，學業已將成就矣，奈以臺受兵燹之禍，經濟頓陷艱巨，日治當局，又為貫徹皇民化政策，竟鼓勵臺籍優良子弟，為其所用入讀軍事學校。先生為減輕家庭負擔，遂報考日本陸軍航空隊，少年飛行兵獲錄取，於昭和十九年，渡日入讀少年飛行學校於奈良，嚴受其軍國主義式教育，槩及勵以武士道精神。唯先生卻由此嚴苛之教，凌暴之育，喚醒自覺，反養成綦嚴道統，重視萬物，汎愛眾與親仁之思維，尊重大自然至理，於其後生涯，創事業歷程，深具啟示之傚焉。

民國三十四年秋，日人投降而臺灣重光，維時，先生雖於彼邦復員，直至經年始得遣送返臺；卻以兵火之後，百業蕭條，到處求職，輾轉得受雇迪化街一游姓貿易行為夥計，未期其行址適與書塾礪心齋為毗鄰。夫斯書塾稻江名儒，林述三先生絳帳之塾，傳經以來，已歷三世，方由其長君錫麟主講，屋椽比栴，書聲朗傳，既而先生亦得入門執弟子禮，重拾漢學焉。在學六載，日工夜讀，盡得林氏家學真傳，其間，並加盟述三所創天籟吟社列社員，經書之餘，竝寄情於風月，厥奠後日揚吟旆於騷壇，著譽鷗盟由來，寧匪機緣歟！

四十年八月，會國府在臺徵召第一期常備兵員，先生因適役齡，復入伍服役，在營一年又四月，期滿還鄉，奉嚴命成家，迎黃寶治女士，婚後伉儷情深，事業漸成。初自吉富五金行會計，星隆貿易股份有限公司經理，轉宇發實業股份有限公司總經理，凡所執事，周詳獨到，同儕以商場良駟譽之。蓋其所捕捉，無不精準而著，匪浪得之耳。

六十年，會臺之經濟蔚勃，因與數知己共創事業於太原路，名北辰企業股份有限公司，專司對日懋遷，被舉董事，復由董事晉常務至董事長。創業之初雖數遭波折，仍於先生領導之下，挽頹振作，轉虧為盈，至于執其所業牛耳；果如命名寓意，若北辰之居位，而眾星拱之，是服儒而能商焉。

先生事業既有成，又顧先賢「行有餘力則以學文」之訓，認為詩之為學，既為自幼從學所好，更不忘礪心齋師門一派，薪傳雅頌以勵社會風氣，淨化人心，延續古典文化宗旨。況乎，憶自厥初，忝為天籟社員以來，每逢同儕以吟會盟，亦無不卒先響應，遊屐所至，槖滿吟篋。時見什一之作，並為前輩名士李漁叔、張作梅、蕭獻三、陳皆興諸君子所勉勵，見識益廣，詩囿益寬。

六十一年，會國際桂冠詩人學會，舉辦第一屆世界詩人大會於菲律賓，大會當局，正式函邀我國接辦第二屆世界詩人大會於臺灣，遂由教育部轉邀在臺新舊詩社各立案團體，接辦斯一國際性文化活動後，至次年八月，響應熱烈，遂有中華民國詩社聯合社之成立，並由籌辦會當局，號召南北各傳統詩社與詩友加入，共襄盛舉。先生亦與師門天籟師友，多人加盟之，既而第二屆世界詩人大會亦如預期，在臺北市舉行。

六十五年，復因響應最高當局，復興中華文化號召，詩社聯合社正名改組為中華民國傳統詩學會，高雄陳皆興膺第一屆理事長，至第二屆遇秘書長出缺，先生時為理事，則由理事長推舉，由理事兼司其缺。後三年，師門林錫牙出任第三屆理事長，先生轉任常務理事並兼副理事長。其間，並自六十七年七月，當選臺北市詩人聯吟會副會長，佐貳會長蔡秋金推行會務。七十一年六月，詩人節慶祝大會之舉行，並與天籟社員林安邦，並獲傳統詩創作獎。

惟其先於六十八年八月，第四屆世界詩人大會移地韓國舉開時，先生則列我國代表，出席大會於漢城，至七十年七月，復出席第五屆大會於美國舊金山。繼則七十三年，第七屆大會於摩洛哥馬拉克西；七十五年，第九屆大會於印度；七十七年，第十屆大會於泰京曼谷；八十二年，第十四屆大會於墨西哥蒙德雷；八十三年，第十五屆大會，復於我國臺北市；八十五年，第十六屆大會於日本前橋，凡七次為吾固有詩學，爭一席應有地位於海外。其第九屆於印京馬德里時，並蒙世界藝術文化學院頒贈榮譽文學博士學位，更為詩壇佳話。

斯以眾望所歸，八十年始，真除傳統詩學會第六屆理事長，連任第七屆；八十七年，連任滿，讓傳統詩學會會座，適師門天籟吟社先後任社長林錫牙、高墀元二先生相繼仙去，社務淪廢，先生毅然以重振社務為己任，回社接掌會務，再新會籍。其先因當局推行民主，傳統文化復受重視，社會教育應時而興，各地有社區大學之設置，而學詩、讀詩、寫詩亦為大專院校納為主課，先生因自其間於士林社區大學授課作詩始，時受聘至大專院校、高中、國中至于國小各級教育學校，擔任主講或評審。於詩教之發揚，雅頌之重振，盡心盡力。厥以求入其門執弟子禮者，自未囿於在學諸生，斯聲教廣披於遐邇，今日詩教之昌盛，社史自有簹墨之。

惟先生之執詩教，並非僅止於章句平仄而已耳，其恆言：「古人論詩，既不離於六義，即今之為詩，仍須嚴六義而外，猶有一事，務求慎嚴。」蓋其所主張：學者為詩，切莫為啞詩。然則，疊字絢麗，用典幽深，句非己出，舖排敷衍，此為無情之詩；描述極致，寫景如繪，風湧雲飛，卻盡褒美，此無意之作。無情之詩，無意之作，文字遊戲而已；此非「啞詩」而何耶！又云：詩須符合母音，便於朗誦，利於吟唱，嚴尚諧音。不順口，不暢達，亦「啞詩」之倫也。且言：「天籟調者，其師傳自中原之音，尚諧韻，于今歷百年，薪傳數世，中原正音也。」斯其所主論云。

九十九年二月，先生年登大耄，而天籟吟社始創社以來，將屆九十年之慶焉，乃於二月間讓社座於後賢，並被舉為名譽社長位，且擬於十月間，舉開天籟吟社創社九十年慶以及聯吟大會於松山奉天宮，因由春初始為籌備大會之順利運行以外，且為本社留下九十年信史，自多年前即接受研究生潘玉蘭訪問與提供資料，撰寫《天籟吟社研究》亦已上梓行世，將擇於聯吟大會日分贈各界矣。詎至十月三十日，將舉行大會前夕，積勞病發，雖急送臺北馬偕紀念醫院治療，奈因挽救不及，竟於大會將開之凌晨，卒於院中，年八十三。有子二，益親、益授。

民國九十九年小雪後一周越年三月春分重訂

古槐軒存稿序 民國一百年

雞籠自明之叔世，名見典籍，則以懋遷而著，概及泰西入據，譽更馳於史冊，至淪多國逐鹿之區。蓋以地備良港，宜艨艟之寄泊，利海陸之攻防，聲價益彰耳。惟若文學而舉，當以詩紀雞籠紺雪，書地名，冠詩章，膾炙人口。斯以雞籠之有史，堪謂港埠而馳，詩賦而揚，言非過耶。

惟雞籠之詩賦，自茲三百餘年，悉出遊宦之士，記異聞，志殊域，詠奇蹟，占其類；乃若邑人所詠，要及光緒置廳，功名之士，若連日春，若沈相其，江呈輝，概及柯步雲、許迺蘭、顏雲年之徒而始。或問：「此何謂歟？」則曰「靡以發濫觴，則無以師其承，世之常理也。」詩之為學，何獨免焉。

維雞籠之文風，考其由盛，應始江呈輝，設教崇基，而後才育，而後詩興，亦斯以傳，至乎樹一幟于北臺，揚逸韻遠彼南瀛，其不云盛哉！

毋奈，崇基之設教，會逢日寇，薪火遽斷，院亦墜廢。惟受學之士，前既沐聖賢洙泗之教，後卻處異政之下，科舉絕廢，其詩一門，仍賴設塾，勿論身處何地，毋憚所業何從，藏於中，形於外，皆可頓發乎詠，一吐滯胸之思，再訴積鬱之抱，寄託風雅，斯其宏揚泉源歟。

王君前，字祁民，號古槐，世居雞籠，今為基隆之人也。幼而失怙，賴母以育，國校而後，時逢兵燹，加上家窮，惟改從呂師漢生為學。緣其勤，啟其悟，學六載，獨出機杼，婚而後，荷家計，至屈夫役，易菽麥，列港埠一班頭已耳；卻忽遺於所學，凡交遊更不離六藝之囿，因與周植夫、何南史、陳兆康、邱天來、蔣孟樑諸士為遊；吟哦既未絕於詩聚，南去北來，尚友亦不輟於旗亭。民國己未歲，更與諸友為發起，組基隆詩學研究會，成開埠以來首一立案吟社，而君以任事幹練，膺總幹事職，歷十八載，佐歷任理事長，年四季；韵追大漢之天聲，凡吟哦，起絕響于唐宋，聲價震於騷壇；斯以君之所詠，積篋至千百餘首，亦可觀矣。

祁民於前歲，邁入耄耋，先聖有云：「從心所欲」之歲也，「不逾矩」。其先，君於懸弧之辰，嘗以〈八秩自述〉二首，求唱和於同文。斯余之與君，過從念有八年，因以〈敬和原韻二首並序〉賀之，聊塞責耳，竟承邀于煖壽之讌。唯君豪邁其表，謙恭其質，馳騁騷壇，五十餘載，卻謙謙而言，「嚮固揭來南北，尋盟會友，論為詠，亦累積千百餘首，奈斯所詠，多尋知音，結鷗盟，傚刻燭，或傳杯鉢催成之作多，間詠、燕休、述德、紀興廢、志見聞者為希，斯以或勸其為集，卻躊躇遽以回應。」

同仁卻云：「處今之世，文既不重於掄才，詩亦未列于取士，充其量，歸於各言爾志，各抒所感，社交人際，形表情性，使不墜乎桑間濮上之音；滌蕩邪穢之說，導人不離於雅頌，俾風教之臻至善也。擊鉢而催詩，正詩之一體，意在勸人以學詩，諄諄善誘，柔以克剛，文以載道，引人向學也。」豈限備賦登高，不用聲擊已耳。因勸祁民，輯以行世，亦為向學者，立為師範，更不沒雞籠一埠，詩學之傳承也。

既而，君將所集，謙題曰《古槐軒存稿》，囑余為一序。余之與君，過從閱三紀，知君擅詠而善論，騷壇俊傑焉，因引為文林知己；或吟詠之際，或茶酒之歡，成莫逆之交也。君早歲，始夫役，優考績，升班頭，至工會理事、監事，且為傳統詩學會、詩經研究會常務理事監事等，公餘勤從詩教：其於倡導，其於延續，並致力焉。乙丑間，又蒙當局舉為「齊家報國」楷模，寧匪雨港，詩學之奇葩而何也，余樂為序焉。

日據臺灣鐵道部草嶺隧道技手吉次茂七郎傳贊民國一百又一年

夫以一技手，勤從工務，毋論為將作，為營造，悉俱學以致用，傾其技，盡天職，忠於所事而已。維其所投入，若利于後世，能便於交通，功在社會，獲睞世贊，則其所務雖在異域，異政治下，奉職而行，受命而作；論其功亦有足稱者存。況乎所投入，地猶蠻煙，氣瘟瘴毒，仍精勤於所務，至以身殉云，則後世之蒙其惠者，一旦臨此天險，奚可昧黯其人貢獻，茫然乎，目睹由緒歟！斯以余既知其始末，又修是鄉之志，自樂於濡筆，為此傳贊也。

吉次茂七郎者，日本國福岡縣人，生於其國明治三十三年，畢業名古屋高等工業學校，學甫成，即致用，南來供職臺灣總督府鐵道部為技手；未幾，又依志願，入軍籍，敘偕陸軍砲兵少尉；期年，復回原職。

大正八年，宜蘭線鐵路開築，出長瑞芳山區三爪仔詰所，主持三貂嶺隧道開鑿。十一年，工成，遷升一級，繼長草嶺隧道北口詰所，仍司監督員，今日猶存，隆嶺隧道內林所在也。

君在任，精勵盡職，督工開築，務在天險，早見貫過。詎及次年，忽罹惡瘧，病作四日，溘然死於工地，時大正十二年元月九日也，年二十四，嗚呼殤哉！

明年十月九日，隧道通，長三公里又餘，時與三貂嶺隧道，竝稱臺灣鐵路最長孔道，車行俱五分鐘，而二大天險，由此隧焉。

余以吉次君，監造此二隧道工程也，時猶草萊，地處瘴鄉，君以北國之人，遽派來此，餐風飲雨，叢山露宿，蚊蚋凌虐，竟日盡瘁，朝夕勞頓，一旦癘侵，就醫路遠，其不死也幾希。維靡二隧道開鑿，由淡之貂，須越貂山，由貂徂蘭，盤旋隆嶺，淡蘭來去，單程四日，往返八朝，二隧既通，列車疾駛，略三小時又半，朝發而午，人抵蘭城矣。然則，隧道貫通，監造之功，其云尠哉！

大正十三年十一月三十日，宜蘭線鐵路通車，臺之前後山，穿此暢行，民政長官賀來，於北口題曰：「制天險」，南口題曰：「白雲飛處」，誌開通也。意寓：微前人努力，何來天險之暢通也。

民國七十年，鐵路改道，鑿新隧舊道之東，舊隧封閉數年，既而復啟，交由風景管理當局，修成單車道，迻用觀光，功用更顯焉，因述厓略，兼為吉次君傳贊云。

一九四二金瓜石事件導讀 民國一百又一年

亞洲第一貴金屬鑛山爆發金瓜石事件，去今七十年後，學兄游顯德鑑於山城信史蒙翳，青史成灰，且為山城沒落究竟癥結，期一清積年沉冤以語世人，庸告來茲，經與關心閭里之有志，組成研究小組，傾多年努力，還原真相，將成果《一九四二金瓜石事件》行世，屬序於余。余聞之而數十年積鬱，霍然雲消。

余雖學疏，亦知世之任特務、當鷹犬以偵隱密、揭潛藏；陽以偕同執政、弭奸捕諜、穩定政權為口實者，其立功勳，嚮有貳途。正義凜然，懲奸除暴、鏟邪弭惡、追蹤敵情、揭發奸猾、掌握諜報，以熄未燃之火，以達却敵安內之效，理之正也。以狡詐務巧、設阱陷人、乖善誣惡、以直為曲、屈打套招、造假邀功，以填治事績效之缺，以邀賞昏瞶層峰者，雖理之邪，世多有之。斯以欲加之罪，何患無詞，以為人未知焉，實則，天理昭彰，邀功一時，真相自在人心，白之難為黑也。

金瓜石礦山地居日據時之基隆郡下，瑞芳街隩境，為臺北州一窮村已耳。卻以地產金、銀、銅諸貴金屬，自馬關條約成彼日本國殖民所在，蔚成金色山城與九份媲美，並為二大鑛都，名揚中外。

夫金瓜石原為清代基隆廳之一荒山，名內九份庄，山嶂矗立，猶南瓜之形，分為石尾、石腳，居民稀少，耕地磽确。然自光緒二十年，採金人發見此一山嶂之含金後，日人繼則南侵，至成彼國口中獵物；踵而設採與歷多次易主經營，且以山嶂，定地名金瓜石，至昭和八年，會為配合彼國軍閥主義之西圖中國，轉手日本鑛業株式會社買山，列國策會社為國防企業之一。並於昭和十二年，創貴金屬生產高峰，非唯登同一時段日本帝國，產量最大礦山，復因日本礦業於此增加各項生產設備，使諸礦產物逐年成長，一躍而為名實俱符亞洲第一貴金屬礦山，而生產須人力加入，是以居民亦自昭和八年之不及六千人口，逐年遽增，至十四年，倍增又半，成為一萬五千人口，龐大山城，賡續成長。

維時，湧入鑛山居民，多來自宜蘭三郡、三貂、三角湧、遠至苗栗客家等地，除部分為鑛業會社直屬員工而外，數約三千之多，即隸當地大飯場長黃仁祥請負部門所屬，各鑛場採鑛系統，專司坑內採鑛與坑內外運輸工作。

蓋黃仁祥一家，初自日人徠山，即承攬是項採鑛，凡歷三代而經明治、大正、昭和三朝，若其經營並及鑛業、漁業、貿易，且謀山城繁榮，至有臺灣工王之稱。迨國策會社來營鑛山，又以須增礦工日急，乃自溫州招徠數千華工，加入鑿岩工作，而劃部分歸隸仁祥請負部門。

奈及昭和十二年，日閥既發動侵華之戰，臺灣總督府又為配合侵華政策，在臺為皇民化運動之推行。然兵燹既啟，復由臺灣軍司令部發出警告，諭臺人毋作「非國民之言論」防「祖國思想」云云，州廳當局所隸高等警察，即專司是項取締，兼及防止，執行急於星火。十五年，既揑造「五二七事件」逮捕瑞芳鑛業人李建興昆仲，暨其員工下獄；歷二年，而日人所發動太平洋戰爭，於島嶼鏈防衛諸役，節節敗退，即慮一旦盟國攻擊臺灣，金瓜石一境，瀕臨東海，隸屬黃仁祥所部員工，則達三千餘人，勢必為心腹大患。遂於昭和十七年六月末，由總督府指揮州高等警察當局，發動掃蕩工作，將金瓜石鑛山居民，自黃仁祥以下，大小飯場長、醫師、職員、鐵匠、鐵工暨及地方仕紳，分為二批逮捕殆盡，悉誣以私通祖國與私造武器嫌疑，以邀其無能與奸猾之功。斯以世之研究七七事變以來，日閥在臺所揭發，政治案件者，名此案為「金瓜石事件」。蓋金瓜石山城被誣入獄者凡百五十人，若第二批之逮捕居民日，又適陽曆九月十日下午，全臺發生日蝕當日，而金瓜石適為全鑛山聯合運動大會之辰也。

案既厲行，涉嫌疑者被捕入獄，倖免於禍者亦懼牽連，而藉疏散移家返鄉而去，由是，鑛山生產日益萎縮，其軍閥乃於是年十一月，為補礦工之不足，將自南洋擄來英籍戰俘五百餘人，迫其加入銅鑛場生產工作。惟生產值終難回升。至十九年停採，至於入獄之臺籍人，被刑、被迫至日人投降止，自黃仁祥以下，凡屈死三十三人於獄中。

余憶此一事件，去今將滿七十年，被害之人，非驢非馬！光復之際，顢頇之法務當局，認為其先揭造誣告者，托言在臺助國府打擊日本軍閥，因行誣告肇其事端為口實。由是「敵人之敵人，則吾方友人。」此一邏輯被套用當時，成陰助國府潛藏在臺之義人，使日人深信此批受害死難者，確曾私通祖國，罪名既立，一一判刑；斯由主觀而論之，罪有應得，且無可逭。然則，當年被誣死者，其先為求生計來此山城，既來之，又為求一粗礪之飽，拚死於鑛坑深處，或鼓鑄冶爐之畔，富貴浮雲，求三餐已耳，其有罪須論死耶！余以斯人之死，為山城之繁榮，為物之得其用而死也，豈為利之所趨而死焉。或云：魂無所歸，境得其寧歟！

由斯觀之，金瓜石事件去今七十年也，山城之蒙翳，則信史蒙翳。如今採鑛已矣，鑛產已矣。金瓜石既為亞洲第一貴金屬鑛山以自豪，何其任諸信史蒙翳，甘將往事盡付灰燼，代以日人之倈營鑛山，頓使鑛山成近代設施之鑛山，其於地方之建設，又凡衣、食、住、行、育、樂俱極於完善，以稱誇焉！獨蔑視山城青史甘於蒙翳歟！

韓詩外傳云：「倚天理，觀人情，明始終，知得失；故興仁義，厭勢利，以持養之。」又，江淹有云：「談天理之開基，辨人道之始終。」理之所歸也。

此次，金瓜石之有志，慮山城之青史成灰，竟費多年歲月，為事件之平反，還其真相，而屬序於余。余於當年偕顯德就讀小學時，並歷事件之發生，觀其始終，又豈可以學疏而辭歟！因為導言以易序焉。

原載《一九四二金瓜石事件・鑛城蒙冤悲歌》

陳兆康手稿集跋後 民國一百又一年

雨港陳天泉先生駕鶴五年，同埠蔣孟樑語余云：「兆康長郎欽信頃持其尊翁手稿，輯以景印，顏曰《故陳兆康先生創作手稿集》，防損蠹蝕。唯僅印十冊，只分贈其家翁生平至交。」孟樑回云：「令尊在日嘗數向臺北唐羽者，求為出集時綴一言序卷首，是唐某時道及此，且徵何時將出集。如今，《手稿集》既出，應餽唐某一冊。」半旬而後，孟樑果得其集轉至。

余覽其集而百感交滙，何光陰之去且速也，至掩卷低徊者良久！既憶故人在日，過從點滴；又念，某之與天泉交誼四十稔，胡未能先睹其遺稿成所屬，綴一言序卷次，直待人之子裒印其集，始覺為序，事亦遲矣，直覺落寞。

兆康字天泉，向以處世謙沖，賦性儒雅，嘗名所居曰「謙廬」，斯此間鷗盟，多以「兆康先生」稱之，罕以字呼！原籍惠安螺陽人，父諱其銘，據其譜：其族之先出宋名臣陳俊卿，族盛莆田曰：「玉湖陳氏」者，祖源所由出。宋亡之後，裔有遷惠邑螺陽者，衍為當地茂族。又後以所耕在磽确，人多下南洋，而翁其銘亦遠瞻進取，趁壯歲，梯航星洲，致天泉昆季，或守故土，或僑海外；天泉以居長，自幼失恃，遂留家鄉，由從母養大。二戰勝利三年，將婚前夕，遘遇世變，從族叔來臺，初寓高雄隨伊舅某氏，營釀造食品，稍有成，始接許婚者來臺成家。

民國四十八年，更應族兄陳再來邀，移家來基，經紀所營大來冷凍廠，會得其助，自創惠豐冷凍，成事業之丕基，遂定居於雨港，斯天泉以「靡族兄提攜，亦難以致。」云，嘗語唐某。

天泉既家於基，初民國五十二年，會有雨港聞達羅慶雲者與陳祖舜，倡謎學研究會，備三節懸燈，任民眾猜射，實則寓讀書於製謎，探微經史，重興漢學。時天泉於在鄉，已受業鄉賢碩儒，兼其睿智聰慧，勤讀經書至淹貫羣籍，又尚風雅及於庾辭。寓基以來，緣以射虎，使主稿者識其才高，至邀與會。既而組織，成基隆謎學會之發軔，天泉被舉理事，至常務，且精於典故，旋揚謎幟，南北謎壇。唯詩而言，其先在籍，例專於書、算、文、翰，備為實務用，言詩詞即視為風雅已耳。自不若臺海之嘗陷異政，科舉雖廢，從師為學，乃以詩詞終致，用維國粹延續，是以天泉於詩一道，猶保留也。

然及其後，間遭族兄遽世，天泉念族兄提攜之恩，比於父母，卻謙未諳對仗，因求代輓辭于同社主事羅，羅以便聯與之，既而發表於〈中華謎刊〉，而天泉未知也；卻為識者指出，使顏面頓赧。由是，直覺學之猶不足，至發奮圖強，去謎社，拾舊籍，凡唐、宋名家詩作，無不廣涉，至于入微；加上經卷精湛，才華洋溢，廼及雨港文壇，羣友切磋。六十八年，遂與諸友組基隆詩學會，發揚詩作，復興漢唐天音，列其主旨；自是遊屐所至，交流南北，屢見什一之作，冠奪大型吟會，恆三十稔。其間，尤值執政當局，在臺提倡復興中華文化，詩學於雨港，更屬風雲際會，若地之耆宿陳曉齋先生且言，雨港詩壇，來日之祭酒，非天泉莫屬。

天泉初以一賈人，由商而謎，又由謎而移詩，其除宏揚國粹而外，今由手稿所見，凡八百餘首，雖多南去北來，應席大小吟集，提倡詩教，發揚國粹，導正社會風氣，效法古人，囿題限韻，刻燭催鉢之作多。次則，與人問學過從，交誼酬應，喜慶哀樂，為聯為詩，及至考槃尋逸，感事而咏，代人擬作，類多有之；不外臺之以往方家，交誼比興。唯審其作，凡調韵蓄意，莫不形其心志，備六義，遵雅頌，尚教化，正人倫；時亦歎世道之頹靡，鄙政風之寡廉，竝以邦家強盛，人民福祉，入之於詩，用典廣泛。斯其三十年來，吟幟既揚，臺之大小詩社，爭邀加盟，或以吟聚，或委壇坫，天泉莫不謙沖真誠，從無傲恃，人有詩作求政之，亦靡以其為後生而拒；凡有所見，溫溫以教，使人如沐春風為難得者，亦天泉為騷壇所仰焉。

天泉生於民國十七年，仙去九十六年，某與識荊民國五十六年；始加盟臺北集思謎社後，緣輪值燈謎函部，聞其名因邀主坫，又後十餘年，為鄉賢主持徵詩事，復會天泉，遂成林下知音。然則，今讀其手稿，雖言此遺稿，仍過雜蕪，須有心人為重編，唯憶故人之芳菲，豈可無片言，補述所知歟，因冗為跋。

龍峒詩文集序

民國一百又一年

壬辰七月中：應約訪姚啟甲伉儷於其詩學教座，始知詩壇耆宿則仁先生女沁，正持其尊翁遺詠，商于姚君以付梓，並期有一序將屬於某。則仁先生者陳其姓，諱榮弫，宜蘭市人，斯以與某同縣邑為蘭陽遊子。初民國七十年代，某為宜蘭同鄉會，執《蘭陽雜誌》編務時，先生甫由市立和平醫院退休，以精於傳統詩，名著北臺詩壇間，而蘭陽為綜合性刊物，闢有園地任會員，好為寫作者，投其所稿，賞其所載。先生因以詩詞先覺，受聘列編輯委員，凡有詩稿，均由主審之，間亦惠大作或見聞，豐此刊物。

先生於當時，春秋猶盛，卻卸公職，凡所經歷，自屬見多識廣，是編務竟，繼移讌飲時，人多喜發其見聞，爭執話柄，攻訐政局，先生但舉杯而已，從不評時事隻語，更勿論，從公所見，誠今士之罕見。

先生蚤歲，受學雖始日式教育，卻於公餘，旨趣舊學，並專於詩。旅北後，嘗聆教於魏潤庵，時有吟哦；奈其所咏，今俱未見。嗣及臺之經濟趨穩，詩教再盛，又觀摩於各大吟會；直至融會貫通，始於己酉年，加盟瀛社、松社、高山吟社。凡吟風所至，詩酒相隨，篇什徵逐，惜未珍視。迨及八十二年，承朋儕慫恿，促裒舊作，題為《龍峒詩草》時，依其〈自序〉，已言「舊稿紛散遺佚」因「慌忙翻箱倒篋」，「勉予湊集兩百餘首，略可成帙。」云，概可窺其風範，頗近已故灘音李春榮所云：「從前所作，大都隨作隨棄，不假少留。」嗣及「晚接，屢從諸大吟壇遊，間有一句半首吟弄，不忍遽捐者然。」亦詩人任性寫照也。

蓋先生將為詩草之出，某已卸蘭陽編務久，卻一日重逢於基津，敍舊之餘，先生謙而云：「頃將為詩草之出，敢不為一序。」某雖未敢違所囑；卻偶以失聯，而負於所囑。但詩草既出，亦題署郵寄畀某一冊，知其情厚。

某捧斯集，除感慨而外，全集雖有詩兩百餘首，分為七篇，如〈心聲篇〉所見，始作不過庚申、癸亥，餘俱致仕之後作，而〈序〉之所云：「促裒舊作」，悉未臻也；

然則先生之詩，在致退以前，今俱未見。此莫非此間詩壇、詩翁通病，寧不歎焉，何謂耶！詩既言志，志者誌也；存心為志，形外為誌，既形於外，必為史徵。生有幸而為詩人，自恃凡庸一等，偶有所感而詠諸文字，曰諷、曰譏、曰見聞、曰經歷，或以嫉惡，或以揚善，悉為詩人自命者，自負之作也。既作之，又棄之，乃終遺佚為推委，或更塞責於蠹蝕，是令其生之，又假手滅之，蠹又何辜，翁又何忍焉。

維先生之詩，就詩草所見，詩題偶有過簡而外，凡為詠，殆生於所歷，如致退以來，遊屐所至，留其鴻爪；又與南北鷗盟過從，紀其所感，見其真性。至于吟會，紀慶、限題，則依題頗見場面之作，或虛應故事，固為臺之騷壇，積久通病。唯斯而吟，其先生之作，卻用典深奧，形表淺出，耿介天性，率真辭句，人言：「一字一句，洵自其肺腑流出，識者咸以今之元白目之。」亦非過譽也。

況乎，衡諸詩壇，故老凋謝，先生自早歲定居龍峒，又養生於龍峒，有幸與聖域為鄰，退公職三十年以來，固以詩為伴，晚季又為北市文獻當局，譯作舊文獻，俾學者便於考索引用。八十六年始，詩教之蔚起，即受聘設講座於各級學校；社教文學班，勤傳道，忽怠於義務。是以得入其門執弟子禮者，達十二人最為傑出云。然則，於此舊學瀕淪，詩教萎縮叔世，能如先生者幾稀。

尤以此次遺詠之蒐集，且得瀛社前社長林直夫之鼎力襄助，廣為搜羅且及文稿，因題《龍峒詩文集》云，是集之行世，信足傳先生典範于永久而無疑也，至于更為難得者，則全集之出版，若靡姚君伉儷，負其全責，全力促成，亦毋以達成焉。先生其有知，當含笑於道山，喜不負平生所教焉。姚君啟甲者，國際扶輪社三四九零地區前總監，現為天籟吟社副社長，夫人陳碧霞女史，三千貿易公司董事長，伉儷俱以詩詞而著。然則，是日之會，既受所屬，某又何能以不文辭乎，因敍厓略，是為序。

民國一百又一年初冬　原載陳榮弫著《龍峒詩文集》

陳白沙先生慈元廟碑拓書後 民國一百又二年

右帖〈陳白沙慈元廟碑〉拓印本，余於己丑夏月，憑弔厓山古戰場，購自當地，書與文，俱出先儒陳獻章手。拜讀之際，矚其勁骨幹實，青鏤鑿石，神髓兩至；考諸文獻，知為白沙先生，獨創茅龍書法，懸針運腕，正氣磅礴，尤以生辣藏野，剛梗可親，茅鋒之銳，髣髴千鈞。使余每對此帖，豈止于不忍釋手已耳。

惜惟僅置一冊，索諸網路，更見海內尚無異本。度之，碑在南徼，地遠鮮為人知歟！

由此，僅藉此本，景印數冊，分享同好，兼寓推介之意。況乎！余之厓山，既為祭弔宋之最後。臨埸眺望：巍巍厓峯，俯瞰厓海，蕩蕩鯨波，念萬精魂，驚濤而駭浪，敬凛與歎息之心由衷；史鑑匪遠，擅印數冊，亦起推崇與警惕而發也。今謹奉一冊，君其定有同感耶。

吳天送遨遊回憶錄序 民國一百又三年

周甲之交，吳君天送，著名鑛山金瓜石所育，才畯之士，亦余學長也。夫斯鑛山，位處雞籠之後山，山嶺崎嶇，層巒環繞，地貧而磽瘠，始清末以來，產金而興；當其盛，有亞洲第一貴金屬鑛山之稱。其流寓徠山者，雖多披沙揀金之徒，維靈氣之孕毓，人俱進取，見其昆裔；從公從商，或擠顯席，或教名校，迺至藝文，科技馳名者，實繁有徒焉。

至于吟壇而舉，初自昭和盛世，地有萍聚吟社而後，遠則蕭水秀、吳蔭培、李碩卿；近則姚德昌、林明朝、黃祖蔭諸家，或以絳帳，或以詠揚；傳其盛於詩史，稍留雪泥鴻爪，證開風氣之先。

學長吳君，原三貂流寓後，誕斯鑛都名揚盛世，初自日制高等科畢業，即逢其人推行皇民化運動，君卻兼好中日兩傳統文學，既涉漢籍，又能和歌與俳句，至以才俊之譽，為識者所稱。當光復伊始，國府來接鑛山時，君即為勞務課，拔羣倫，錄為該課司書；復明年，轉文書課專司繕寫，久而資源委員會金銅鑛務局成立，又兼局內刊物〈金聲週刊〉編務，以業務所薰陶，至工於書法。

維君之向學，卻未以生計，致志稍餒，且更勤於問業聞道，以校外生畢業日本產能大學，專修企管技能，獲商學士學位後，迨及改制臺灣金屬礦業公司，更歷人事、文書，至課長時，即踵鑛山先賢之跡，重興吟咏為己任。

民國八十一年，君既自鑛山榮退，風聞瑞芳詩家楊道生，將設講座，傳其師門姚嶷峯之學於瑞芳，君日由寄寓通學瑞芳，入道生之門，改習傳統詩，凡歷數載，以其向學之勤，調韵之頻，竟得韻學堂奧，六義真髓，於古稀之年，揚一幟於詩壇，屢有動人之作，凌奪羣鷗，成退而不休典謨，亦斯名鑛都弦歌之延續。

九十四年，繼其師承，兩膺瑞芳詩學會理事長，為斯鑛都詩教，培植後繼，兼及臺灣傳統詩學會理事，桃園以文吟社理事諸職；騁馳南北，文旆往復，或會盟或競吟；君又好旅遊，因自退休以來，遊屐所履，東瀛、西域、歐陸、美洲、入境究問其俗，觀風細察其微，情愫所觸，韻章油然。如道朝山，似僧遊方，匪維詳端，且以諦聽，偶有所得，無不詩入。歲積月累，存藁溢篋，慮久散佚，今將彙成一冊曰《遨遊回憶錄續集》，為存卷也，因屬序於余。

余與吳君，始光復次年，猶以頑童，識荊於君，至茲周甲又餘。前從礦業史研究，於己未、庚申間，返鄉為資料採擷，嘗請益於君，君慨然助之，經三十稔矣。況乎，臺之詩家，嚮為詩作之彙輯，詩集之行世，唯多閑詠、會盟、課題、刻燭為尚；紀遊為專輯者，雖較罕焉，郤見郁永河之採硫澹水，曾著其紀事及詩曰《裨海紀遊》，成三百年後今日，考核臺海事聞典籍；近人黎澤霖論述《蓬壺擷勝錄》，則以古人之詩，探討今人目為勝境者而著。然則，吳君之以詩而寓所遊，寧不成異日，好作考鏡者，引為論今世之列為勝境，諸典籍歟！余樂為序焉。

鑑湖堂詩詞書畫雅集碑序 民國一百又三年

民紀百又三年，歲甲午之閏月，霜露既降，鴻雁頻南，吾儕受邀鑑湖之故堂，館第凌雲，飛簷鑑鏡，縱非上巳之修禊，亦寓重九之郊遊；聚三方之鳴珮，臨水為吟，濡筆而揮，暮讌而歸，人生一大快事也。

夫！士論三不朽，立德、立功、迺及立言，匪維濁世之矚望，君子為翹企。今日，澹廬方家，鷗盟名士，繪壇宗匠，驅車而至，瞰龜嶼、望浮沉，眺棲蘭、浴翠黛，濯水滌塵，詩思狂湧，詞彩逸興，豈同遊書家，能壓曹腕之沉蓄，可按右軍之任率歟！

由是，放縱而誦，誦而之腕，真、草、隸、篆，雅、頌、諷、詠，筆鋒電掣，墨跡傳馨，既呈浮生之盛事，誠俗世之標挺。況此末造，尤以倫常失序，邪說橫行之際，斯非箸篇籍，起絕響，正雅頌，媲美立言之亞，其有裨風教者乎。

詩也者，蘊涵六義；書也者，深藏八法，今則執此義法，兼併為壹，復假彩筆，寫景入微，飾付丹青，寧匪三方鴻文，樂見其成者焉。

是日之遊，鑑湖文教基金會為東道也，鑑湖在宜蘭擺厘，曰擺厘陳氏，其先漳浦鑑湖之禰分，嘉、道入蘭，墾有成，成蘭邑巨族，有家塾曰登瀛書院；造士無數，倡導文風，蓋鐘鳴鼎食之裔焉。後文並題是日佳客，庸語他朝之遊茲者，亦有感於是會之盛，因以立。

中華民國一百又三年十月廿九日

附代古坑孫醫廟徵聯書民國一百又四年

民國百又四年九月　日後學唐　羽書啟

□□□□詞長道席

敬啟者，唐代孫思邈，宋封妙應真人，神農以來，不貳藥王也。廟在陝西藥王山，事蹟頻見《兩唐書》、《太平廣記》，諸歷朝大典；若生前著作〈千金藥方〉、〈銀海精微〉，更入《四庫全書》，成後世探討藥學、藥理槩及施針要典。奈其在臺、尚乏堂廟之立，聖神可棲，世論憾焉。

由此，自念餘年前，奉神之士，設壇中和，施藥濟世，治人疑雖以始。至民國九十九年，更奉神示：擇地雲林古坑，籌建神宇，錫名「聖賢宮」為醫公之廟，於一零一年，詣拜祖庭，承嗣法統，遄返臺灣，肇建神宇。今正興築之中，因委其碑表於某，兼及文事。

夫斯建築，因屬北方宮殿建構，有楹十三對，須鐫聯對，宏揚教化，載志神蹟，闡釋聖道，用彰醫德，設教真諦。廟貌遵古，史評從今，事尚公正，統攬聯貫之。況乎語有之云：「志同則道合。」大筆如　詞長，信亦同感者焉。

斯以敢藉長久以來，敬仰　詞長，望重詞林，神來之筆，炳蔚及聯。復經畏友推介，誠邀　大筆分責乙聯，共襄盛舉，俾獲　尊作，允鐫金石，誠幸甚矣。至乎費神之情，宜當面謝。

肅正奉達，翹首

荃督

棲蘭草堂文稿

唐　羽著

卷之十一

臺北天籟吟社創社九十五週年誌 民國一百又四年

稻江林纘，字述三，號怪星，吟壇碩德而碩儒也。余慕其名，在求學來北時，七十年前事耳；卻無緣立雪其門下。維所師黃笑園先生，原其高弟，厥以老夫子稱之，義應師祖尊焉，斯以受業之餘，時聆師門故事，因舉以略誌。

初夫子之倡天籟吟社，雖緩瀛、桃、竹諸先發，直次大正中。惟自陷臺士子，直悟仕途雖絕，詩社之立，猶可略代八比，遽傳漢唐，免致所學淪於絕響後，吟旆之揚，彷若雨後春筍，迨至失土之歸，以社立盟者，名雖數百，究竟初衷，縱本同氣，尤嬉同好，時喜春而悲秋，牖吐久鬱之怨；奈其與盟者，固俱各方之大雅，志意攸同，師承則異，斯以文旆維揚，調韵分岐，世歷甲子後，其調猶能不絕如縷者，寧有幾希哉！

維天籟之成社，吟調之長響，成員紬緒，悉出老夫子正傳，礪心書齋之所育，師範而授承，繼賢以成教，學行一本。由是，或仰夫子碩德真誠可諮，或求解惑而立雪，或緣際遇以入門。斯以胡論兵燹世變，政事妨礙，匪維學未間輟，迨次新亭東移，避禍君子，莫不驚呼而歎曰：「不圖斯文猶在茲也。」且蒙當局，頒以「風勵儒林」之匾，寧不足稱。

余觀夫子於礪心齋，絳帳四十載，哲嗣錫麟、錫牙，俱承其學以再傳；入室高徒之精貨殖，兼擅於詩，則李神義、鄭安邦、李集福、陳伯華；執教名黌，且著於咏，即黃得時、林子惠、陳椒广、歐陽溪水；既能詩，復著於文，其見薛玉龍、張呂煙、蔡奇泉。既同硯，又同期，並駕騷壇，則林錦堂、曾朝枝、黃文生，俱以笑為號：林曰笑岩、曾曰笑雲、黃曰笑園，吟響所及，人稱「三笑」而不名。至乎論尚友，廣人際，則見卓夢庵、許寶亭、張晴川、陳鐓厚諸人，今誠難為壹壹焉。

維特可道者，夫子授徒，更破世俗之保守，兼收女弟子。若鄞威鳳、姚敏瑄、凌水岸、李雲英，俱成壇坫巾幗；其前三人，亦授詩以遺世，至擁「天籟三鳳」美譽；瑄更特雄於文，既操觚於「民報」，主文教，成「臺灣首位女記者」，從婦運，倡母教，寧匪當社之殊卓。

然則，礪心之學既傳，天籟之調既揚，吟韵嘶響，典式繩續，夫子仙去，紹繼吟坫者，自一脈而下，由錫麟、錫牙，而入室弟子高墀元，麟高徒張國裕，依次接社座。

牙、裕二君，又相先後，受舉中華民國傳統詩學會，成會長。裕在任，會詩教再受重視，沉寂之吟，恢宏嘹喨。九十九年辛卯，創社九十週年慶，裕以大耄，志專木鐸，讓座歐陽開代。

開代學出臺灣大學外文系，伊母姚，原礪心齋高徒，而敏瑄胞姊，胎教有自，精日文，長於詩，槩及短歌川柳。開代主座，又徇世而推移，兼舉社之先見；迎潮流，符時代。越年六月，立案當局，斯「臺北市天籟吟社」之成立，凡社長為理事長，理事由會員大會選出，逐第成理事長，每任二年。

然則，始老夫子倡建是社以來，其歷九十五春秋，將望世紀之禧矣。今歲六月，開代任滿，歷改選推舉姚啟甲。啟甲創社耆姥姚敏瑄姪，學出上庠，精貨殖，擅於詩，嚮事懋遷，熱心公益，數歷國際扶輪社地區總監、臺灣瀛社詩學會、天籟吟社副理事長；竝夫人陳，伉儷俱吟壇聞達，倡詩教，著南北。余與賢伉儷識荊瀛社，于今六稔。每過從，競吟詠，或噓寒，或問煖，俱謙恭而有禮。凡為詩，朴茂避華，直吐真境，若老杜之遺意，余所見也，禮尚往來焉。

今春六月，君既接篆，至八月，以理事長謂余云：「天籟將為九十五年之慶，廣邀同好為一集會，兼徵詩，裒清吟，成紀念集，敢為一序！」謙恭之極也。余以故山喬木，猶南之出，木雖美而上竦，上竦者，即其上曲，其下亦少枝葉，乃致少陰。今者，天籟改制，立案就社團，邁方步，跨脛越前，迎廣蕩之社會。

況乎其先，由君資置，曰「三千教育中心」者，又廣聘學者，開多方講座，符時代變化，迎思慮，越創新，莫大獻猷也。

詩者，淨化人心，去卻乖戾，文字利器也。天籟改制，溯已往，緬未來，徇世需求，能日新，日日新，邁脛而創新，紀念集之出，聲價十倍焉。余既樂為前座：開代先生慶，更喜為今座啓甲詞長賀，爰綴七十年來，聽聞與所見，成一志，略梗概已耳，匪敢云序也。

基隆市詩學發展史序 代市長序　民國一百又五年

基隆昔名雞籠，設官分治，雖列後段之區，唯就文學以論，早已見康熙間，臺灣道高拱乾詩作，曰〈雞籠積雪〉，詳斯境之風貌，道離郡之遙遠。由茲，迨次乾隆盛世，吟詠三臺八景者，同此詩題凡十見遊宦筆下，形山川之精緻，深地域之殊異。

雞籠即雞籠山，其山三貂山地之連峰，拔海五百餘公尺，形勢雄偉，圓峭峻秀，名早登中國正史，列航海家指針。祇維，斯一低海拔孤峰，位在亞熱帶，頂峰紺雪否？

殆陷時人於迷思。

惟考同光時，蘭陽名士李逢時，多次途經三貂嶺，即於嶺上遇雪，遂以詩志所歷，坐騎踏雪；複次近年，又因朔風驟至，雞籠連峰，夤夜載雪，頓破時人迷思，信古人之不吾欺也。此靡他，詩之涵蓄，學之淵深，匪鈎其玄而可解耶！由斯論之，詩之列學，誠足宜焉。

然則，今基隆為市，雅稱雨港，猶為省轄市之一，方域雖狹，卻登著名國際港口，成懋遷大埠，人文蔚盛。初明治、大正間，三臺士子為延華夏文化，競為詩盟之立時，雨港自不落人後，踵為小鳴、網珊、復旦、月曜詩社之創設，而瀛社之興島都，更以社中重鎮，多名來自雨港，厥以年四次定期大吟讌，必一會於雨港，會則南北羣賢畢至。又若大正三年，顏氏環鏡廔吟宴，鉢韵三日，創三臺吟會之最，更成詩史佳話。

或云：「文獻之不足，歎杞宋之無徵。」其實，「不足」亦可「徵」之也！何則，此「學」之演進耳。寧有「學」之不立，「探」之不「幽」，「涉」而不「深」，而「賾隱」可致歟。

從而世及主政者，倡言文化復興後，各地詩學會之興，雨港後起之秀，濟濟而多士，亦力陳於當局，厥則詩學會之重興，顏曰「基隆市詩學研究會」者出；發會之旨，立足詩壇，以詩教學；曰「發揚詩學之光大」，曰「編纂有關詩學書籍」，曰「宣揚固有文化」，著在〈會章〉焉。

詩學研究會之立，至茲四十載，歷屆以來，凡所出版曰《海門擊鉢吟集》，洋洋巨著，已積五集；觀其所詠，吟時令，紀地理，咏草木，序節慶，志政事，憶故典，乃及災眚異聞，應慶贊頌，無不涵之，其足資來日之摭風問俗，擷採徵信；俾考當代幽隱，發故往之潛說者，俱在茲焉。

況乎，本府文化中心，自念餘年前，在歷任主政者，為發展地方特色，搜羅歷史文化，宗教信仰，殊方紀聞，盱衡產業，輯為基隆文獻系列出版以來，俱獲學術界、文化界，各區市民羣眾暨讀者羣之好評。更勿論近年以來，最高行政當局，又依所提倡：「發展文化創意產業計劃。」所定主旨，推行各項文化措施，意在更創市民大眾於本土史之嶄新認識。本市自亦遵此立意，直認基隆市詩學之發展，即古雞籠以來，名賢碩儒，推行傳統文化歷程，迨至贏來成果，不可或缺見證。

因由本市詩壇前輩，邱子天來，執筆纂撰，定名《基隆市詩學發展史》，列市文獻，使勿遺先賢努力，亦忝主市政者，應行工作與業務。更勿論基隆市詩學研究會在成立之際，臺政當局，為維安之需，猶處嚴防之秋，諸貞士之創會，定必成會多阻，方克完成，其歷歷也。今則，政歸民主，若市座由民直選，斯亦霄壤殊異，有不可同日語者，今逢文獻之將出，忝居市座者獻一言序卷首，亦感戴之意也。

原載基隆文化局出版《基隆詩學發展史》

連勝彥先生八秩壽序 民國一百又六年

歲在民國百又六年春分之良辰，北臺同吟，獲知澹廬高弟連勝彥先生，逢八秩之禧，謙不言壽；惟擇仲春之念日，將舉其書法展，曰墨韻詩情于中正紀念堂以為慶，悅來同文於一堂，風雅事也。同吟預聞，咸曰傑閣與吾儕，以詩書認同氣，或閱數十年，或僅數載，悉稱知己；況乎臺灣瀛社，改制法人至茲，同仁屢為詩書聯展，澹廬諸名家，經先生一呼，不辭百筆揮毫，計已三復矣。今也，君家懸弧之辰，吾儕宜奉爵以賀，可無隻語，誌其盛歟。因由瀛社周理事長為發起，述先生之可道，且屬序於某，某雖不文，寧敢辭乎。

勝彥先生，號傑閣，氏之先，連城之後胤，望出上黨，漢唐而下，衍分八閩，或承圭璋，或勤耒耨，世代雖遠，仍不遺于譜牒。迨乾隆初葉，有元忠公者，自同安仁德里渡海來臺，耕於淡北擺接之野，今之新莊焉。歷五世之潛德，有裔曰水泉，先生之大父也。

水泉公有子二，長諱清傳，季為叔。清傳兒時，連氏雖已登擺接之盛族，奈因族眾而家貧，小學四年，則輟學，佐父為操舟，運磚助家計；詎以大正十二年洪水，木舟流失，茅椽倒塌，父亦憂疾以逝。嗣是年甫十四之清傳，上奉寡母，下攜幼弟，離鄉從工，歷二年，幼弟竟死工災。唯清傳堅強不為所挫，年及冠，既返鄉，復本於農，定居二重埔。至是，日勤夜讀，自工役、歷記室、營露店、設碾米廠、開貿易公司、輸青果銷日，匪維家道日隆，並奠闔族之盛基。自臺行地方自治始，於公並膺村長，農田水利委員，農會理事長，臺北縣議員諸多公職。民國五十四年，憶及蚤歲失學之痛，稔知清寒子弟，升學之難，旋響應當局號召，捐地出資，創設清傳高級商業職業學校，嘉惠學子，今猶屹立二重埔之地為名學府，勝彥先生即清傳家子也。

先生生於日據之昭和十三年，維上承祖禰累世之積德，近膺淡河屯山之期運，既誕斯土，自幼資質儒雅，儀表挺梧，年方六齡，已喜愛書法，日課楷書百字以自娛。次大學既畢，直慕廻腕大師曹秋圃先生書風，入其門研習八法兼攻詩文。初自楷法，竟日臨摹歐陽詢、顏魯公、虞世南，暨及褚遂良諸碑銘，凡歷五年遂定基礎。

繼而改攻行書，自王右軍蘭亭集序，顏魯公爭坐位帖，且兼習隸法，上溯於漢而窮張遷、乙瑛、禮器諸碑，迨清人陳鴻壽隸法。又歷五稔，既悟筆竅，再攻草書篆法。勿論智永、右軍、懷素，悉資藍本。其後，復攻過庭書譜，藉探草訣，求躋運筆堂奧。若篆書則周人散氏盤銘、石鼓以及吳昌碩等，迨至近年，鑽研更及鐘鼎彝器，稽古文字衍化，溯源亦云極矣。

六十三年，徵得伊師同意，假臺北市國軍文藝中心首行個展，即承名家王壯為、李猷，李普同諸氏涖臨鼓勵，而省高等法院花蓮分院首席檢察官張敬修，且撰賀詞，其略曰：「連君傑閣，實傑出之士，天資聰穎，人品高雅，潛心書法，由博而精。神韻超逸，如能鍥而不捨，自可冠絕古今，名滿天下，再變化，必自成一家，誠為罕見。」此四十三年前事也。

然則，于今憶之，歲月悠悠，見證歷歷，先生自首展而後，匪維以書法名揚，為同儕所知，自民國八十五年，應邀為六十書法回顧展以來，凡開各類個展十一次，於參展而得獎者，其始臺北市第七屆美展書法首獎而來計有十次。又為提倡書法，或居推行、或位主推，或在率團，毋論國內，勿論兩岸，迨及國際諸項活動，可舉卅一次，名既揚於國內外，舉其著作，即八十八年，傑閣書法集之行世以來，凡積十一種，悉傳洛陽紙貴，競為愛好書法者所珍藏。

先生非維於文化卓有貢獻，其先民國六十七年，且出任清傳高級商業職業學校校長，從事正軌教育之餘，並全力推動書法教學及藝文活動，將書法列入該校必修課程。六十九年，當選增額國民大會代表，在任於憲政亦多建言，而八十年建國書畫展，編印專集尤具意義。八十一年，國代任滿退出政壇，則專心從事教育與發揚文化，被舉為中國書法學會十二、三屆理事長，凡國際性文化交流，靡分亞洲、美洲、中國各地，舟車所至，至難計數。俱得國內外書壇之肯定，提升吾國國際聲望與地位，而為藝壇所稱。洎至近年，且為提倡傳統書法，獨自捐貲成立中國書法藝術基金會、澹廬文教基金會，並以名望受社團法人臺灣瀛社詩學會禮聘為顧問。且與瀛社歷任社座，倡導詩書聯展，義本詩之與書，其道竝蔚，因萃於一，施行以來，嘉績頻見，先生襄贊之力既大，同文感戴之情厚焉。今以逢慶，既承厚屬，不文亦文，因略詮所知與足稱如上，至乎祝哽祝噎之雅，尤望於諸君子云，因為序。

民國一百又六年歲次丁酉春月蘭陽唐羽撰序雞籠蔣孟樑書屏

誌盛同仁

周福南　林正三　許哲雄　王　前　邱天來　歐陽開代　姚啟甲　張耀仁
李宗波　葉金全　陳欽財　洪世謀　康濟時　翁正雄　賴添雲　吳秀真

洪淑珍　陳漢津　余美瑛　孫秀珠

原載《墨韻詩情／連勝彥八十書法展集》

天籟吟社顧問莫月娥女史行狀 民國一百又六年

民國百又六年五月七日，天籟社友洪淑珍電於某云：「莫老師已於今晨六時辭世，其子有事求助。」乍聞，猶迅雷之失箸，仍其傳誤直奔莫家，卻見淑珍與楊君維仁已至，頃聽莫子泣告，始信事之非虛。夫！女史匪維今日瀛海詩壇，碩果僅存女大詞家，以傳統詩而揚，更為天籟吟調再傳女宗師。某與論詩之際，嘗以「老詩婆」戲之，亦一笑置之。

二日後，徇其子之請，由天籟吟社社長姚，中華民國傳統詩學會前理事長簡，召集同儕，會商飾終事宜，籌組治喪委員會，會以某於昔日，嘗與莫姥先後同硯捲籟軒，於其生平或稍知之，宜撰其事略，彰其行誼云，毋得推辭。某雖不文，因力為濡筆，謹就所知，以事略為行狀，既告於諸君子，亦弔故人含笑於九泉，是為序。

女史諱月娥，莫其姓，其先閩侯人，初臺陷日據中葉，其城東門外曰莫朱橋者，地為其姓聚族所居。時猶重農之世，其人固以穡事為生，且兼工技，唯下閩江，吻海通洋，可謀發展。昭和三年，族有莫翁發模者，偕妻劉氏，留其冢子木森守家，梯航臺灣，居臺北市大橋町水門內，以製麵為業，莫翁其人，即女史之尊翁也。

翁在臺數年，稍積成業，亦揭徠臺閩間，移資置產於鄉，並育次子木林後，昭和九年，又誕一女，則女史之出生。斯以或言女史為榕城人，其生在榕城，亦相宜也。

維二年後，中日戰起，渡航頓阻，遂落籍為臺北市人。

女史稚年，伶俐而穎慧，迨及齠齡，雖入讀大橋國民學校，方上五學年，即因戰火，避燹鄉間，昭和二十年，日人投降易紀民國卅四年，莫翁舉家，復由鄉下返北，卻因戰禍之後，凡百從頭，生計維艱，而翁以故國情深，匪計流寓，未允愛女復就外傳；卻令其改學工藝之次子，以日工夜讀，從設塾大橋之北，地名草埔，曰捲籟軒之黃笑園為師，改讀國學，俾不忘本。

次卅八年，原奉庭訓，助家務之女史，雖以休學數年，唯日聆伊兄朗誦詩書，深所引勝，並從其兄師笑園為學，為女史學詩之始。

女史在學，夙慧天資，凡歷羣書，掩卷不忘，從師八年，根基既立，學養亦足，尤以詩課為勤且優者，或因臺島在前，雖中洲一省，奈自割地，仕途即絕，致士之未肯屈服於東洋者，轉與其人妥協，藉傳詩藝與經籍為表裏，勤與日詩人互通聲氣。實則，藉避耳目以維繫祖國文化於不墜，久而詩學在臺，乃成漢學主流，詩社林立。

笑園之學，源出稻江礪心齋林纘之門。纘字述三，世以傳學，至日據大正時，「其守讀書人氣節，以發揚漢學為己任。」附設一社曰「天籟」，藉以為門人，擊鉢月課，抒發吟興之所，若其吟韵則曰：「天籟調」。至昭和初，笑園得其師襄助，置一塾曰捲籟軒於草埔，本自遵師宗旨，斯以女史所學，正「天籟調」之元音，毋異嫡傳也。

女史之於詩，學既專精，民國四十五年，獲黃師鼓勵，數發表其詩作曰〈賞月〉、曰〈小樓夜坐〉、曰〈秋色〉等十餘首於《詩文之友》；若〈雪夜〉一首云：「兀坐幽齋漏鼓深，漫天玉戲冷羅襟；侍師幾似程門立，醒覺飄飄已尺深。」覘見其學詩歷程之一斑。

四十六年，淡北吟社三十五週年紀念大會，女始年方念三，嘗受師之鼓勵，投課題〈蝴蝶蘭〉而詩曰：

渾如蕙草美人情、空谷幽香過一生，翠葉露根纏古樹、黃鬚粉翅茁新莖；
難教變態莊周夢、不聽傷時孔子聲，處事清高秋佩感、誤他謝逸作詩評。

獲羣詩翁之贊賞，譽笑園得其傳人。

明年夏，會艋舺宿儒黃文虎，為避暑來訪笑園於書齋，女史慕虎翁之學，且侍師於側，至二黃互為疊韻後，翁見女在側，試與交談，俱能對答如流，極盡文雅，知為女棣，遂以〈才女吟〉為題，署「絳帳當年豔馬融、軒傳捲籟又黃公，莫家賞識真才女、佳處涵存甚老翁；道韞能吟衹柳絮、蘭英博約動衡嵩，隨時氣得江山助、多在春風化雨中。」頃而，女史即為步韻云：「迴吟佳句氣沖瀜、處世難逢黃石公，小技何堪同孺子、宏才久已仰詩翁；應知柳絮飛如雪、漫把丘陵去比嵩，自愧許多書未讀、浮沉學海渺茫中。」使翁驚嘆不已，且傳詩壇為佳話，頻讚笑園之有此才女，成為高弟。

毋奈，其歲秋後，笑園即逝，然恩師雖去，女史猶手不釋卷，探驪得珠，自出機杼。由是捲籟軒弟子莫月娥之詩名既揚，才藝更臻；既而，竹塹名宿蕭獻三為賞識，視若女弟子，而女史恒尊獻三為伯，從此未缺席於淡北壇場。其間，獻三嘗教女史，其大意則為：「詩人之為比興，雖未若史家之紀事，必具確切史料，唯應用之際，典故人物，其必具利器。而詩人之失，失在為詩而不知史，斯以朝代錯失，繫年顛倒，時見壇場。然史籍繁浩，比於淵海，其從何而讀耶？則曰，維《綱鑑》之類，言史大要，卷帙不多，綜紀事，納人物，欲為詩人不可不讀也。」女史於後日，論詩之際，數為憶及，知亦讀史。

因見，其於壇場，勿論刻燭，毋分社課，乃若閒詠，呵筆鏘金，韻捷驊騮，吟步所至，自成一家。

民國五十年，日籍詩人木下周南，來臺交流訪問，因由在北詩社，聯合召開擊鉢吟會，以〈迎歲梅〉為題，女史與之，其詩曰：「應知明月是前身、玉骨冰肌別出神，破臘不忘林下客、含情欲寄隴頭人；幾枝庾嶺年華改、一片孤山物候新，雪裏吟香留瘦影、莫教攀折好迎春。」云，雕句新穎，用典別緻，使未諳擊鉢之日人，一新眼界，是歲之女史，年二十七而已。

五十三年，應嘉南吟儔之邀，偕北臺諸吟侶南下諸羅訪麗澤吟社，由是，主東者且開吟讌，而以〈諸羅話舊〉為題擊鉢，女士與焉。女士之詩曰：「桃城城外駐吟驂、知己相逢盡美談，往事滄桑驚聚散、一朝翰墨契東南；班荊隔座情猶昨、風雨連床酒正酣，不減巴山當夕語、何妨剪燭到更三。」論者，以閨中人能用鬚眉之典，略見多年以來，用功之深，觸景之廣。

又是歲，羅東吟伯陳進東，當選宜蘭縣長開聯吟大會，與會者，瑞芳張鶴年、羅東陳泰山、基隆周植夫、花蓮陳竹峰、貂山林義德，凡百數十人，俱一時之選，而女史為與會唯一女詩人，因題曰〈種桃〉。女史詩為「如今德政又歌新、遍植河陽若比鄰，漫說無言難治邑、縱非和露亦宜民；栽花作縣追前輩、著手成蹊啟後人，他日來看賢令伊、莫教去路問迷津。」亦於是日之會，增添異彩，且獲東臺名詩翁陳竹峰賞識，視女猶孫，白髮紅顏，魚雁切磋，學益精進。

然女史之於才藝，固以詩而擅名，其于庭教，亦以孝而稱。蓋學詩以來，既以詩而著，且屆婚齡，自是河洲在詠，好逑不斷。毋奈，其先以北堂年邁，舉家礙於生計，人手不足，組紃織紝，俱落女兒身上。若其後所見《天籟詩集》之有「蟾光桂影夜遲遲、獨倚欄杆有所思，為奉高堂全子職、自嗟生不是男兒。」顯而見，素亦具倣古木蘭之志，卻因奉親晨夕，負荷家計與純孝天生，致誤佳期，迨乎前程。

嗣及五十九年，太夫人已作古，其母舅劉慮此甥女，歲滿失婚，始於明年，出為作伐，得締秦晉於內戰後來臺，黃埔八期同學，時已轉職文員之李性常將軍，卻亦才貌並具，喜有所歸。

毋如，夫子固列將官而轉文職，世猶經建遲滯，凡為公僕，薪俸微薄年代，言詩云云，何從療飢，加以稚子已出，捉襟見肘，生計累迫。維女史百般思維，窮變而通，隨夫由木柵移家外雙溪中央新村，節資置縫紉機為工具，代工廠商，縫製布玩，裝飾諸手藝品類，燈闌猶工，雞鳴而作，維勤維儉，竟而家計改善。鄰里多傚之，頗裨益於同邨軍公教生計，收入轉佳。

六十二年，緣世界詩人大會舉開於臺，迺有中國詩社聯合社立以興其事。六十五年，改制成中華民國傳統詩學會，外加當局為復興中華文化之提倡。由是，靜寂吟聲，再次響起。數年之間，南北各地，林下詩翁，田野詞伯，暨即後起之秀，乘興而作。女史亦以師門搽籟，淵源礪心齋而天籟調之徒子徒孫也，從同門師長林錫牙、儕輩張國裕、葉世榮等，夙預聯合社在籍，轉列傳統詩學會會員。次七十年代後，又因去光復已久，教育制度，迭經革新，凡及齡就學，悉依制度，行唯國語，曩日私塾不再；傳經傳詩，習用臺語，乃至鄉土元音，為私人講學者，早告中斷。甚至，內戰之際，避禍東來國學大師，至此半世紀，亦若此間同文，老成凋謝，唐音、漢語云云，至不可復聞時，會逢八十年之「解嚴令」啓，施行民主；幾而，更由執政號召，多士之響應，「元音再見」與「漢語唐音」，兩相交激下，回顧環境時，始見能詩能吟者，已若鳳毛麟角，成為斷層。

當局遂以創新為名，稽古為實，推社教於各地，傳統詩以蘊藏尚雅，音律悠揚，青睞傾注，各地廟宇，社教單位，詩班競立。女史於時年雖周甲，而詩作與吟喉，超羣兩健，見重當世。適天籟同門張國裕，接篆傳統詩學會。國裕遂以「詩教之發揚，雅頌之重擔」為已任，即邀息隱之女史復出，共襄盛舉，既而國裕授傳統詩，自讀詩、學詩，以至賞詩；女史教以《千家詩》與吟詩。若其學，則前者師礪心齋傳承，而後者成天籟之韻吟，相互齊美。自是，數年之間，自國稅局詩詞班、中山辦公大樓歌仔戲班、繼則受聘陽明山教師研習中心、內湖高級中學、市區諸老人大學概及長安詩社、新竹詩社，因元音之遠播，得響谷而回應。

八十五年一月，臺灣師範大學音樂研究所高嘉穗，提論文《臺灣傳統吟詩音樂研究》作探討，則以女史為臺灣詩壇吟詠師代表，列研究對象之一。又後九年，鄭垣玲、顧敏耀為撰寫〈作詩、吟詩與教唱的人生：專訪莫月娥老師〉為文，則發表於《文訊》第一八七期。復其後，九十二年一月，楊維仁製作〈大雅天籟／莫月娥古典吟唱專輯〉，張國裕以傳統詩學會理事長為〈序〉且云：「當今，臺灣吟詩冠冕」也。是歲十一月，傳統詩學會為第十屆理監事改選，女史以最高票當選副理事長，自此，凡五連任，一度代理理事長。

九十三年二月，關渡慈佑宮鐫彫其詩作以木刻，若其後；九十四年、九十五年、九十六年，或預「古典詩詞吟唱講座」，或受聘名詩詞班授課傳詩作與吟詠，席不暇暖。

九十六年四月，臺北藝術大學音樂系研究生楊湘玲，且綜吟法，撰寫〈淺探臺灣傳統詩詞調的音樂結構〉，亦以天籟吟社莫月娥所吟七言絕句為例，發表於《臺灣音樂研究》第四期。九十七年二月，受邀列貴賓預網路古典詩詞雅集六周年慶，並作吟唱表演。九十九年一月，《天籟元音／天籟吟社先賢吟輯》製作顧問。一百年六月，天籟吟社改制立案成立，當選理事。

百又二年，為回報伊師黃笑園授學授詩之鴻恩，提所珍藏，恩師手寫遺作並出資，邀同門各提出作品或文選，既另同門黃篤生遺詩，綜印為《捲籟軒師友集》出版。由斯而感動伊師愛女黃素鍾，於百又三年十一月，成立「財團法人黃笑園文學基金會」藉勵詩教，而女史為挺身協助。既而並預《捲籟軒黃笑園詩集》之編輯與出版，卷末且為〈懷恩師〉六首，報德師恩。

百又四年，匪維年登大耄矣！考女史自出詩壇，歲經甲子。然則，盱衡瀛海，斯文不再，師道師傳，雅頌式微之秋，而天籟調傳承，猶佔一席地者，要以女史力從傳揚，勤於授課，音響更著，名氣更盛，斯以致乎！層出事論，因由社禮聘為顧問。

幸維，女史年越杖朝，身體猶健，凡有聚會，或詩或吟，無不缺席。乃至友社邀聘，或為詞宗，或位講評，或吟或作，無不與之，步履唯健。由是，慕其學與藝者，遠自南北，一日師之，千日父之，誠巾幗大詞宗而女大詩姥，當之無愧也。

詎及去歲，偶於居家跌倒昏厥，經急救送醫治之，始知腫瘤長於左腦部，既而歷治療與刀圭去之，旋雖回復，又經歲，腫餘復發，久而時瘥時革，漸入昏睡狀態；於今歲五月七日凌晨，安詳卒於林口長庚醫院，年八十又四。

至於夫子李將軍，其先已卒民國九十四年，伉儷恩愛三十五年，生有子一惟仁，臺灣大學畢業，為晶片設計工程師，服職新竹科學園區；媳林芳如，陽明大學畢業，名牙科醫師；孫一傑聖，女孫一映心，猶讀中小學。初女史之病作也，惟仁與芳如，日夜守護於榻前，唯祈母病早日恢復健康。若惟仁謂來訪者曰：「母今猶在，不以孝，將何待也。」而媳即謂友人曰：「將然傾家蕩產，我亦願將媽媽之病治好。」一門賢孝，雍穆如此。

吁！今日北臺詩壇，仰女史之懿德，尊師重道，維繫傳承，發揚詩教，誠壇坫之典範，鷗鷺之足稱，因推天籟加等為飾終之典，而屬以事略，因易事略以為狀者，其表敬仰歟。

中華民國一百又六年五月廿一日

林母許碧雲女士事略 民國一百又六年

女士姓許氏，閨諱柳，名碧雲，因以為諡，其先高陽之苗裔，支分八閩。初世猶移墾之際，其先人由晉江渡臺，荷鋤半線海豐庄，地名蚊港，為地許氏。氏耕有成，家以興，曰霧公者，是為高祖，霧傳爐，為曾祖，有三子，長為和，族眾而分，女士之大父也。考曰江□，德配吳氏，諱閂娘，有淑譽，女士之母也，偕老白頭，有四男四女，女士其季也，生於日昭和十年夏曆七月九日。方其時，臺陷日據，生計困窮，教育消沉，凡女子多未就學。維女士具與生之聰慧，並母教之傳承，自幼伶俐乖巧，從組而紃，由織至紉，毋遜羣姊外，目睹父兄日勤農桑，而女子僅止家事，因纏父兄教之，遂由三兄永直，導以田事，斯以耒耨畎畝，播植瓜果，無不精通，為閨閣少見，閭里稱贊焉。

年既及笄，于歸西江林家第六子，同庄望族也。婚後舉案齊眉，凡百唱隨，則夫子金土先生也。夫子生於昭和十年夏曆六月十日，琴瑟同庚，原畢業臺南縣立虎尾初級農業職業學校，經普通檢定考試行政與書記官及格，又高第雲林縣臺西鄉公所任職，服公四十八年，民國八十九年榮退，今猶健在。

維甫婚之歲，夫家除營糖果雜貨經紀，且繩農事，復以食口眾多，家則伯嫂主掌經營，夫子從公，凡薪爨，乃至春耕冬耘，悉落女士肩上。女士上事婆家，下睦伯嫂，迨及羣姑，執禮從無芥蒂，羣姑待之，猶同姊妹；迄今，甲子又餘，依然如初也。至乎母家，相距匪遙，念母情深，却囿傳統，悉忍農閑，始報婆家，須為回省一行，免負背祖。若其趨徠，俱待下午，既去即回，遵禮而不違俗，更為婆家所憐惜，夫子族黨，相譽為高陽穎秀，西江賢婦，引以為傲云，蓋自來歸，家門益盛焉。

民國四十九年，夫家以人丁既盛，食口更眾，夫子與伯長爨分，伯長鬮分雜貨店，夫子另營糖果攤，由是女士故其農事，並販糖果，加上子女相繼出生，育子、經商、下田畝，兼內外於一身，從無疏忽，更靡怨言。又數年，所宅瓦房，原鬮分得者，既破且漏，雨至不堪居住矣。五十四年，勢須改建而費用不足，時本家同胞諸姊娣，聞其困境，均表支持之，力為相助，始得順利完成。六十年，逢臺之經建向上，擴業糖果行，至專司批發，取名「裕豐」，時夫子猶在職鄉公所，因由女士擔之，且著商譽，從靡閒暇。唯其持家，克勤克儉，其先雖因失學，昧於文字，却以記性特佳，商務往來，唯信為務，待人則誠，此其事業益宏，有以致云。

至於其與夫子，始民國四十四年來歸，相守甲子又二年，育有二子二女，或承家業，或畢業於上庠，長子弘毅，今偕其妻於北港，共同經營日發新港飴，生有三子一女；次子弘茂，國立臺灣師範大學公民訓育畢業，又獲同校公民訓育碩士，任教基隆女子中學校。九十一年，考錄公費留學，九十二年，警察大學犯罪學研究所首屆博士，次媳周雅慧，有一子一女。長女麗卿，適趙文化，夫妻並從新北市中和區景新國小退休，生有一子二女；次女麗端，適雲林縣褒忠鄉邱永村，已生二子，可云一門俊秀。民國八十六年，地方為褒揚獎賞，舉女士模範母親表揚。詎以今歲夏曆十月八日午時，內寢於家，年八十三歲。可云子孫滿堂，福壽全歸。

中華民國一百又六年夏曆十月十

雲林孫醫廟肇建神宮碑 民國一百又九年

世言三不朽，之三曰立言，歷久不廢。維立言之義，其義廣矣。一代上醫孫思邈，立論著在典冊，要方傳于杏林。創制立法，鍼劑刀圭，望問聞切，易繁求簡，功同立言。醫者師之，世人崇之，既聖且賢，神棲閬苑，長享俎豆，寧匪宜歟？

雲林縣斗六之南曰古坑，斗六臺地之迤衍，屏大尖，攬大林，有閬苑矗立，孫思邈分靈臺疆所棲也。孫思邈，唐封真人，宋加妙應，世尊藥王，陝西華原人，生於隋，醫在唐，齠齡時，有神童稱。慼維幼遭風冷，至罄湯藥之資，青衿後，則浸沒藥典，未嘗釋卷，深究切脈，盡心診候，莫不采藥合和，慎乎服餌節度，若事之為長者，不問道在千里，伏膺取決，至于領悟，名既聞於遐邇，悉佛心為濟世。

太宗時，官之不受，封真人；高宗朝，召見，拜諫議大夫；上元元年，辭歸不出。蓋真人於陰陽、推步、醫藥之學，莫不盡善，且通三教，精微老莊。嘗以天地四時常數，迻論生人違常，槩乎病理劇變，立一家之言，載兩唐書，誠不移之論，斯名士師事之。真人既去仕途，痛人命之夭枉，歎墮學之昏愚，山居五臺，博採羣經，刪裁繁重，務簡為備急千金要方，意人命至重，貴藥方以濟。歲過耄耋，勤不離案，所譔曰福祿論、曰攝生真籙、曰三教論、曰銀海精微，方歌論訣，舉數數十，統卷卷百，惠醫家，除疢疫，悉傳經籍，刊刻永續，仙去永淳元年。真人既僊，祠祀五臺藥王廟，宋崇寧二年，賜額靜應，錫號妙應，世尊妙應真人，凡歷宋、元、明、清，神靈顯赫，聖蹟遠播。

民國七十年，會神駕南遊，駐杖臺西，問其委員丁全生，奉神乩示，扶鸞北徙，神麻雙和二境，則真人駐駕臺疆紬緒焉。九十九年，復因神示，涓地古坑，卜穴蘆蝦，肇造神宮，始曰聖賢，又二年，組團五臺，謁祖庭，分香火，紹法統之延承，籌分祠之肇建。壹零玖年，續奉神示，宮名孫醫，維上樑之辰，仙鶴來翔，甘泉冲瀜，祥瑞頻臨，匪德澤之將衍溢而曷也？

若廟之建，悉採北式，搿華就樸，擇莊崇嚴，牖昭真人，行世所尚。配殿並祀許遜、吳本二位真人、天上聖母、李府千歲，凡諸祭儀，悉止於禮。至乎，堂廊之興，始興甲午年夏六月廿八日，安座庚子年冬十月廿二日，今值告成，伐石為記，貞鏤權輿，文後竝志執事名錄，藉示不泯焉。

中華民國一百又九年歲次庚子十一月穀旦

碑建雲林縣古坑鄉孫醫宮

金瓜石第一賓館序說 民國一百又十年

金瓜石太子賓館，日本鑛業第一賓館也。其先，後宮組金瓜石礦山，又其先，田中家金瓜石鑛業所，俱小庭苑，供上級員屬，舒筋活骨之園已耳。然則，奚以名「太子賓館」，則以游目所見，凡堂構，嚴若神居，靜比宮宇，倚樓瓜嶂、俯瞰雞峰，皇皇壯觀，穆穆華重，池塘幽謐，林木高聳，信猶皇胄之歇宿，帝佐之駐停。致世媒體說或「大正癸亥，彼邦攝政宮，將遊臺，若徠山，備憩泊之所需，精心築造云。」託喻「太子」名館，實傳訛也。

維館何來，則曰：「初昭和八年，其國鑛閥日本鑛業者，既由後宮家手，價沽其鑛，洞察鑛屬無盡藏也，旋擴施設，內極底蘊，外施精煉，歷三年，又值產金獎勵，創斯鑛山，金、銀、銅產量高峰，至擁亞洲首一貴金屬鑛都聲價。」，譽震內外。由是，名望既彰，聲價逾揚，在日高階，內府皇使，奉命宣慰，時傳表彰。鑛山當局，須備歇宿，恭表敬意，迺擇于斯，就原庭苑，拆而重構，斯第一賓館之營造也。

館第規模，廣三百六十坪，凡建構，悉取精材，大廣間，主書房也，對柱二黑檀。次會議室，會賓室、休閒房，居房、臥室、台所、廁室、盥洗室、儲存室，靡不造作精緻；外闢庭苑，池塘臺榭，蒼松綠竹，禪意既具，漫步舒暢，逸興既發；庭球場、弓場、高爾夫，無一不為佳賓而計，俾忘舟車，去卻勞頓。轉內室，議則冶鑛，閑且對弈，斯為第一賓館，名實俱符，寧匪宜乎。

二戰之末，日人既降，鑛山歸吾經濟部，名稱三更，落定臺灣金屬鑛業股份有限公司，仍隸經濟部；直至，藏竭封山民國七十六年。亘四十春秋，自有史乘詳之，今不復贅。維斯歲月，冠蓋蒞止，位極者，上自元首，位次者，將帥勳舊，黨國大老，嘗趾于斯，縱靡太子，實媲行宮，其為「賓館」，豈匪宜乎。

勸濟堂後苑二宮尊德石像序說 民國一百又十年

金瓜石勸濟堂，關聖殿宇也。後山閬苑，苑多四時不謝之花，曲徑迴旋，幽階交通，香客留連，忘憂佳境焉。是園西畔，精緻石像乙座，連基五臺尺，像居其三，若造像，髮綁丁髻，足拉草履；背負薪材，手端經卷，乍觀之，固知為日人，又知或象徵人雖采薪，心不離道須臾意耶。維人率未諳，造苑者胡為斯東洋人遴選，雕石像置是苑也。

多年前，主持鄭子徵疑於余，余以「此二宮金次郎石像也」答之。至乎：斯像之立，則其國據臺時，被執政者為引賢為軌物範世，興國安民，綜合仕法，遵守報德之義，發揚其文教。是以彼雖異邦賢哲，究竟所倡，縱屬他山之石，仍具磨礱而鏡焉，況乎！際此奢靡之風蔚盛，世道淪喪，倫常之教衰弛，農政萎微之秋，數語介之，不無媿慙，省思之效，鄭子是之，因以為序。

二宮金次郎，號尊德，彼邦幕末，相模國小田原人，生於天明七年，易西記一七八七年。世務農，年十六，家沒落，父亡，無力就學，日以采薪助家計，養弟妹，志以興家為己任。晝既勤讀，夜工織履，嘗持為傭所得二百文，沽得殘苗二百株，播於酒匂川堤防，始啟土地開墾之重視。

之後，至能背誦大學、論語；學有成，年三十，任下吏，仕於小田原藩，致力農村更生運動，重治水、墾荒，改善農民生計為己任，得藩侯信任。

平生，恆主：勤、儉、讓，列其信條。既而從學者眾，名徒輩出。晚季，以庶民得仕幕府，受祿年三十俵，三人扶持。後卒明治三年。所論有《報德記》。

明治十六年，其高徒富田高慶，將其述記，獻於日皇明治，獲皇御覽，皇以二宮所主張：「報德農民，經營理念，竝其倫理態度，恰適國家基石。」詔內務省，刊刻是書八卷外，又贈二宮從四位，生平事蹟，登列國家教課書，立道德規範；且為彼國報德社鼻祖，影響甚大，倫常之教綦深焉。

若斯石像之立，則昭和十年，勸濟堂重建甫成，金瓜石公學校，新建校舍悉始啟用，二難既幷，山城教育，竝邁新境，由善信吳燈福、游金枝捐貲，惠安蔣文峰雕像，矗立是苑，意寓雙慶云，是為序。

拾貝者慎民國一百又十年

唐柳宗元坐事貶永州，箸有名文云：「永州之野產異蛇、黑質而白章，觸草木盡死，以齧人，無禦之者。」是永之異蛇，余疑臺之半箕甲，其亞種也。半箕甲黑質而白章，又名雨傘節，其毒神經性，被噬者，不旋醫，睡意作，死無疑。往日山行，曾兩遇之，前者竄入凸洞，後者立斃友人杖下；余因責之，則曰：「君不見紅樓李朝枝，被齧，送醫無救乎！」①

次蛇之毒者，山肚蝮其名，或稱百步蛇，毒甚前者，粗且長，形且惡，昂而猛，多棲千餘尺高山，近郊丘陵，罕見也。維民國六十二年夏日，登高石碇，下水底寮，將轉鸕鶿潭；②同行吳翁遙指嶺上，一枯樹下云：「疇昔，彼於此山伐木，樵子俱言，其處藏一蝮，未敢近。致羣山悉兀，枯樹周遭，良材數株，參天猶存。」余乍聞之，兩腳幾為之不舉。

余既知是蟲之懾人，自是登山越嶺，無不維慎惟戒，履以靴，行必杖，意收打草驚蛇之效，數十年，免意外，其慎之賜歟。

余既樂山，又極樂水，歲必數遊鼻頭角，下龍洞，或潛泳，或撿螺，兼收載沈載浮，忘我乎：碧波白浪之間；或追魚羣而嬉戲，或撲蟹黨以捉放。時撿海螺，一快朵頤，以為自得。猶不知海螺之毒，至有劇於虺而倍者，寧不羞焉。

其年夏間，獵潮三貂角，拾一貝殼，長二寸，呈梭型，底略白，紋赭紅，線條交織，內無寄生；本欲捨之，觀則斑紋奇異，羅入收藏。其後秋末，晚潮中，又得一前螺之活者，肉黑，尖處有一嘴，能噴液；漁人勸余棄之，余好奇，攜之歸，與他螺並置籠中。鄰人某，以螺奇異，促余馴養其魚缸中，余贊同，並時捉觀之。螺亦屢次噴液，不之奇也。五日後，不慣於缸死；遂去其腐臟，留殼列珍藏。

是年冬，貝殼學會展所藏省博物館，往觀展出，列有前螺者，其旁朱字注「毒螺」，並標學名曰：「毒織錦芋螺」，屬芋螺科，為海生毒螺之最，棲息岩石下，毒針能噴液。被螫者，三時致命，輕者痳痺，劇甚毒虺，至今尚無治方，潛水者，宜慎云。

余因出示二所藏與觀者，眾或疑信參半，或一笑置之。嗣館方為詳解，始信其毒之甚也。余憶之，暗自悸慄之不已。蓋芋螺之毒，射自其針，把玩掌上，其毒則發，無以禦者。越後，一日於野柳，適退潮，觀村婦之採紫菜者，尖叫一聲，因問其故，婦言方拾一海螺，螺刺其指一針，屯覺痳甚。視所拾小芋螺也，因告其毒，勸其急就醫，後當宜慎之。

夫世上之事，不經一事，不增一智。余之知螺毒，四十餘年前事，今則垂垂老矣。炎暑之季，雖猶海泳，泳而止耳。惟退潮之際，時見小頑童，撈魚潮間帶，拾貝于岩灘，樂固樂矣。卻昧然樂中之藏險，一旦險作，渠將奈何也，渠將奈何也！今以夏日將屆，願讀斯文者，其亦有感於斯文而慎乎。

①：李朝枝營亞洲毒蛇研究所紅樓之後，六十年代為取三蛇膽，三時半被蛇咬，五時送臺大不治。

②：鸕鶿潭，今之翡翠水庫。

陋園先生詩紀事編年註

緒　言

一

紀事歷史上重要事件時，依據正朔年代，建立一個大綱，上其嚴守天時運行，下則明言人為事象，以行記取，原為古代聖賢所釐定：敘事規則，始見於春秋。由是，後世記事者，迺引為史範，資以紀事歷史大事；究竟原因，則紀事之時令既備，土地與人物，人物與事象，悉具備載，轉成史鑑，使人一目瞭然。斯以自此，為史家所崇尚，成遵循法則，從來未曾衰退云，誠匪偶然之事。

濫觴既此，詩之興起，原本蚤於春秋，其始發生，悉由觸景而動，動而誘感於情，情本無形，動者，乃將之轉錄為言辭，言之又靡能盡，由是，再轉其辭為聲調，借重咨嗟，以求傳揚。此中，且兼喜、怒、哀、樂、愛、惡、慾之憑由七情，此類大自然音律而發出。可見，絶非世之所謂：吟風弄月，或刻燭擊鉢，一類之流播而發明，原為通論之說，今不為多贅。

維若由此觀察，詩之能得流傳，其先，豈匪往古之人，為其記下，眼前所目睹，或其周遭所發生，各類事象而興起，成其假託文字，悅耳韻文，流傳相承，論其意義，莫不與史家之筆，異曲而同工，直傳二千餘年。

條理既此，詩之流傳，原既含有由人所聽聞而後以成紀，歷史之發生，必具確切年代，始足以說明，事象之具體，過程之真實。由此而論，�此二者，併纂為一，藉探過程年代，洞察發生事象，豈匪條理清明，足以究詰，所述事體由因，明其本末，源源本本，攤現後人之前，避免種種猜疑，贅引無謂爭論歟？

臺灣在近百年來，所出現大家族羣之中，發跡于基隆地方之顏氏家族，可云：「羣中翹楚，時享盛名。」甚至，亦有媒體，將其譽為五大家族之首，成書著述；對於此一位評，是否適當！在晚近三十年之臺灣，由於本土史之受重視，已有將近兩位數，運用各個觀點，對此家族進行探討，公私出版品之見坊間，本書僅為一項文獻之澄清而下筆，位評，並非將為討論範疇，在此預為一言。

二

基隆顏家，今若稍為溯源而論，其家族在發跡以前，原亦殆同眾多閩粵移民，頻來之乾、嘉年間，由福建安溪，移墾來臺，定住基隆河中流，地名鰈魚坑河段，種稻植茶，一凡常家族而已。

但顏家在光緒年間，由於中日甲午戰爭之發生，前者吃敗仗於後者，以致臺澎二島，迅速淪為割地後，上述家族中之顏雲年其人，原衹同該一年代，期以十年寒窗登上仕途，而後開啟光宗耀祖之門，一類書生已耳。却因來自馬關條約，領土成為條約上割地，致希望隨從割地，破滅後次年，由於其叔，被人揭發；曾經嚮應民主國，建立鄉團，受到軍方傳喚時，身為侄子之雲年，竟抱一股正義之氣，殆及果敢；自告奮勇，直詣日軍駐屯之瑞芳店，再藉中日本自同一文字，此項機智，借筆楮書；將其時為七庄總理之伊叔顏正春，曾經奉民主國命令：「組鄉團一事。」直言係始發於一己之意，以保護鄉里其動機。如有究責，既出己意，願一身負責，應與叔父無干云；直呈日軍之前。

豈知，呈者此一機智，使原以為逮獲一名抗日份子之村野隊長，頓為其膽識與孝義所震撼，反而直辯：「傳喚一事，僅為甄別良莠之分而已，無圖他意。」抑且，直認為：兵荒馬亂之際，常為雙方語言阻隔，難免誤會滋生，至發覺欲為溝通，文字更為絕好蹊徑。從而，時年二十一之顏雲年，由此被邀為通譯工作，受雇瑞芳守備隊。

受雇未幾，又因軍政推移，轉為警政，錄為瑞芳店警察署巡查補，兼通譯此項低位階差役。同一時期，又適治臺之總督府，進行九份與金瓜石二礦山之產金調查完成，公布〈鑛業規則〉，將時名瑞芳鑛山之九份山礦區，借貸與其國關西財閥，藤田組開鑛之際。

藤田組雖獲此一豐腴礦區，開礦未及一年，仍受困於地方反抗，語言阻隔，難與當地人溝通，此項工作障礙，至求助於瑞芳店警察署。時之署長，其名永田綱明者，乃將屬下得力通譯顏雲年，推薦與來求之礦業所長代理：近江時五郎。使雲年離開警職，從事基隆三金山勞務提供，以及承攬小粗坑與其他溪流：砂金淘洗。由此，奠下顏家礦山事業盛基，再拓業及臺灣北部，數處煤田開採；大正間，更承受藤田組在臺灣，全部礦山事業，建立本土資金，臺陽鑛業株式會社，成一代企業家，享譽臺日之間，更為臺灣經濟發展史上一大奇跡。

三

顏雲年，諱燦慶，以字行，又署陋園主人，所署當在說明：其家係源出復聖後昆之意。並見崇儒之深厚，生於同治十三年，死於日大正十二年，年未半百。惟其一生，除起家事業之瑞芳鑛山，平溪煤田以外，在明治末，大正間，所設立或參與建立各種事業：金融、工商、交通、水產等，數達二十六家，一生所擁名譽職，達十九項以上。

大正十二年一月，由其先在十二月間，前往東京之三井鑛業開會歸途，偶染上風寒，新年初又因交際繁忙，致轉為腸炎，至陷入危篤之間，公私各界為慮其萬一，進行醫療時，積極方面，除由臺日各醫療機構，召徠名醫，組成小組，日夜搶救。消極方面，則基隆慶安宮、九份金山堂，俱舉行大型祈禳法會，任市民自動參加祈求；日人即基隆炭礦株式會社，東京之三井本社，均派專使，虔誠詣拜臺灣神社、明治神宮、伊勢大社，求乞〈御札〉，祈禳求佑，乞賜患者克服病魔。概見其人在企業界地位之重要，以及擁有人望。

最後，雖搶救無望，死於二月九日，唯在其人陷入彌留時，日皇特下顏雲年以敘從六位，勳五等之寵錫，並賜瑞寶章。再而蓋棺時，由曹洞宗總本山，永平寺管長北野元峰，以雲年功於佛教，為之釋諡「瑞寶院殿雲濟大泉居士」諡號，在異政治下，可云：備極哀榮。

由此而論，顏雲年之一生，除卻匪以政治世家，媚日行動，乃至大地主，或名望家，成史遷所云「富埒王侯」之貨殖家以外，今世經濟學人，若周憲文亦譽其所擁有之事業，為日人治下「民族資本之最鉅」。至于個人在以往數十年之從事，涉及顏家諸項探討之後，亦認為顏雲年其人，非但為礦業家、企業家、慈善家、教育家以外，因其出身，係來自奉儒從礦之書生，此一關係，民族意識尤強；再由臺灣詩壇方面而觀，更是一名真正將其所熱愛詩詞，連結於事業上之一代大詩家，若有評價，該是「前無古人，後無來者。」當之而無愧。

蓋自現存顏雲年生前與故後，乃至其他文獻為證，其自擔任瑞芳店守備隊通譯之日始，迄于將逝之大正十二年，悉皆有其攸關生涯，事業關連之詩留下，非僅過從於南北各大詩社，與各地名士，或詩翁詞老，相互唱和之作而已。

四

顏雲年係一尚未獲取功名之書生，不涉任何政治背景，如大正八年，櫟社社長傅錫祺，將為顏氏序言《環鏡樓唱和集》時，且於下筆時，先言：從前對於顏雲年之世俗看法而云：

顏君雲年為海邦實業界，有數人物，余耳其名幾二十年，十數年來，更常於報紙上讀其著作，疑之者謂：披沙揀金輩，日不知幾十百人。君自當煩劇之衝將，頤指臂使之不暇，豈尚有閒工夫及於吟詠事。

由此概見，居於中部之一代名士，如傅錫祺者，亦難相信：一名採金人出身者，有此能耐。

唯在其後，續言其所得之見聞，至于不得不改變看法，續為下筆時，則云：

友人有歸自江戶者，為述與君同舟，每相過從，常見手不釋卷。嗚呼！以事業家而為風雅士，夫故有自來而不容疑矣。

然則，此一「友人」為伊誰，則頗疑：曾與顏雲年同舟之中臺名士林獻堂其人。窺見顏雲年之為事業家，却不失書生本色。

祇是，顏氏一家雖興於日人據臺之後，至大正十二年，創業者則撒手以去，事業之興盛，僅佔二十餘年。最為繁華期段，則落在明治末葉，迄於大正十二年約二十年間。由於顏雲年觸目及煤田開採，預計將招睞大企業之遊目，斯以，早自九份山採金獲利時，即命其弟國年，懷祖傳以來三代探煤，深邃礦脈之形成此一經驗，申設有五十九豐腴煤區。豈知，大正初年，經過東部太魯閣原住民之征伐，割地治安，進入安定後，挾其龐大政治勢力，南來分享殖民之利諸大財閥，如三井合名會社之闈迫顏家，提供煤田，讓其主持，則為基隆炭礦株式會社之成立；其次，又有臺灣炭礦株式會社之爭奪四脚亭炭田等，悉為指向顏家而來，成為顏家發展事業，最為艱辛期段。

顏家在此期段中，遭遇之痛苦，由於其所居，基隆陋園在太平洋戰爭末期，燬于美機空襲；今存史料，雖然無幾。但身為詩人之顏雲年，均曾一一通過內心掙扎，紀事吟唱於詩詞之上，刊刻行世，任人咨嗟，成為絕好文獻；足資後世，將其列為史林之列。尤以，雲年一生另抱期待者，即為有朝一日，前往正受日本浪人騷擾；各地軍閥，割據下之中原地區，發展礦山事業，以為國人，揚眉吐氣，此一抱負。却由於詩句之譬喻，險招大禍云，若由近百年後今日觀之，顏雲年在當年，所處環境，可云：「羣狼環覗，稍有一失，隨時被噬。」此一狀況之下，而行之努力。然則，欲解開此中緣由，顏雲年遺下詩詞，自為最有力文字資料。

五

顏雲年一生所從事者，既以礦業為主，其生涯大致在峰巒重疊，斜坡絕崖之北部地區，遂為經營方便，建立一座經營中心，名「環鏡樓」于基隆街，落成於大正元年十一月。再則，雲年因係瀛社創始社員，交遊南北。因此，曾舉行盛大吟會，柬邀瀛、桃、竹、淡、櫟，南六社詩人至百一十人，舉開連日盛大吟會於此，世稱環鏡樓吟宴。

大正八年，復建唐式和風建築之陋園完成，續開大型聯吟會於園中，詩界稱其為「陋園第一次瀛桃竹聯吟會」；「到會者五百餘人，聲勢之壯，成就之偉，可謂空前。」由此，形成聯吟會濫觴，並舉雲年會長。

然則，顏雲年之一生，究有多少詩作，流傳於世，若由顏氏家刊本《環鏡㔶唱和集》與《陋園吟集》所載，乙未割臺後，迄于大正十二年，其與三臺士子之閒咏，唱酬，乃至擊鉢，即見諸體詩一千又四十三首；賓主序跋十餘篇，後者並附其人故後，各界輓詩百又二首。此中，雲年之詩僅見三百十首。斯以，王國璠於所著《臺灣先賢著作提要》言：「是集或非全豹」。

其實，顏雲年之詩，考其始作，大率嘗刊《臺灣日日新報》。迨及大正中，顏家囑其記室，裒編成集時，固依顏家存蒿而為編，却因歲久稿舊，什亦疏舛殘餘。編務多年，惟取體裁、主體，歸類分卷。致同什之酬唱，亦往往以體裁不同，將之割裂分載，以致詳觀其詩，亦難以窺其全貌；至如遺珠，闕句、誤編，悉不能避免。

職是之故，前於八十五年代，發見此中缺失，將見於上述二集之詩，進行重編，復逐一考證于《臺灣日日新報》，求確年代，詩興由起，吟咏先後，體裁不拘，維求發生，繫年月日；若為唱和，則雲年之作列于前，和者之什踵其後，減字大小，並註略歷與過從因由。至于詩盟擊鉢，比於門詩，顧非特殊，仍割捨之。然亦由此一舉，使其詩作，既有繫年；諸多顏家事業史上，遇到瓶頸，或雲年一生，遭遇之坎坷或費解諸事，由於二者合一，獲得解扃之鑰，得以完成多項研究。

管窺既此，此次復自原刻《魯國基隆顏氏家乘》錄出，重行校勘，成一集以印行，仍名「陋園先生詩紀事編年註」，蓋「陋園」稱者，先生自署，意深而義兼備焉，因藉緒言以為首述。

棲蘭草堂文稿

唐　羽著

卷之十二

瑞芳五二七事件受害人物民國七十五年

李建興　建炎　建成　建川竝二十死難者

李建興傳

李建興，字紹唐，其先福建安溪人。曾祖庇，於道光二十年，奉母來臺。初居淡北石碇堡滴水仔庄，再遷新寮大尖後。山耕營家，遂占籍焉。祖聯霸，生八子，七曰伯夷，建興之父也。母白氏，有賢名，省通志自有傳。建興兄弟六人，興居其長。幼以食口多，年八歲，出外為牧豎。後歸，從父耕讀。既通詩書，年十八、受聘遠行，設成德軒書塾於平溪石硿仔，課蒙童，補家計。民國二年，以父命返家，助耕作，間伐木燒炭，歷三年，頻遇風災，繼遭蟲害。不得已於五年，棄農從工，受雇猴硐福興煤礦為書記，以能克苦耐勞，獲器重，升至經理。

八年，福興為日商三井炭礦所併，建興隨業遂轉，任苦力頭，承攬採礦；以璧還誤算鉅款為三井所信賴，奠下盛基。於地方，則被推平溪庄協議員，桑梓凡有興革，悉興是賴。

二十三年，三井以猴硐炭田，礦源將竭，設備陳舊，擬廢業，意畀建興經營。興以積年經驗，審度地質，知下層尚富豐藏，即承受之成立瑞三鑛業，躬率諸弟，冒險開穿下層，抵最下層。質量果如預期，且為上層所不及；營數年，果起家。初並於十九年，移家瑞芳，築第「義方居」；膺瑞芳街協議員，信用組合理事諸職。

二十六年，會日軍啟釁盧溝橋，歷三年，舉國入全面抗戰，而日軍續為策畫南侵，令臺灣總督府，窮搜地下資源；次於臺人思想，嚴極控制，藉以杜防祖國思想。令既行，即以建興承受日人經營遺緒，業臻大成，猶以漢裔自居，拒習日語，拒改日名，陰欲除之已久。適建興曾以考察，梯帆內渡，經東北、遊華南，嗣又諷詩寄慨，致畀日吏以揑造之機。

因舉罪證，指建興於內渡之際，嘗於廣東會晤瑞芳同鄉廖進興，敘次鄉誼後；迨及歸臺，日吏即截獲一署名「廖進興」之發自大陸致李建興函中，內祇書「烏雞白鳳丸，託余辦齊」九字之信。經日吏分析研判，咸言「斯信即為暗語」。因指「白」為白崇禧，「余」為余漢謀，「齊」為陳濟棠。再而前會廖進興事，當為會商「通祖國」

事宜云。

再則，「李建興遣其福州籍秘書黃石養者；旅行廣東時，亦促廖進興須迅速盡力聯絡重慶。」等等。由是，羅織狀成。

旋於是年五月二十七日，令高等警吏，將其昆季與猴硐、瑞芳二坑員工，悉加逮捕投獄；繼則嚴施酷刑脅迫，弟建炎，竟死獄中。秏傳，伯夷亦於三十年春，憂急猝逝。發二年，案並牽連產金區金瓜石。凡與建興論交，或地方人士、鍛冶工匠，並被投獄。以死難者達七十餘人。世謂之「五二七」之禍。

民國三十四年臺灣光復，建興與諸弟之未死者，得出獄，協力重整煤礦，並拓展事業，曰三合後，旋被舉瑞芳鎮長；力致地方，重建繁榮。

三十五年八月，各界成立光復致敬團，晉京覲見元首。表臺民擁戴赤忱，轉赴陝西，祭拜橋陵，建興與焉。

明年，二二八事件發，建興適居鎮長任內；目覩情況危急，急同副鎮長張風沂，詣臺灣行政長官公署，呼籲長官陳儀，抑制軍警，勿用武力，提建議三項：一為速派消防車救火，並藉水驅散民眾，切勿武力彈壓。二則請速令臺北市長游彌堅，公開對市民曉諭，以安民心。三其勸導各處聚集民眾解散，免滋紛亂。

三月三日，並出席群眾大會，疾呼維持交通，遵守秩序，捐棄省內外隔閡。次於處理瑞芳地區騷動，則對民眾慟以聲淚，既而派軍來鎮，更代民眾跪地請罪，表願代負一切咎戾，莫殃善良。概及國防部長白崇禧銜命來臺宣慰，建興即奉母白氏，詣行館晉謁，敘宗親之誼，析致亂之因，懇求垂卹民情，從寬處理，濟其心力，敉平禍亂。

是年冬，行首屆國大代表選舉，地方咸意建興。稍前，適蘭陽地區水災，建興遵母命，婉卻推舉，改擬備為選舉需者，移地方教育及災區賑卹之用；曾蒙　當局題頒匾額。至於前死「五二七」同人家屬，亦長年周卹，固勿論矣。餘凡鄰近地方之歲寒卹貧，獎資清寒子弟，捐壽筵之資，嘉惠地方社會者，不勝縷指。若財團法人瑞三公司社會福利基金會，則慈善事業之一。

三十七年，京滬煤荒，亦力促諸弟，以所產煤海運滬濱，解決煤荒。明年，中樞遷臺，建陪都臺北市、省政當局初擬徵建興出長，繼則石炭調整委員主座一職畀之。建興於前者，謙恭懇辭，後者則本業所從，能協調生產，穆和勞資云；翌年，就其任。任內，親撰〈勞資合作歌〉以問以答，表事業家理想，吐露從業員心聲：語氣淺，寓意長，迄四十二年，以母病辭。嗣以丁母憂。既葬，築母塋，顏曰「懿園」，並置草堂塋畔，守廬讀書。

五十年，中央銀行改組，建興奉派理事，餘則臺灣自行地方自治以來，每遇地方選舉，亦輒有所諮詢，建興亦不憚以所當行，提獻替。是年七月，並出席陽明山會談，商國是，於政治民主，經濟開放，三致意焉。五十一年，東遊日本，獲知熊野山有徐福墓，即趨園詣拜，讀碑記上，日名人所題詩詞，詳考文獻記載。旋為謀求中日兩國，文化經濟合作，特晉謁　當局，建議由民間力量，修建祠墓，用垂永久。既蒙嘉許，再渡扶桑，竭力促成；未料，後經數年，事未克竣，中日遽斷邦交，擬計乃寢。唯建興仍將經募經費，分別退回原主，至于己身捐獻，則分別逐贈中日文經協會與孔孟學會。

五十二年光復節，躬率諸弟與子姪，以陽明山公園地三公頃，呈獻最高當局，表達民族大義，感念臺灣之能重光，微　總統神武，難有致云；獲上嘉納，即陽明山後山公園也。五十四年，適英國舉辦煤礦機器展覽，應邀出國，亘歷東西三十國，順道考察，以所得，改進國內礦業。

六十三年，年登大耄矣。是歲，瑞三公司創業四十年之慶也，仍扶杖躬自主持，獎勉全體員工，資深而績優者，特加酬庸。並歷舉取諸社會，用諸社會之前賢往事，告誡子孫，繩武弗替。

建興平生，以起於農，興於工，業成於礦，列鉅富。然其投身事業，亘七十年，無煙酒之嗜。曾云：「一鯛魚、半斤肉、三碗白米飯，無上享受也。」儉樸若此。事業以外，平日即好吟咏，舉凡事親愛國，朋從遊讌，事有可紀者，無不令人錄以韻語，文多簡白，辭不雕琢。始自課童平溪，即與同好交遊。其后，主坫瀛社二十餘年，斯於瀛壖詩教，提倡有力焉。

六十三年端午，全國詩人薈集臺北，以建興提倡詩教，特頒貺匾額，而國際桂冠詩人協會主席余松，即遠自菲島前來，為之加冕。餘其生平處世待人，亦至量大；曩日家貧時，曾恩於己者，惠無大小，一一報之。若恩人之已故世者，即酬報於其後裔，為世道人心，立良好楷模。未期，端午之會後，偶步履不穩，猝傾倒。自此，腦部轉退老化，臥病七易寒暑。卒於七十一年九月二十四日，年九十有一。遺著有《紹唐詩存》等詩數卷，於文則有〈治礦心得〉、〈臺煤管制實況〉、〈國是芻言〉、〈致敬紀要〉等若干篇。

妻黃氏斯淑，年十五，歸建興。溫恭賢良，躬持井臼。負薪採茶，並護夫弟，衣食抱持，分姑憂勞，鄰里稱焉。先於五十九年四月卒。有子六，次儒德。

李建炎傳

李建炎，建興三弟也。性孝友，謙厚。早歲，建興之承受三井廢礦，冒險開發下層、最下層，炎翊贊之功最大。凡荷坑內外事務，若採礦、揀選、搬運、勞務管理、財務調度、市場供銷等，莫不力任其艱，載經載營，以底於成，從不矜功；其於職工，亦能愛護提攜，以是內外，悉能融和。

五二七之禍，日吏以炎偕陳其威者，於二十八年渡日時，嘗調查朝鮮、滿洲、華北民情、經濟狀態，回報建興為由，並繫獄中。會至九月中，日警吏將嫌犯，分別押送於州下汐止、士林、新莊諸分室，進行迫供。三木併施，恣意榜掠，炎不為屈，經三日，於九月十九日，屈死刑下。年四十三。子三，長儒聰，後登立法委員。

李建成傳

李建成，建興之四弟。年六歲，興遠行設館，成偕之，隨左右，受薰陶。稍長，畢業瑞芳公學校高等科；秉性忠厚，處世誠樸。事親至孝，一如諸兄。歷從興攻讀漢學外，鑽研鑛業，得經營之法。五二七之禍作，並繫獄中，光復後得出。昆仲營瑞三、建基、海山等煤礦；臻本省煤礦界之牛耳。四十八年，建成環歷各國，考察礦業設施，資改進借鏡。旋拓業及於娛樂事項，創日新企業公司；營電影、歌廳、保齡球館等，頗致力於社會繁榮。次於地方公益，亦極熱心，屢至所屬煤礦，訪問礦工或家屬，期為改善指針。卒於五十九年四月十日，年六十八。妻詹氏，出暖江望族。有子五：次儒侯，歷任省議員。

李建川傳竝二十死難者

李建川文署四川，建興五弟也。並罹五二七禍，受刑失聰，光復後得出；營煤礦，任海山煤礦公司常務董事。七十二年八月十二日卒，年七十八，有子五。川弟和自有傳。

又，五二七禍起，瑞三鑛業所屬員工，被誣同建興結社，通祖國。因被繫獄中，未及重見天日，死難獄中者，外有二十人。

黃石養，自有傳。林榮生，瑞芳人，二十九年八月六日死難，年四十九，有子振忠。謝大山，七星郡汐止人，三十二年七月十一日死難，年四十三，妻廖氏蚶。劉得崙，猴硐人，三十一年十一月十三日死難，年三十七，有子石定。劉滙和，猴硐人，三十四年八月二十日死難，年三十八，有子昭明。陳得威，七堵庄人，三十二年三月十九日死難，年四十五，有女闕闕。闕萬紫，瑞芳三爪子人，三十二年四月十四日死難，年三十六，有養女碧珠。胡海，瑞芳三爪子人，二十九年十月二十一日死難，年五十三，有子德義。陳胡居，猴硐人，三十一年一月二日死難，年三十九，有子益芳。林萬財，猴硐人，三十三年六月二十五日死難，年四十三，有女招治。陳水柳，猴硐人，三十四年八月二十九日死難，年三十八，妻楊氏謹。林天知，瑞芳三爪子人，三十一年一月二十日死難，年五十五，男阿田。葉維馨，猴硐人，三十年九月二十六日死難，年六十五妻林氏菊。謝有理，平溪十分寮人，三十四年五月三十一日死難，年五十二，妻李氏梅。黃年生，瑞芳龍潭堵人，三十四年八月五日死難，年四十六，有子修和。莊清泉，猴硐人，死難日不詳，親戚陳源丁。魏有煥，瑞芳三爪子人，三十一年六月二十三日死難，有妹余氏菊。

又，陳俤俤、無名氏、林□祖，悉由大陸流寓來臺，倚臨時工為生者，亦以涉案被逮。光復後，未見釋回。疑被慘殺，死獄中。

李建和傳

李建和，字子平，臺灣省臺北縣人，李建興季弟也。生於瑞芳上天山麓，自幼魁梧奇偉，性豪放，善交遊，其聲若洪鐘，出語能震四座，夙為鄉黨所推重。

建和初中畢業，外復專修國學十年，自幼以聰明天亶，至性過人，非特深博親上之歡，即諸兄亦無不喜愛之。是和亦頗受建興薰陶，偶有吟咏，故國之思，躍然紙上，渾不自覺也。五二七之獄起，建和時年三十，夙自遭日吏所忌，獄自不免。然以體健，得逃死難；迨兄炎屈死耗洩，父伯夷，聞變憂慮卒。出殯之日，以建川、建和居幼，日吏故示小惠，優予假釋二小時，返家執孝男禮，監行日吏，猶自虐甚，以草盔罩面，示凌辱。鄰里睹狀，莫不潸淚。迨光復之後，始得出。

時，臺灣正歷兵燹之后，凡諸民生工業，無不待興復，若煤更為工業動力，民生所需，尤不可缺者。建和有鑒及此，除本兼瑞三礦業董事、瑞芳鑛業牡丹坑金鑛常務監察人外，復自創業，幾經挫折，先後創辦瑞和礦業公司；營合成、文山、窗嶺諸煤礦。並與建成、建川合海山、建基二礦，以及出任萬山礦業董事長。建和所屬各礦產量，年曾達七十餘萬公噸，佔全省總產量六分之一，對省內工業之肇興，頗獻其力焉。

四十年十一月，臺灣試行地方自治，建和登首屆臨時省議會議員。四十三年第二屆連任，四十六年四月登第三屆；四十八年改制為第一屆，並在任。後蟬連二、三、四各屆；主議壇亘達二十年，陳言得失，一秉大公。又能忠黨愛國，公爾忘私。於公職，歷任臺灣區煤礦公會常務理事、鑛業研究會理事、臺北警民協會常務理事、基隆區警民協會理事長、瑞芳鎮農會理事、臺灣省煤業公會理事長、工礦公司董事、礦工醫院董事長、臺灣省煤礦礦工委員會委員、臺北縣軍人之友社理事、臺北紅十字會會長、指南宮董事會董事長、內政部法規委員會委員、中國國民黨第九、十次全國代表大會代表等。

餘其籌劃創辦者，尚有日新企業、第一產物保險、海山海洋企業、基隆汽車、指南客運、瑞濱海水浴場、大眾日報等。竝各被推董座，致力於成。

初，建和之創業，適臺灣煤業以中洲戰禍，外銷市場中斷，內遇物價波動，煤產收購價格，未能隨物價及時調整，生產者周轉失靈，導致歇業或倒閉之際。和處狂瀾之中，兄弟路人，無相援力之下，仍備極艱難，至頻困者再，卻能終挽危局，是鄰里之人，至今猶樂道其往事焉。蓋和以樂善好施，慷慨尤其本性。遇有人告貸，雖室無宿糧，亦張羅以應，從無吝惜。唯短視之人，施之於和者，往往出於世情所不齒，和自處之泰然，亦不以為恨，胸懷之坦廣若此。

建和，六十年九月二日卒，年六十一。其出殯之日，執紼者，途為之塞。妻蔡氏，有子六，四子儒將曾任省議員。

原載民國七十五年《臺北文獻》直字第七十六期北臺人物傳

一九四二年金瓜石事件纍紲人物傳 民國七十五年

黃仁祥　呂溪山子阿火　簡深淵子盛　游阿明父片竝二十八死難者

黃仁祥傳

黃仁祥，以字行，其先世於咸豐、同治間，由閩來臺，三遷而卜居雞籠堡之金瓜石山區，闢山植茶。裔名勉者，即仁祥之父也，妻周氏，育五子，仁祥居季。雖以家貧，歷嚐艱苦。唯幼而慧敏，嶷然崢嶸，及就外傳，聞一反三，旁通多藝，歧黃、樂理，罔不幽探，至於得之。世傳：「祥年稍長，會有精風鑑之術者，端其貌，斷年不過三九，唯禍福自求耳。」祥聞，遂以術者之言，引為銘誡，左右其終生大焉。

光緒二十一年，適日人侵臺，祥次兄成，以抗日斬首小粗坑之役。時，金瓜石山嶂鑛金初露，趨利聞風麕至。明年，施鑛業法，憲警護日商田中，來山設鑛區。長兄從，以貨郎，行市邑中，交遊者廣。遂復為日人所擄，使之招徠人伕，竟成。迺以苦力頭畀之，包辦採鑛。數年，從致富他遷，以事讓弟春，春事航運業。是仁祥以累隨從，從春左右，至邃於領導，經營之術。迨從將積貲以去，事乃三傳於祥，因奠後日盛基也。

民國三年，仁祥既承攬鑛山勞動請負。旋營商號曰金益昌，復營中藥與煤炭經紀。

次臻實業，業老山、里仁二炭礦、樹梅鑛業株式會社，竝事金、煤開採。置貿易業於基埠，曰大祥洋行、澳底水產株式會社社長等。於公職，即膺金瓜石保正、瑞芳庄協議員、同庄信用組合理事。並扶植地方之詩教，頗負盛名焉。

蓋日人之據臺，臺人民生維艱，遠近來山之人，數以逾萬。黃金固貴，寶藏有限，欲謀一工之位，匪易也。獨仁祥之承攬採鑛，則門戶大啟，登其門者多納之，有才幹者，力為提攜。鄉有小過為日吏拘者，挺身作保，未嘗退避；里有因事爭者，無大小，化之使和；處世待人，量大而宏。施醫濟葯，施棺助塟，凡諸善舉，均居首倡。

二十年，由溫州之玉環、瑞安，招徠大批勞工，數逾二千。仁祥亦多納之。竝擢其才幹，倚為左右。以彼認為祖同華夏，血濃於水耳。二十六年，任主事，偹建從、春二兄草創之勸濟堂。著於壯麗，為鑛工精神寄托。其於鑛山城市之繁榮，匪獨傾力以赴，力能左右臺灣勞工之力、之大，至有「工王」之譽焉。因招日吏之忌，亦殆出意料中者。唯祥固漠然置之，以為謹守忠恕而已。

迨二十九年，抗戰方熾，邑紳李建興家族，罹五二七大獄。越二年，日吏竟以仁祥與建興為莫逆交，誣以產金區抗日魁首，鍛冶武器，私通祖國嫌疑，偕所隸數十人，悉陷獄中。歷遭毒刑，亘二年又十月，於三十四年五月三十一日，以盟機施炸受傷，失醫治，延三日，死難於臺北監獄，年六十三，後二日，歸葬故里，見者哀泣，世稱金瓜石事件。

呂溪山子阿火傳

呂溪山，其先泉之安溪人也。來臺之年不詳。山生於石碇堡什份寮。幼失怙恃，且綦貧。常嬉戲溪畔，掬魚蝦充飢，並晒單衣，時在乙未之後。會有綠衣人，日必經其地送信，溪山顧其衣整且冠，儼若吏員，心竊羨焉。既而與之結識。綠衣人知其可造，遂攜之瑞芳，為憲警所茶僮；漸識文字，竝與佐理屯務顏雲年結交。後，雲年至九份從鑛業，溪山稍後亦隨之，任搬運夫。輾轉金瓜石鑛山，以素廣交遊，具俠士風，與苦力頭黃從為契友，至承攬鑛山搬運業務，以起家，舉保正、膺瑞芳庄協議員。

溪山家既盛，時不忘幼時家貧，為人慷慨尚義，周卹孤寡，葛藟恤難，固弗遺於本根。凡大陸來臺人士，若為閩籍人，尤竭誠論交，困則周濟之，以慰故土之思也。未料於民國十八年，以誤藥，中年病卒，時人哀之。子二。

阿火，溪山之養子也。溪山卒，火年十九，承家子業，繼領從屬，營搬運業，兼及勞務請負，時有少壯實業家之譽。會招日吏之忌，以五二七大獄，繫獄中。三十四年五月三十一日，遇炸死難，年三十六。有子鴻源。

火弟實，溪山嫡子。山死，實在齠齔。稍長，負笈秋田鑛冶。三十年回國，任臺金公司鑛冶機器工程師，四十九年卒，年三十八。

簡深淵子盛傳

簡盛，其先閩之南靖人也，來臺世居三貂堡，父深淵，年十三工金瓜石，由鑛夫至什長，為黃仁祥所倚重，分司苦力頭，承攬六坑採鑛事；以善經營，成巨富，盛其長子也。民國七年，金瓜石置分教場，盛入讀與呂阿火、游阿明為第一屆，因結異姓盟。

五二七禍起二年，深淵偕仁祥、阿火、阿明、明弟阿金等既入獄，淵有牙週病，掬訊中，不時含血出，日吏誤以淵為末期肺癆患者，審且防之，懼為所傳染；既而允其出，代由冢子以因絆。盛有孝子名，遂被繫獄，且與火、明拘一獄室。至三十四年，同前盟機施炸，俱死獄中；三人之死也，又有不知名者四人同監。因由明弟阿金，就獄外田中瘞藏一穴，置石墳上以為誌。

臺既光復，金出獄，即攜三家家屬前往起之，詎以形骸蛻化，所見維白骨乙堆而已，莫可辨何者伊誰?遂俱起之，返金瓜石，並穴當境外九份之原，銘曰：「七公祠」。歲為麥飯，意世世竝祀，豈匪宿世之緣而何耶！

深淵生於光緒十二年，既出，後死民國四十二年，是歲，去臺之光復已歷七年之後。

游阿明傳父片竝二十八死難者

游阿明，其先世福建詔安人，片之長子。來臺，居噶瑪蘭廳溪南，遷金瓜石年代不詳。知其世與鬮鬮諸家論交，頗贊翊呂阿火事業，後轉自營。遂被目為地方智囊，招引日吏之忌。五二七之禍，偕弟金，並繫獄，父片，因驚上吊死。三十四年，明從阿火、盛，同日死難，年三十八。有二子，次顯德，曾副北市國宅處。

李建興五二七之禍，臺人被害者夥且多矣。時，北臺州郡，上自闤闠豪門，下及升斗小民，被誣，或被牽連，繫獄者勿論。其能一時免禍者，亦自度禍不旋踵；寢食難安。至入獄者，或不屈於刑，或捱不過威迫，甘自壯烈死；或憤怒罵日被殺。抑或骨折失醫、盟機之炸，俟不及目沾重光；慘遭池魚之殃，尸且不得歸葬故里者，除火、盛、明外，於金瓜石產金區，可舉三十餘人。至今，事遷四十餘載矣。魂或未歸，妻離子散，非驢非馬，死若應得；曷從申訴。欲求事蹟，猶難一一。此中血淚，豈因禍獲福，名利俱臻者，察其萬一也。因列名死難如次：

謝錦，金瓜石人，民國三十二年二月二十七日死難，時年五十九，遺子添丁。

吳萬金，金瓜石人，三十二年九月二十四日死難，時年三十三，遺子文賢。游阿秋，金瓜石人，三十三年十月十四日，抗拒被刑死，時年六十二，遺子竹根。李金豆，金瓜石人，三十二年被繫次日死難，時年五十九。沈朝林，水湳洞人，三十四年農曆元月七日死難，時年四十六，遺子樹林。沈坤漢，水湳洞人，三十三年農曆十二月二日死難，時年四十三，遺子得。許乞食，水湳洞人，三十三年十二月二十七日死難，時年四十六，遺子楝卿。林水黨，水湳洞人，三十二年五月二十一日死難，時年五十，遺子樹。林猛，水湳洞人，三十三年農曆七月七日死難，時年六十，遺子秋風。簡庚梓，水湳洞人，三十二年農曆四月十三日死難，時年四十三，遺子萬金。陳榮欽，金瓜石人，鐵工，罪名治製刀器。三十三年□月□日死難，時年四十，遺子自得、自能。游石頭，金瓜石人，鐵工包工頭，三十三年七月三十一日死難，遺子文福等。黃宗英，金瓜石人，三十四年□月□日死難，時年四十，遺子國珍。王金發，金瓜石人，三十二年□月□日死難，時年四十六，身後不詳。陳宗達，水湳洞人，三十二年農曆九月二十九日死難，時年四十，身後不詳。林大目，蘇澳街馬賽人，三十四年□月□日死難，時年四十五，遺子明遠。王清榮，水湳洞人，三十一年□月□日死難，時年三十八，遺妻王氏阿西。呂宜秋，大溪郡大溪街人，三十二年六月十日死難，時年四十，遺子學海。林馬超，海山郡鶯歌街溪墩厝人，三十一年農曆十二月十九日死難，時年五十，遺子家慶。林清全，馬超之弟，三十一年農曆七月廿日死難，時年三十九。陳春樹，鶯歌街尖山埔人，三十二年農曆八月十日死難，時年三十六，遺子義明。倪成，瑞芳柑子瀨人，三十三年十二月二十一日死難，時年四十一，遺妻倪氏茶。林阿順，金瓜石人，三十三年四月三十日死難，時年四十八，遺妻連氏。陳有德、許金李，死難年月日身後俱不詳。何紅番，大溪郡龍潭人，三十二年十月二十八日死難，時年六十四，遺家屬瑞塗。王根塗，頂雙溪人，三十四年五月十四日死難，遺家屬王何氏幼。張連來，新莊人，三十四年七月□日死難，時年三十三。

原載民國七十五年《臺北文獻》直字第七十六期北臺人物傳

臺北集思謎社社長袁定華先生事略 民國一一三年

先生諱定華，字鍾毓，袁其姓，生於民國四年六月十九日，世居浙江定海道頭鎮，自幼聰慧過人，始入定海公學即以博覽群書，精趣史地，深蒙師長看重，時其師戚德鈞者，見其可造擬將之保送白馬湖攻讀，奈遇家君早故，先生以不忍遠離高堂，至于作罷。

嗣於年方十八時以熱心公益，愛護鄉里，被選保長，並經公推兼聯保辦事處主任。年念歲迎娶才媛余氏，詩酒唱和，伉儷情深；共事於高堂之前。詎因抗戰事起，家緣世營木材，至自動供料構築沿海防禦工程。迄至定海淪陷，走避滬上，於十六浦開設裕豐紙行、靜安寺路設吉利糖果公司，以安置失業同鄉；且協助鄉友於蘇州合設紅葉酒家藉營利安頓流滬同鄉。

卅四年，勝利返鄉，既復祖業豫泰豐木行後，旋被舉為木業公會理事長，並膺城道鎮首任鎮民代表主席，以及接辦定海中學，洽議會同軍公人員，整頓校舍，恢復開學。再為響應國家開設軍港之議，捐獻其私有海埔土地，槩及可貴碼頭以供海軍部建設軍用船塢而著。

卅五年春，又投資宏成魚米商行，創設定海商辦魚市場、定海漁業運銷合作社，以及定海日報社等，悉俱位列董事；至當選縣商會常務理事、縣公產保管委員會，縣文獻委員會與教育會諸委員。

卅六年歲末，復投資開設老九霞銀樓，以及當選定海縣商會理事長，擔任縣立銀行董事。詎以自此而時局逆轉，國軍既移舟山群島，數十萬大軍逐日糧餉以至民伕，安頓駐地等，先生莫不盡其所能、竭其所有，晝夜奔馳，任勞任怨，直及寧波淪陷前夕，尚與省方財政廳接洽事宜，滯留未歸，使其家人惶急萬分。天幸，隨軍撤退，安抵家鄉。之後，竟接定步大捷，先生猶發動勞軍事宜，先後以物資與精神，支援國軍將士。

方其時也，或有問於先生者曰：「栖栖終日，捐款出力，豈匪迂儒行徑而何耶？」先生竟以「覆巢即無完卵、疾風方知勁草之意。」答之，更見精誠之由衷也，世論稱之。

國軍撤退前夕，夫人以觀風雲之日緊，隨軍遷臺，將其唯一退路也！因將攜其二子先行，至乎先生即以老母在堂，不肯遠行也，反經老母言勸，方始就道。既至抵臺，初念十餘年，更為家人衣食，操勞終日；又念高堂未來，至乎痛心疾首，每於晨夕，仰望蒼天，至乎淚下，時雖有賢夫人百般勸慰，終難開懷焉，直至病篤於床，猶以為憾也。

先生在臺，其先卅九年燈節，會與夫人攜同二子，躬詣青山宮參拜，嘗見懸有燈謎而大喜後，凡三天連往，竟靡虛夕，蓋先生亦樂此道也，既而結交此間同好。

四十八年，迺與北臺同好蔡毓齋、黃文虎與數抵臺宿學，來楚庚、高越天諸士，因謎而交，因友而社，至組臺北集思謎社，並繼蔡毓齋登社長。

先生在任，除年舉多次，懸燈而外，內則宣揚國教，外竝出版謎書多種，並且交流泰國謎友，亟使吾國文化推行彼邦。六十一年，獲文化復興與至聖先師銅像一座，詎於六十二年四月廿七日遽捐館舍。其有知也，必返鄉梓，佑其高堂乎！

先生有子三人，曰尚貫、尚賢、尚質，女一尚貞，俱受高等教育，或在國內、或旅外邦，悉著成就。初，先生之下世也，遺言薄葬即可，嗣以事聞同鄉寧波同鄉會，會以先生在臺念有餘年，方行組織同鄉會時，匪惟出資費力，多為捐獻以外，會成之後既登理監襄理會務，長久以來，功在會紀焉，今雖仙去何可匆卒後事乎。因勸其家屬應暫厝斯會在臺之墓園曰「四明公墓」者，以俟他日移葬故鄉云，遺屬從之；因厝同市四明公墓之原，並有布衣齋文叢多種行世。

中華民國鑛業協進會前理事長顏惠霖先生傳民國一〇八年

先生諱惠霖，字仰甫，顏其姓，臺灣首一鑛業名望：基隆顏氏之出也。世籍安溪，當嘉慶之初葉，其太高祖曰玉蘭者，以鄉無所期，乃偕其弟玉賜來臺，輾轉定居滄北雞籠之奧境，名鰷魚坑，墾荒闢田，興家之始焉。

玉蘭生斗猛，猛擅採炭，傳三子，仲曰尋芳，芳生雲年、國年，三世從鑛，采金九份，兼炭平溪，世以一代鑛王陋園先生稱者是。陋園遺子四，次曰德潤，先生之父也；時為日據下大正末葉，以父德潤偕新婚之妻留學日本，就讀立命館大學，家於京都，斯以先生自幼則誕於日，直及昭和六年，德潤學成返回臺灣，竝長兄欽賢嗣家業入雲泉商會，若先生亦始學業臺灣，歷小中二學，以旨趣入讀省立臺南工學院，主修土木工程。

學既成於民國三十九年，初任其父與堂叔滄海共業：中臺鑛業公司八堵鑛業所；由協理至兼所長，嗣真除。蓋採煤雖非先生所學，卻以能勤於業，歷三年，會逢主政當局頒布〈煤業生產獎勵辦法〉，期打開煤荒之下，若中臺在其先既係顏氏家族事業之一：堂兄弟共鬮所屬，則樹大而分，雙方為期改善經營，以求發展；至是堂叔滄海一系，議自分鬮所屬山子腳煤鑛，更求昌盛。事既行，且辭常務以去；德潤一系，由茲守業八堵與石黎等坑，仍維中臺之名續營；是歲，先生年方念三已耳。會遭伊父車禍之際，以冢子代守其缺，執實務至晉總經理，凡歷經年，力輓狂濤，使所營不至於傾斜，為時所稱。

蓋先生自幼，姿儀挺秀，遵仁厚道，生出世家，維論處事，用人尚材，外慎進取，內靡氣矜。當其所屬新坑之開也，曠時費日，頻遭挫折，間且躬自入坑，手握炭鑵，意勵員役，掌握鑛況，出則杯酒粗肴，召徠上下，靡分主從，傾聽經驗，卒抵豐藏，斯成中臺興復之基也。至今，人猶樂道其往日趣事，迺至卓越成就焉。

再則，煤產既盛，採煤人所謂：「經營煤業，能掘炭又能賣炭，始盈利之要訣！」否則：「炭雖黑金，膏腴無從易以阿堵，經營亦自徒然耶！」所謂中臺鑛業者，地處田仔內奧境，樞紐縱處八堵車站，符輸運出炭之利。奈其豐藏已歷長久採掘，臺之煤政，又以因應時局，更迭靡常，石黎坑之開鑿，積年累月，董事會之開也，數提休採之議。唯先生以瞻遠之見，堅執續運，直及四十六年元月，果抵豐藏與市況改觀，公司遂在先生策畫之下，於八堵煤場，建置機械輸炭設備，以代人工挑炭，至成隆德工業創業開端，且取得國外多家廠商代理，俱見瞻遠之精準。

繼而，當四十八年秋，臺因中部發生「八七水災」，縱貫鐵路輸運以大肚溪橋墩損毀，行車受阻；溪以南用煤中斷，工業生產幾瀕熄火邊緣，舉臺經濟受禍蹙迫矣。先生為解此困，濟急工業用煤，即於大肚溪北岸置接駁運輸，藉卡車通溪南鐵路車站，輸煤各大小工廠，以濟燃眉；明年六月，擴而成信宏企業之建立，闢址臺北松江路，竟成後日中臺企業第二投資之出現，人言：「先生從事之敏捷，誠非凡庸所及！」云。其餘，又有信宏企業、大德建設、石黎煤鑛、臺暘建設自有史乘載之，今不其詳。

然則，先生於事業經營，凡事敏捷，抑且精準，業既有成，其於公益亦不落後。

此中，就公私兩面言之：自主中臺以來，已為臺灣省鑛業研究會會員而始，四十七年，基隆國際青年商會會長；五十二年，臺灣拳擊協會會長；五十五年，亞洲拳擊聯盟執行委員、益隆運輸公司創辦董事長、隆德貿易公司董事長；五十六年，中宏煤礦董事長；五十七年，中華民國拳擊協會首任理事長、福基煤礦公司董事長；五十九年，信宏企業公司創辦董事長；六十年，中華民國奧林匹克委員會執行委員；六十一年，臺陽鑛業公司常務董事；六十二年，既為中臺鑛業公司董事長，且被舉為臺灣省鑛業研究會常務理事。

六十四年，以體育貢獻獲三等實踐獎章，並任臺灣區煤礦公會理事長，臺灣礦工醫院董事長而外，為徇時代要求，改組鑛業研究會成全國性學術機構，兼及中華民國全國工業總會常務理事。

六十五年，臺灣區煤礦礦工福利委員會首任主任委員，以鑛業界貢獻獲國立成功大學榮譽獎章；六十五年，中華民國工業安全衛生協會常務理事；六十七年，以長期為工商界貢獻獲頒執政黨當局三等華夏獎狀。

六十八年，本企業隆德工業公司董事長，臺北區中小企業銀行常務董事；七十年，本宗顏榮公祭祀公業管理人；七十三年，臺北客運公司常務董事等，勿論公私，無不維勤唯勵，俱傾其力，為世所稱而外，時適伊父仙去五年，並率昆仲六人，捐資成立臺北市錦綿助學基金會，置獎學金，以勵上庠中鑛工子弟，治學術論文獎助。

再則，若於本會者，即如前所提六十四年五月，由於時之臺灣省鑛業研究會前理事長之息隱，且議改制，先生亦由常務被舉晉理事長。會以國內外能源政策，迭受中東以亞之戰影響，石油被用為武器，而傳統燃煤，地位轉趨衰退，或被取代時，眾以臺之鑛業界嚴受波及而須作一轉變，至于議上檯面後；先生則以當面主事者，毅然贊之，進行改制，事上中央，旋獲內政部核准，則為六十四年十二月五日，中華民國鑛業協進會之改制成立，而先生亦經大會改選，成改制理事長。

然則，改制既成，本會自茲邁入創會元年以來第五通紀；得以聚集鑛業經營者、管理者、學者專家，融以資本、經營、技術三者共成一體，藉以聯繫國內外鑛業從事人員及團體，增進瞭解，堅固合作，技術交流，敦親睦，臻發展，厥成宗旨，迺至發揚光大，名傳國際。

既而，先生於本會復連任五屆，至八十一年，首有傑出鑛業人士表揚，繼有鑛業服務獎選拔，義皆藉酬殊功，褒德庸疇，悉為獎善後進而謀，更為業界所重。

末則，鑛雖貨殖，其於科技之世，資源惟賴，捨此莫由也，先生既為鑛業家族之所出，累世溝畻，採煤冶金，於史于乘，更自稔熟他人一等。七十九年，會以基隆河發見砂金百年之辰，採納史家建言，以明歲為本會創會八十年，且為民國肇建八十春秋，寓意雙慶也；應為採煤冶金之疇，留一信史云。先生毅然納之，旋為提議常務會議，越年八十之慶，為《臺灣鑛業會志》之行世。既而島上鑛藏梗概、鑛事概略、鑛業人物、鑛務榮枯，由斯壹冊，朗然著明，且利於學術研究；抑且，引睞執政當局，纂修專志之重視，一時蔚若風氣，至有機關志一門之興者，其由茲乎。

詎以，世事榮枯，瞬刻萬變，八十年代而後，臺以營造業、建築業之勃盛，而鑛山業則漸以他類能源取代，轉趨衰微，況乎！蘊藏亦竭。先生於昔日所學既為土木工程，遂以徇世推移，因境改變，持其資以轉行，至有臺暘建設之興起；初以尚品質、圖耐用，獲睞購者信任，一時礐登業界之冠，而有敦化南路之臺暘大廈，連棟聳立矣！未料，又後五年，詎以政局丕變，業受經濟板蕩，投資受災殃，先生因萌退隱之念，遂於八十五年，急將事業傳與嗣續，遠去蓬瀛，再走美洲；直及一百又八年三月十四日逝於洛杉磯，渠生於民國十八年，世壽九十又一。臨終交代：「塋厝當地，遙望臺灣。」概見人雖在外，繫念鄉土之意更深焉。竝銘之曰：

臺雖海島、百物蘊藏，農固務本、礦亦名彰。奕世斯業、宜推顏翁，金融貨殖、夙駕群雄。蓋其捕捉、悉奏隆功。
輸炭南運、工商悠揚，兼從懋遷、勢更熾昌。修史留志、贏名傳芳，涉足
營造、縱現宿望。嗣傳浪子、畀人歎長。

原載《臺灣鑛業會志》民國一一三年八月十六日補銘

國家圖書館出版品預行編目資料

棲蘭草堂文稿 / 唐　羽著. -- 初版. -- 臺北市：蘭臺出版社, 2025.04
　面；　公分. --（臺灣史研究叢書；22）
ISBN 978-626-98677-5-2 (平裝)

1.CST: 人文地理 2.CST: 臺灣史 3.CST: 文集

733.407　　114002886

臺灣史研究叢書22

棲蘭草堂文稿

作　　者：唐　羽
編　　輯：沈彥伶
美　　編：陳勁宏
校　　對：趙文化　楊容容
封面設計：陳勁宏
出　　版：蘭臺出版社
地　　址：臺北市中正區重慶南路1段121號8樓之14
電　　話：(02) 2331-1675 或 (02) 2331-1691
傳　　真：(02) 2382-6225
E-MAIL：books5w@gmail.com或books5w@yahoo.com.tw
網路書店：http://5w.com.tw/
https://shopee.tw/books5w
博客來網路書店、博客思網路書店
三民書局、金石堂書店
經　　銷：聯合發行股份有限公司
電　　話：(02) 2917-8022　　傳真：(02) 2915-7212
劃撥戶名：蘭臺出版社　　帳號：18995335
香港代理：香港聯合零售有限公司
電　　話：(852) 2150-2100　　傳真：(852) 2356-0735
出版日期：2025年4月 初版
定　　價：新臺幣420元整（平裝）
ISBN：978-626-98677-5-2